LA CONQUISTA MUSICAL DE MÉXICO

LOURDES TURRENT

LA CONQUISTA MUSICAL DE MÉXICO

FONDO DE CULTURA ECONÓMICA

MÉXICO

Primera edición,   1993
  Primera reimpresión, 1996

ISBN 968-16-3987-1

Impreso en México

PRÓLOGO

SEGURAMENTE el lector de este libro participará de la fascinación que ejercen sobre nosotros, habitantes de un siglo XX que termina, los textos castellanos del XVI en los que conquistadores, misioneros, funcionarios y otros autores fuera de la clasificación, dieron cuenta de estas tierras —a las que acabaron llamando Nueva España— y de sus gentes: los "indios". En esos testimonios las voces suenan recio y se articulan en un fraseo que parece elemental. Paisajes, hombres, sociedades, formas de hacer, de mandar, de obedecer y también de desobedecer y de intrigar se nos presentan y nos atraen como palabras de niño que relata lo que percibe con la intensidad del asombro, haciéndonos cobrar conciencia de cosas que hemos relegado al limbo de las rutinas hasta hacerlas invisibles.

La verdad es que en esas relaciones claras y de apariencia simple se articulan significados muy amplios; se trata de la apropiación de un mundo a través de un lenguaje, la expresión verbal escrita, que abarca a su vez otros lenguajes. Expresiones verbales, ruidos y sonidos, movimientos corporales, vestimentas, situaciones y apariencias intencionadas y fortuitas, y, en fin, todo el juego de significados de realidades humanas o mundos que se ponen en contacto y que al percibirse en tal momento, el de la sorpresa dominada por el lenguaje, descargan sobre nuestro presente muchas actualidades o vigencias. De ahí el encanto de las relaciones y crónicas de la conquista y el de un sinnúmero de textos que han llegado hasta nuestros días y que es necesario recuperar para asumir nuestra historia.

Sin embargo, adueñarse de la historia exige ir más allá del documento para hacerlo testimonio o relación significante, y en ello va nada menos que la interpretación, la visión del mundo que engendró el texto, valiéndose de éste y de otros elementos.

Así lo hizo Lourdes Turrent al rescatar una historia viva, *La conquista musical de México*, título que no oculta su deuda con la clásica obra de Robert Ricard: *La conquista espiritual de México*, y en cuyo desarrollo se reconoce la inspiración en otras obras de gran aliento, como las de Adolfo Salazar, quien desde su llegada a México iluminó, con amplísima visión, el significado sociocultural de diversas expresiones de la música a través del tiempo.

La obra de Lourdes Turrent se ciñe a un tiempo —el del arribo de los franciscanos y el predominio de las regulares en la evangelización, hasta el momento en que empieza a imponerse el clero secular como rector del adoctrinamiento— y a un espacio determinado: el valle de México, en especial el ámbito dominado por los franciscanos. Sin embargo, en ese espacio coinciden y se complican mundos tan interesantes como las sociedades indígena e ibérica, de cuya relación bélica —"la conquista" por antonomasia— y posterior sometimiento político y económico hay un buen cúmulo de relaciones e historias. En ellas, sobre todo en las que abunda calidad de testimonios directos —como las relaciones de los misioneros, por más que no sean los únicos— hay infinidad de referencias a cantos y danzas, a melodías y ritmos que eran parte de la cultura y fueron medios por los cuales se comunicaron y acomodaron los vencedores y los vencidos. Es decir: todo un lenguaje que debe interpretarse recuperando las expresiones musicales de la sociedad española de finales del siglo XV y de principios del XVI, y de la de los indígenas del valle de México. Éste es el objeto de la primera parte.

Su mérito más relevante es, tal como lo percibo, la sistematización de una amplia información sobre aquella sociedad indígena culta y muy complicada, para descubrirnos y explicarnos el tiempo organizado en un calendario donde se preveían celebraciones con música y danza; la pertenencia de estos elementos a un mundo, y de los cuales tratarán de valerse los franciscanos para acomodar en él su doctrina y atraer al universo cristiano a los indígenas fascinados por la música, la suya propia y la que irían aprendiendo de los frailes.

La explicación de este hecho es el propósito de la segunda parte, en la que se cuenta la conquista musical de México. Narra la acción evangelizadora mediante la música, la creación de instituciones que permanecerían en los pueblos indígenas, cuya afirmación como comunidades se comprende y se explica mejor cuando advertimos este componente "sociomusical", como lo llama la autora. En los capítulos III y IV se nos entregan testimonios plenos de sentido, para dar paso a otra parte de la historia, en el capítulo V y último: el conflicto que enfrentaron los conquistadores, el clero regular y secular, ante la difícil relación con los conquistados y entre ellos mismos.

Estos conflictos se anunciaban ya en el periodo mismo de la conquista. El entusiasmo evangelizador decaía ante la evidencia del fracaso: los indígenas, dóciles en apariencia y atraídos por el lenguaje musical, usaban éste y otros medios para continuar prácticas y "antiguallas" que los frailes y sacerdotes del clero secular suponían inspiradas por el demonio.

Evidencias y advertencias políticas convencieron a las autoridades de no hacer partícipes a los conquistados y a sus descendientes de las órdenes sacerdotales. El relegamiento de los indígenas a un papel pasivo quitó su razón de ser a los colegios de Santa Cruz de Tlatelolco y de San José de los Naturales. Lo que no decayó fue la integración de cantores y músicos en las comunidades indígenas. Harían más suya la práctica del lenguaje musical y, valiéndose de formas e instrumentos europeos, lo desarrollarían como parte de la vida de sus pueblos, cuya identidad, aún en nuestros días, se manifiesta en y a través de la música.

Este estudio, circunscrito al valle de México en el siglo XVI, es punto de partida para adentrarse en otros lugares de nuestro país y llegar hasta tiempos presentes. La música como hecho social se ha destacado espigando con buen criterio en muchos textos. Quizá más de un especialista discutirá a Lourdes Turrent la interpretación de tal o cual testimonio y le señalará —como siempre ocurre— cosas que debió hacer. En buena hora. Ello será señal de la vigencia del problema por ella planteado: el de la preocupación por algo que debe ocupar a estudiosos de diversos ámbitos y tiempos de nuestra realidad.

ANDRÉS LIRA

INTRODUCCIÓN

LA EXTENSIÓN de nuestro territorio y su amplia diversidad de climas y accidentes geográficos, han propiciado que México sea un gran mosaico cultural. Y si bien la radio y la televisión tienden a unificar poco a poco los lenguajes de los mexicanos, todavía existen regiones en donde privan características singulares en el trabajo artesanal, la danza, la arquitectura, la pintura y la música. Numerosos investigadores están dedicados a rescatar, estudiar y conservar esta riqueza, especialmente en las artes plásticas y la danza. Desgraciadamente no podemos decir lo mismo de la música.

Hasta 1986 carecíamos de una síntesis histórica sobre la música en México. Sólo existían estudios aislados como los de Gabriel Saldívar, Baqueiro Foster y Orta que, si bien son trabajos serios, no dan una idea general de nuestro pasado musical.

Sobre tales textos se impartían los cursos de historia de la música en México, en los que se hablaba de lo que nadie sabía con exactitud. Por eso es destacable el trabajo realizado por Julio Estrada y el Centro de Investigaciones Estéticas de la UNAM. Se trata de *La música de México*, colección cuyos cinco tomos intentan cubrir la vida musical desde la época prehispánica hasta nuestros días. Pero este trabajo debe considerarse sólo como pionero. Tiene, como todas las recopilaciones, errores de interpretación, información repetida, falta de unidad, etc. Por lo tanto, no se debería usar como libro de texto. Los alumnos reciben de sus páginas datos aislados, muchas veces fuera de contexto y con distintas perspectivas, cuando lo que necesitan es información clara y sistemática.

En este sentido nuestro trabajo pretende ser una aportación. Se trata de responder lo más claramente posible a la primera pregunta que se plantea todo estudioso de la historia de la música en México: ¿cómo fue la conquista musical?

Decidimos trabajar sobre la conquista no sólo porque con ella empieza la historia de nuestro país, sino porque alrededor de la vida musical del siglo XVI han quedado todavía preguntas sin respuesta. Por ejemplo: sabemos que la música fue utilizada por los religiosos para atraer, convertir y luego catequizar a los indígenas. Así lo explicó en los años cuarenta el libro de Ricard, considerado ahora un clásico: *La conquista espiritual de México*. Sin embargo, desde entonces nadie ha intentado aclarar el rumbo que tomó esa conquista espiritual, en la que la música ocupó un lugar destacado y que el autor francés denominó "esplendor del culto". De esta manera establecimos la primera hipótesis de trabajo: explicar por qué la evangelización había desembocado en un "esplendor del culto" y qué había pasado con él.

Una primera etapa nos condujo a los cronistas franciscanos: Motolinía, Sahagún, Mendieta. Después trabajamos a Torquemada, el *Código franciscano* y los *Documentos* de García Icazbalceta. Así nos planteamos nuevas preguntas, porque los franciscanos habían utilizado a la música como canal de comunicación y de contacto con los indígenas, pero ¿lograron su proyecto de comunidad cristiana? ¿Fue posible la formación de un clero indígena? Si esto no sucedió, ¿cuál fue el camino que tomaron los religiosos para penetrar en las comunidades indígenas? ¿Cómo funcionaron las cofradías de indios? ¿Cómo se estructuró el Cabildo Indígena? ¿Qué función tuvieron la música y los músicos en este proceso de conversión?

Es decir, qué papel desempeñaron los lenguajes artísticos sonoros: la música, la danza, los instrumentos, el canto, en la estructuración de un conjunto de comunidades que, si bien se convirtieron en los cimientos económicos de la Colonia, continuaron viviendo independientemente de ella, atenidos a sus propios medios de identificación y comunicación. Fue así como investigamos a los grupos sociomusicales que en las comunidades indígenas posibilitaron el esplendor del culto, en un primer momento ligados a la vida de los monasterios y los frailes, y después sin ellos.

A continuación deseamos establecer los límites de este proyecto. Aunque analizamos un hecho que afectó la vida indígena de todo el territorio nacional, el trabajo se circunscribe al valle de México. La razón es que la otrora ciudad de Tenochtitlán se convirtió en la capital del virreinato de la Nueva España, desde donde se aplicaban las políticas culturales, los planes de nuevas conquistas, las leyes que sometían a los indígenas, la organización de la explotación minera, etcétera, decisiones todas ellas dictaminadas en España por la Corona.

Por otro lado, como fue en dicha sociedad en donde se desarrolló el trabajo franciscano, no se analiza el trabajo ni las crónicas de las demás órdenes que se establecieron también en la Nueva España en el siglo XVI. Tampoco profundizamos en la información que atañe al clero secular, a menos que se refiera a la obra de los franciscanos.

Este paréntesis puede justificarse porque de hecho la orden franciscana tuvo a su cargo la evangelización de los naturales en el centro de México. Por ello ocupó la mayor extensión en su campo de trabajo, abarcó un mayor número de actividades misionero-culturales, contó con más frailes y legó a la posteridad el mayor número de crónicas.

Los franciscanos pudieron realizar una labor de tal magnitud porque los envolvía un misticismo apocalíptico. Los primeros 12 religiosos que llegaron a la Nueva España provenían de la provincia de San Gabriel de Extremadura, primer fruto sobresaliente de la contrarreforma realizada en España por el cardenal Cisneros, que era franciscano. Entonces se creía inminente el fin del mundo y también que la conquista era la última oportunidad de la Iglesia para alcanzar su ideal misionero. La orden soñó y luchó en América por esa Iglesia modelo. Su proyecto afectó la vida nacional porque, como veremos, el clero secular, incluso el trabajo misional jesuita, adoptó el método de conversión de los franciscanos. Esta es la razón por la cual *La conquista musical de México* sólo cubra 66 años: de la caída de Tenochtitlán a la llegada de la Compañía de Jesús y de la Inquisición al valle de México.

Queremos destacar por otro lado que aunque este proyecto se despliega alrededor de la música, no aborda específicamente tal expresión artística, es decir, la técnica y cualidades de los instrumentos o del sonido y su combinación. No se trata aquí de un análisis de la estructura sonora, sino del fenómeno social que de su práctica se deriva. Nos acercamos a la música como lo que es: un lenguaje social. Por lo tanto, la investigación no explica cómo era la música: trata de encontrar la liga íntima entre quienes la practicaron y su sociedad, ya se trate del maestro de capilla de la catedral de Sevilla o ya del tlatoani que participaba en la danza netelcuitotiliztli del mes Izcalli.

Este concepto de la música como lenguaje social, es decir, como un medio de expresión que posee el ser humano, junto con todas las artes y el habla, para identificarse, expresarse y comunicarse, nos dio la pauta, como introducción a la conquista, para un estudio de la estructura social y cultural de la sociedad mexica y de la sociedad española del siglo XVI.

Resolver estos nuevos capítulos no fue sencillo, sobre todo por la falta de información sobre el tema. En relación a la vida musical mexica, la carencia de material organizado nos llevó a elaborar un cuadro en el cual distribuimos ordenadamente la información disponible sobre las fiestas del calendario azteca. Gracias a las conclusiones obtenidas en él, comprendimos por qué fue tan sencillo para los indígenas la asimilación del lenguaje sonoro español. Por otro lado, con los datos ordenados pudimos apreciar con relativa exactitud el papel de la música en la vida azteca.

Por lo que se refiere al capítulo sobre España, organizamos la información disponible de tal manera que entendiéramos la función de la música en esa sociedad, especialmente alrededor de sus estratos. Este planteamiento nos permitió obtener numerosos datos explicativos de por qué la conquista del valle de México se desarrolló de la manera en que lo hizo y, sobre todo, por qué se obtuvieron de ella los resultados que exponemos en la conclusión.

Quiero agradecer principalmente al doctor Andrés Lira González la asesoría de este trabajo. Deseo mencionar de forma especial a la maestra Eloísa Ruiz de Baqueiro, fallecida hace unos años, quien me alentó a terminar mis estudios en Música y Sociología. Al maestro Lazar Stoychev, con quien adquirí los conocimientos y la técnica musical. A mis hijas Beatriz y Ana Elisa, a Juan Manuel Nava, mi esposo; a don Eduardo y doña Carmen Turrent, y a Enrique e Isabel Krauze, que tuvieron la paciencia de esperar el fin de este proyecto y me facilitaron todos los medios a su alcance para llevarlo a cabo. A la señorita Yolanda Noriega, quien realizó sin descanso el trabajo de mecanografía. A la señora Beatriz Mendoza, que leyó con paciencia el manuscrito y me sugirió correcciones y enmiendas.

Finalmente deseo agradecer al CENIDIM y al Conservatorio Nacional de Música, instituciones que me proporcionaron información que no hubiera conseguido por otro medio, así como al personal de la Biblioteca de El Colegio de México.

L. T. D.

PRIMERA PARTE
LA MÚSICA: UN LENGUAJE SOCIAL

I. LA MÚSICA EN LA ESPAÑA DE LOS REYES CATÓLICOS

LOS NOBLES ESPAÑOLES SE CONVIERTEN EN CABALLEROS

DESDE que España fue invadida por los musulmanes en el año 711, los nobles españoles que vivían al norte de la península, herederos de la tradición cristiana y del reino de los visigodos, rechazaron las costumbres árabes y se organizaron para reconquistar su territorio y continuar dentro de la cultura europea. Los más poderosos en riquezas y vasallos se reunieron para organizar un poblado defensivo, con el tiempo nombrado Castilla —Castella— por su situación especial de fortificación contra los ataques moros. Sus señores se hicieron llamar condes, y paulatinamente extendieron territorio e influencia sobre los reinos vecinos.

En el siglo X (946), bajo Fernán González, Castilla ya constituía un poblado bastante autónomo, y aunque se debilitó con Fernando I, quien lo supeditó legalmente a León, surgió como cabeza cultural de los reinos cristianos con Alfonso VI, en 1085. Este monarca impuso una plena europeización en la vida cortesana. Bajo su reinado llegaron los monjes de Cluny a España, para igualar la vida de la península a la del resto de la cristiandad. Ellos imprimieron la huella distintiva de la cultura románica: el uso de la letra carolingia que sustituyó a la letra visigótica y el misal romano que sustituyó al mozárabe. También se introdujo el rito religioso del centro de Italia en todas las iglesias católicas de España. De este rito, lo más importante eran los cantos que para igualar las ceremonias del mundo cristiano había mandado recopilar San Gregorio en el siglo VI.[1] Lógicamente la unificación de costumbres tomó en la península mucho tiempo: se alcanzó hasta el siglo XVII. Sin embargo, con este paso se logró atraer la atención del Papa a quien los nobles cedieron muchos de los poderes de la Iglesia ibérica independiente, como el control de los matrimonios entre sus príncipes y los de Europa, que era la clave de la vida política medieval.

Fue así como la nobleza española se empezó a ligar sanguíneamente con las grandes familias del continente, relación que maduró en los últimos años del siglo XII. Ese mismo siglo y ante la constante

---

[1] Sáenz, Fernando, *Historia de la cultura española*, México, 1947; Ed. Nova, Buenos Aires, 1955, p. 42 *passim.*

presión de los árabes, Fernando *el Santo* convocó a todos los gentileshombres del continente a dar la batalla definitiva contra los invasores del territorio español. "¡Hay que detener su avance!" fue la consigna. Las tropas cristianas vencieron en la batalla de las Navas a los ejércitos musulmanes que se replegaron hacia Granada.

En el transcurso de la cruzada los nobles españoles aprendieron las costumbres de los caballeros europeos y adoptaron sus formas de vida.[2] Poco después de las batallas, el rey Fernando III recuperó Andalucía e impulsó notoriamente la literatura y el arte. Mandó construir al estilo de Notre-Dame las espléndidas catedrales de León y Burgos. Mientras tanto, su nobleza se rodeó de lujo y dio cabida en sus castillos a sabios, hombres de letras y músicos notables. Los ricoshombres promovieron la edición de libros y manuscritos musicales que mostraron su interés por la producción sonora de su tiempo. Aún se conservan varios de estos ejemplares, como el *Códice Calixtino* que dedica sus primeras cinco partes a diversos aspectos de las peregrinaciones a Compostela, y la última a piezas musicales monódicas y *discantus** a dos o más voces. (Durante la Edad Media, Santiago de Compostela fue un lugar de peregrinaje importante. No sólo llegaban a él creyentes de toda Europa a visitar las reliquias de San Yago, Santiago, también era sitio de reunión de juglares y truhanes que cantaban y divertían. Una muestra de su música se conserva en este manuscrito.)

Además se preserva el *Códice de las Huelgas*, más tardío. Contiene piezas al estilo polifónico de la Escuela de Notre-Dame, el gran centro musical europeo del siglo XIII, ubicado en París. Notre-Dame formó grandes maestros como Léonin y Perotin, quienes organizaron la escritura musical en función de un ritmo terciario, estableciendo así las bases para el desarrollo de la polifonía renacentista.[3]

El sucesor de Fernando III, Alfonso X *el Sabio* (1221-1248), es considerado por muchos como "el gran emperador de la cultura del siglo XIII". Aunque no pudo igualar a su padre en hazañas militares ni políticas: durante su reinado planeó no sólo la reconquista, sino la expansión hasta África, mas el sitio de Algeciras le fue adverso. También fracasó en su intento por dominar directa o indirectamente a Portugal y Navarra y obtener la corona de Alemania. Incluso el Papa le prohibió la vanidad de hacerse llamar Rey de los Romanos. Sin embargo, Alfonso tuvo la brillante intuición de que España podía llegar a ser el centro político de Europa. Deseaba algo

---

[2] Tuchmann, Barbara, *A Distant Mirror*, Penguin Books, 1978, segunda parte, pp. 343 *passim*.

* Los términos musicales se explican en el Glosario.

[3] Grout, Donald, *A History of Western Music*, Norton, N. Y., 1973. *Cf.* el capítulo sobre la polifonía en el siglo XIII, pp. 75 *passim*.

que los Reyes Católicos y Carlos V lograron hasta el siglo XVI: convertir en eje de la política europea a Castilla, "coto que circundan las adestas tierras bengalíes y los risueños vergeles andaluces", dice el cronista.[4]

Y si bien Alfonso X estancó el proceso de las armas, supo agrupar en torno a su corte a los sabios más destacados en las distintas disciplinas y a los representantes más notables de las diversas culturas de su tiempo. La lista de sus colaboradores incluye científicos, astrónomos, historiadores, escribas y artífices de la miniatura, que trabajaron junto a poetas, músicos, traductores, etcétera.

Alfonso X era no sólo un gran concertador sino un gran lírico. Lo demuestra su obra capital: *Las Cantigas de Santa María*. Magnífica muestra de la primera notación mensural en Europa, esta obra la forman más de 420 canciones monódicas que relatan milagros y favores de la Virgen, una de cada diez dedicada a María.

Con la muerte del Rey Sabio, Castilla y los reinos cristianos entraron en un proceso de cambio ideológico y cultural que se vio afectado por la situación general de la Europa del siglo XIV. Grandes pestes acabaron con la mitad de la población central del continente y, junto con la Guerra de Cien Años entre Francia e Inglaterra, provocaron el debilitamiento de los países tradicionalmente fuertes y posibilitaron el florecimiento de varias culturas en la región flamenca, los reinos de Alemania y, por último, Italia, cuna del Renacimiento.

Concomitantemente los valores de la Edad Media entraron en crisis. "Las virtudes varoniles, los héroes, los actos heroicos, dejaron su lugar a la Virgen, al amor galante, al triunfo de la sensualidad. Del interés por las gestas, los escritores pasaron a los temas novelescos de los libros de caballería (Francia), la escuela del *dolce stil nuovo* (Italia) y los comienzos de Dante y la literatura mariana en España."[5]

A partir de 1300 los nobles y gentileshombres de España decidieron esmerar su educación. Aprenden a leer y hablar latín, a oír y recitar versos, a conocer los secretos de la música y también a cantar y danzar.

La caballería como ideal de vida alcanzó su apogeo con Enrique IV (1412-1474), a quien sucedería en el trono de Castilla Isabel I. Bajo su reinado, los romances, los torneos y las fiestas se convirtieron en la mayor afición de la aristocracia. El rey se declaró inepto para manejar los asuntos del Estado y encomendó el gobierno al condestable don Álvaro de Luna, noble, simpático, hábil y

---

[4] Valbuena Prat, Ángel, *Historia de la literaturaEspañola*, Gustavo Gili, 1964, vol. I, p. 108.
[5] *Ibid.*, p. 147

ambicioso, que terminó sus días en el patíbulo. Antes de tan trágico fin, se dedicó a satisfacer las aficiones literarias, artísticas y festivas del monarca. Así, la corte de Castilla se convirtió en un centro de poetas y trovadores, de músicos y caballeros galantes que se enfrentaban en torneos.

Don Álvaro mismo llevaba una vida fastuosa. Gracias a las investigaciones realizadas por don Higinio Anglés sobre las costumbres musicales de la época,[6] tenemos conocimiento del dispendio con que este noble organizaba cualquier acontecimiento. Por ejemplo el nacimiento de su hija en 1435, celebrado con grandes fiestas en su posada de Madrid. Asistieron el rey y la reina al banquete, y se oyeron muchas danzas, juegos e instrumentos. En 1448 el condestable se encargó del recibimiento de sus majestades en Escalona. Los soberanos fueron escoltados por una gran compañía de ballesteros y "de hombres que sabían mucho de monte" acompañados de sus atabales, ministriles y trompetas. Para festejar a los reyes se hizo un gran convite en el que cada platillo fue servido por un maestresala que se hacía acompañar de músicas. Como siempre, después del banquete las mesas fueron levantadas y los caballeros danzaron con las doncellas hasta altas horas de la noche.

El gusto por el ocio, los torneos y la vida holgada hicieron de Enrique IV un pésimo rey. No sólo cedió las riendas de su gobierno a otra persona: incapacitado para controlar a la nobleza, nombró otra de hidalgos arrogantes e incapaces. Los conflictos entre los nuevos y los antiguos aristócratas duraron todo su reinado. Mientras se enfrentaban en banderías, todos se dedicaban a vivir con ostentación. Hombres y mujeres invertían su tiempo en arreglar su atuendo porque así ganaban la voluntad real. Además, se esmeraban en manejar bien el caballo, escribir versos y cantar con gracia.[7] Mientras tanto el monarca soñaba: "el tono de su voz era dulce y muy proporcionada. Todo canto triste le daba deleite. Preciábase de tener cantores (capilla de músicos a su servicio que lo acompañaban siempre) y con ellos cantaba muchas veces". Además, "en los divinos oficios mucho se deleitaba, estaba siempre retraído, tañía dulcemente el laúd sintiendo la perfección de la música".[8]

Esta situación se agravó con la aparente impotencia del monarca. Al no poder engendrar un heredero, se dice que permitió a la reina tener amores con don Beltrán de la Cueva. De esta relación nació una niña, doña Juana, a la que despectivamente el pueblo designó

[6] Anglés, Higinio, *La música en la corte de los Reyes Católicos*, Consejo Superior de Investigación Científica, Instituto Diego Velázquez, Madrid, pp. 30-33.

[7] *Ibid.*, p. 25.

[8] Anglés, Higinio, *La música en la corte de Carlos V*, Instituto Español de Musicología, Barcelona, 1944, pp. 18-19.

como *la Beltraneja*. El rey murió en 1474, y unos cuantos meses después su sucesor, don Alfonso. Quedaron dos posibles herederas: doña Juana Beltrán y la hermana del rey, doña Isabel de Castilla.

La nobleza de los reinos se dividió. Unos lucharon por coronar a *la Beltraneja*, porque apostaban a que con ella como reina continuaría el derroche de Enrique IV. Otros prefirieron apoyar a la hermana del difunto rey. Para entonces doña Isabel ya tenía como confesor al fraile Cisneros y éste le aconsejó buscar apoyo fuera de su reino, casándose con un príncipe fuerte. Fue así como unió su vida a la de Fernando de Aragón.

Después del enlace, los dos jóvenes se dedicaron a luchar por el trono de Castilla. Recorrieron cada pueblo importante de este reino, y después de vencer a los seguidores de doña Juana, Isabel subió al trono.[9]

Para festejar este acontecimiento, "la Serenísima reina mandó" hacer en la plaza de Segovia un "muy alto asentamiento donde fue puesto su escudo real". Ella, ricamente adornada, "recibió en tal lugar a los oficiales de armas mientras la acompañaban trompetas, atabales y tamborines".[10]

Con esta celebración Isabel se convirtió en la heredera del trono de Castilla y también de la tradición festiva y musical de las cortes católicas españolas. Y aunque continuó viviendo con lujo y practicando el mecenazgo acostumbrado, aplicó desde un principio medidas prácticas para controlar a la nobleza. Canceló las mercedes y los títulos de las personas más nefastas del reinado anterior. Al mismo tiempo dio su apoyo a los más cultos e inteligentes, para que organizaran a través de la Santa Hermandad un ejército fiel que luchara por la paz y por la seguridad pública.

Su consejero, el cardenal Cisneros, fomentó la restructuración de las órdenes medicantes y alentó, desgraciadamente, la implantación de la Inquisición. (Desgraciadamente, porque esta institución impidió en gran medida el desarrollo cultural y económico de España en los siglos siguientes.)

Otra medida política también afectó la estabilidad de las finanzas y del comercio: la intolerancia del gobierno de los Reyes Católicos hacia las minorías, entre ellas los judíos. En esta época el manejo de la Hacienda estaba en sus manos. Los judíos constituían una verdadera subaristocracia de capitalistas, comerciantes y altos funcionarios dedicados a las actividades mercantiles y especulativas y que

[9] Sáenz, Fernando, *op. cit.*, p. 72 *passim*.

[10] Anglés, Higinio, *La música en la corte de los Reyes Católicos. Cf.* la *Crónica abreviada* de Diego Valera, p. 47.

representaban al sector económico más moderno de España. En 1492 la Corona les impuso una disyuntiva: convertirse al catolicismo o salir del país. Algunos se quedaron, pero la mayoría se fue con sus capitales y empresas. Este éxodo sumió a España en un atraso económico notable respecto a los demás países de Europa.

Mientras, la intolerancia de la Inquisición y de los reyes surtía efectos nocivos en la sociedad. A medida que esta corriente de signo negativo, de conservadurismo e inflexibilidad se generalizaba como política real varios años después, Isabel y Fernando incorporaron sus reinos al Renacimiento. El primer hecho en tal sentido fue la muerte de Juan II de Aragón en 1479, y la elevación al trono aragonés de Fernando, rey de Castilla desde 1474. Así se integraron en una monarquía los dos mayores reinos de España: Castilla y Aragón. Quedaron fuera Navarra, la monarquía Nazario de Granada y Portugal.[11]

El resultado de esta unión fue notable no sólo dentro de la península: marcó un brillante momento de España como país influyente de Europa. Los nobles españoles gozaron de una presencia importante en el continente especialmente a través de conquistas terrenales y espirituales. Los lazos familiares con los notables de Anjou, Borgoña, Flandes y Nápoles por fin fueron firmes; había un trato de igualdad que incluía el intercambio de artistas y personajes notables. Por otro lado, el acceso del valenciano Alfonso Borja, o Borgia, al trono pontificio, fue causa de que Roma se llenara de españoles. El más ilustre de todos fue Nebrija, que vivió en Italia 10 años antes de establecerse en Salamanca.

Por cierto, en esta ciudad y en Alcalá, la España renacentista fundó sus primeras universidades, en un intento de romper con la educación medieval en manos de los colegios conventuales.[12] La fundación de estos centros de educación superior coincidió con un deseo asombroso de aprender. La introducción de la imprenta permitió que los principales textos renacentistas llegaran a todos los rincones de la península. La reina Isabel y sus hijos estudiaron lenguas romances mientras las damas tomaban cursos, tenían acceso al magisterio e impartían cátedra.[13]

La Universidad de Salamanca llegó a tener 7 000 inscritos y fue la primera del mundo en conferir un doctorado en música. La producción sonora de España alcanzó entonces un alto grado, al nivel de las principales ciudades de Europa. Se logró un gran profesionalismo en virtud del contacto de los artistas españoles con los compositores italianos y flamencos. La península contó con grandes po-

---

[11] Vincent Vives, Jaime, *Historia de España y América. Social y económica*, Vincent Vives, Madrid, vol. II. *Cf.* el capítulo sobre los Reyes Católicos, p. 377.

[12] Sáenz, Fernando, *op. cit.*, p. 96.

[13] Torres *et al.*, *op. cit.*

lifonistas que manejaban con maestría el contrapunto. Un brillante ejemplo: Juan Carnago, músico de la corte de Alfonso V, que luego pasó a la capilla de Fernando *el Católico*.[14]

La figura central del Renacimiento literario y musical de España fue Juan del Encina,[15] músico, poeta y escritor de cancioneros, con facilidad asombrosa para la creación de melodías. Encina vivió como muchos artistas de su época mirando por un lado al pasado, a la tradición rígida medieval, y por otro a la filosofía mundana del Renacimiento que sostenía el derecho del hombre a la alegría. Encina se educó en Salamanca, en donde recibió la influencia de las dos filosofías de su tiempo. Fue alumno de Nebrija, con el que aprendió sobre el cosmopolitanismo sevillano, y además convivió con los campesinos de la pequeña aldea en que estaba asentada la universidad. De esta doble experiencia surgió una poesía española que requería aparearse con la música. Encina también escribió villancicos con estribillo, gracias a él convertidos en obras independientes, no supeditadas a las representaciones acostumbradas durante la Navidad. Asimismo escribió numerosas piezas dramáticas de ambiente pastoril para conmemorar el nacimiento de Jesús: varios personajes, sin necesidad de escenografía o de vestuario especial, comentaban con gracia hechos y chismes del momento, cuando un ángel o un pastor les avisaba que ya había nacido el Niño Dios. Entonces los actores salían cantando a visitarlo.

Estas obras de Encina se interpretaban en los palacios de los nobles, en las mismas salas en que se cantaban los maitines de la noche de Navidad. Representaciones de este tipo se repetían el día de "Antruejo", el martes último de carnaval. En esta fecha se hacía una invitación para divertirse, comer y beber, ya que se acercaba la Cuaresma.

> Tomamos hoy gasajado,
> que mañana vien la mueste,
> bebamos, comamos huerte,
> vámonos cara al ganado.
> No perderemos bocado,
> que comiendo nos iremos,
> y mañana ayunaremos.[16]

Juan del Encina también escribió un género dramático característico de la Edad Media: el teatro escolar, de tradición pastoril y universitaria a la vez. Con una técnica sencilla afilaba las burlas que los

---

[14] *Ibid.*

[15] Valbuena Prat, *Historia de la literatura española*, Gustavo Gili, 1963, vol. I, p. 353 *passim*.

[16] *Ibid.*, p. 360.

estudiantes hacían a los aldeanos reunidos en la ciudad de Salamanca los días de mercado.

La costumbre de representar estas pequeñas piezas hizo que algunos estudiantes dividieran su tiempo entre el estudio y la vida de truhán. Iban de pueblo en pueblo a cantar y actuar. Generalmente coincidían con las fiestas del patrono de la región.

Estas celebraciones hacían convergir los rituales de la Iglesia con una o varias representaciones teatrales casi siempre precedidas por un baile acompañado de guitarras. Después, el famoso "introito" explicaba el argumento. Poco a poco a este introito se le añadió música y bailes que empezaron a ser indispensables aun en aquellas obras escenificadas dentro de las iglesias y conventos. Hasta piezas populares se bailaban en estos recintos.[17]

En España también se acostumbraban los misterios en los que se narraban pasajes de la Biblia o de la vida de los santos, con su parte musical incluida, y los moros y cristianos, donde dos grupos se enfrentaban acompañados por música.[18]

También en estas fechas se llevaban a cabo las procesiones con disfraces, máscaras o flores, y las danzas que casi siempre consistían en carreras de hombres y mujeres entrelazados por las manos. Asimismo, desde el siglo XV se acostumbraban las mascaradas y los carros en sus dos formas: procesionales y representativas. Las mascaradas eran a pie y a caballo (cabalgatas), diurnas y nocturnas, y en ellas los enmascarados corrían por las calles ·y danzaban empuñando hachas encendidas. Por otra parte, eran tradicionales las fiestas de cañas y torneos como el del estafermo y la sortija, y las coplas en las que intervenían los nobles y los reyes. Todos los habitantes de una región participaban en las celebraciones donde se mezclaban expresiones cultas con otras espontáneas que contribuyeron al surgimiento del arte nacional español.[19]

LA SOCIEDAD ESPAÑOLA EN LOS TIEMPOS DE LOS REYES CATÓLICOS

La población

La población total de los reinos unidos bajo los Reyes Católicos era en 1492 de 8 500 000 habitantes.[20] Su número se incrementó con las

[17] Rey, Agapito, *Cultura y costumbres del siglo XVI en la Península Ibérica y en la Nueva España*, México, Ediciones Mensaje, 1944, p. 53.

[18] *Ibid.*, p. 53.

[19] Salazar, Adolfo, *La música en la sociedad europea*, Instituto Español de Musicología, Barcelona, 1944, vol. I, pp. 418-419.

[20] Vincent Vives, Jaime, *op. cit.*, p. 359 *passim*. Remitimos al lector al análisis que este autor realiza sobre los estratos sociales de la España del siglo XV.

conquistas de Granada, el Rosellón, Cerdeña y Navarra entre 1492 y 1515. Posteriormente la paz y la estabilidad favorecieron la entrada de mercaderes y artistas, y en virtud de una marcada corriente de migración de norte a sur las ciudades con mayor número de habitantes fueron Sevilla y Valencia.

Sin embargo, una política de los Reyes Católicos continuó afectando el número de habitantes en la península: la eliminación de las minorías confesionales. Como ya vimos, tal política provocó la salida de los judíos que desde 1492 dejaron de ser minoría legal. En cuanto a los moros, consolidaron en Granada un núcleo importante, pero se les aceptó porque se dedicaban a la agricultura y a la artesanía.

LOS ESTRATOS SOCIALES

Las bases

La mayoría de la población, ocho décimas del total, presentaba un carácter rural. Sin embargo, no cesó de fluir una acentuada corriente migratoria hacia las ciudades, sobre todo por el aumento del comercio, la industria, la seguridad, la organización municipal y las fiestas. Los torneos y festejos de los nobles, que duraban semanas, más las entradas y salidas de la corte y de otros caballeros, hacían muy atractiva la vida lejos del campo.

La inmensa mayoría de la población en la península tenía un carácter agrícola y ganadero con excepción de unos cuantos nobles empobrecidos, clérigos y escribanos. Constituían la base de la sociedad de la época: 95% de la población.

Sólo en las ciudades cuya población era mayor a dos mil o tres mil almas había gente modesta y al margen de la agricultura: artesanos, jornaleros, pequeños comerciantes y ministriles.

El estrato medio

Una parte del estrato medio, los gremios de artesanos, adquirió importancia en el comercio citadino y en la manufactura de artículos suntuarios en la vida festiva de la ciudad. Además de los artesanos formaban estos estratos los miembros de los consejos, los pequeños propietarios campesinos y todas las personas que no eran clérigos, ni militares, ni campesinos o gente sujeta a otra jurisdicción que la del rey.

Obviamente su reducido número generaba un gran vacío entre la base y la aristocracia, llenado en cierto modo por los eclesiásticos y los judíos que no estaban cerca de la aristocracia. Los estratos medios constituían un 3.75% de la población.

La aristocracia

Estaba formada por tres grupos: los nobles, los militares o los gentileshombres y el patriciado urbano.

Los nobles llamados ricoshombres, grandes o varones, eran tan pocos que demográficamente carecen de importancia: no llegaban a 500 hombres adultos. Sumados con sus familias a la alta nobleza eclesiástica, su número no llegaba a 5 000.

Eran más numerosos los gentileshombres, con sus diversas categorías: infanzones, hijosdalgo, donceles, etc., sobre todo en el norte, en donde era mayor el arraigo del régimen señorial. Su número llegaba a 10 000 y su situación económica no siempre era próspera, aunque distaba mucho de la de las bases campesinas.

Por último, la nobleza ciudadana de origen burgués y estrechamente emparentada con la nobleza militar. Sólo estaban separadas en las Cortes, en donde los burgueses constituían un estamento aparte con mayor potencia económica. Lo deben de haber constituido unas 60 000 personas.

La población de España a principios del siglo xv [21]

Totales	Estratos	Porcentajes
	ARISTOCRACIA	
5 000	Magnates y altas dignidades eclesiásticas	0.07%
50 000	Individuos de la nobleza militar.	0.72%
60 000	Individuos de la aristocracia citadina	0.85%
115 000		1.64%
	CLASES MEDIAS	
70 000	Eclesiásticos	1.00%
160 000	Ciudadanos de las clases medias, de los cuales unos 40 000 eran judíos	2.30%
25 000	Campesinos ricos (pequeños propietarios)	0.35%
255 000	. . . .	3.65%

[21] *Ibid.*, p. 368, vol. II.

La población de España a principios del siglo XV [conclusión]

Totales	Estratos	Porcentajes
	CLASES MODESTAS	
850 000	Menestrales, artesanos, jornaleros, etc. De ellos 50 000 mudéjares de la Corona de Aragón y unos 100 000 de la Corona de Castilla	12.15%
5 780 000	Campesinos (o semicampesinos) de los cuales, unos 200 000 mudéjares de la Corona de Aragón, unos 400 000 moriscos de la de Castilla	82.50%
6 630 000		94.65%

LA PROPIEDAD Y LOS VALORES MATERIALES

La riqueza

Al desigual reparto numérico de los estratos sociales ya examinados, correspondía un reparto económico similar pero en sentido contrario. El principal origen de la riqueza y signo primordial de potencia económica era la tierra: "posesión de tierra era igual a riqueza".

En este país de economía predominantemente agraria los mercaderes o ciudadanos enriquecidos por el comercio, la industria o cualquier cargo o profesión, continuaban invirtiendo en la compra de tierras o derechos derivados del suelo o de su jurisdicción, como si la propiedad fuera el fin natural del enriquecimiento.

Puede decirse que el 2 o 3% de los españoles poseían o tenían jurisdicción sobre el 97 o el 98% del suelo ibérico. El régimen imperante era el latifundismo, según corroboran los siguientes ejemplos: las inmensas planicies de La Mancha se repartían prácticamente entre las Órdenes de Santiago y Calatrava y el Arzobispo de Toledo. El monasterio femenino de Las Huelgas poseía catorce villas y cuarenta aldeas en Castilla la Vieja. En Asturias y Galicia, los Osorio (condes de Lemos), los Enríquez (condes de Alba de Liste) y los De la Cueva, junto con la poderosa mitra compostelana, señoreaban comarcas enteras.

Más aún: como grandes propietarios se ostentaban algunos municipios como el de Toledo y Barcelona; y ciertas instituciones como la Diputación General de Cataluña que eran dueñas (entre otros dominios) de casi toda la península de Cabo de Creces.

Junto a estos propietarios de comarcas enteras se situaba la propiedad de la subaristocracia en términos municipales. Por abajo de ellas, las clases medias con menos del 5% de la tierra repartida en la ciudad o el campo en parcelas de menor extensión.

Las clases humildes no participaban prácticamente en el reparto de tierra cultivable, salvo en pastos de montaña o en propiedad comunal.

Semejante desigualdad en la distribución de la tierra se tradujo en un reparto similar de la riqueza monetaria. Quienes manejaban sus bienes con dispendio eran muy pocos, y sus gustos personales afectaban inevitablemente la vida cultural y festiva de regiones enteras. Toda vez que la agricultura y la ganadería eran las principales fuentes de ingreso, los grandes propietarios manejaban cantidades fabulosas para ese país tan pobre. Las enormes rentas se dividían entre los ricoshombres, la iglesia y la corona. El restante 95% de la población sobrevivía con un ingreso muy bajo.

A pesar de que los reyes obtenían grandes sumas por concepto de rentas e impuestos, Fernando e Isabel encontraron las arcas vacías. Las continuas guerras internas que precedieron su reinado y la reconquista habían menguado considerablemente el tesoro de las iglesias, el oro judío y los empréstitos extranjeros. Además, la Inquisición provocó un éxodo cada vez mayor de capitales de los moros y judíos. La riqueza americana no comenzó a llegar sino hasta 1513. Sin embargo el orden, la paz y la seguridad internas permitieron lentamente un aumento de divisas y un manejo del tesoro más desahogado.

LAS COSTUMBRES

Los aristócratas

La mayoría de las familias de la élite provenía de ramas salidas por línea segundona o bastarda del tronco real en época más o menos reciente. Todas las estirpes permanecían unidas entre sí por inmediatos lazos de sangre y lo estaban también con los reyes, especialmente con don Fernando. Los nobles formaban un clan cuya considerable riqueza les permitía viajar y costear una vida cosmopolita. Casi todos tenían casa en las ciudades en que residía la corte, aunque es verdad que no vivieron muy cerca de los Reyes Católicos porque éstos sustituyeron a los nobles en los oficios palatinos por ciudadanos medios pero más capaces. Cuando en 1480 las Cortes de Toledo redujeron el papel de los magnates dentro del consejo de Estado al de meras comparsas con voz pero sin voto, puede decirse que la alta nobleza castellana quedó prácticamente eliminada del gobierno del país. También se redujo el papel de la nobleza catalanoaragonesa por las prolongadas ausencias de la corte.

Pero en realidad fue el prestigio de los reyes el que mantuvo a los nobles lejos de las decisiones políticas en esos años. Porque en cuanto falleció la reina y se apartó al rey del gobierno de Castilla, los nobles volvieron a agruparse en banderías con todo su poder económico y social, por ejemplo cuando el conde de Aranda luchó en 1510 contra el de Ribogorza con una movilización de 500 hombres.

A pesar de su eclipsamiento, la nobleza encabezada por Isabel y Fernando conservó su enorme poderío económico y social y sus privilegios: exención de impuestos, poder jurisdiccional amplio, inmunidad al tormento y a la prisión por deudas, privilegios que compartía con clero y la pequeña aristocracia. Además, conservaban a su favor la jurisdicción señorial que podía extenderse a la vida y la muerte de los campesinos que laboraban en sus tierras.

Gracias a sus rentas, la aristocracia llevaba un tren de vida fastuoso. Por las crónicas de la época conocemos sus costumbres, la riqueza de sus joyas, vajillas y mobiliarios. Tenían sus propias capillas de músicos y cantores, e incluso contrataban a los cantores de las catedrales para que los acompañaran: desde un torneo hasta las batallas de reconquista. Al finalizar los combates se ordenaba que comenzara la música.[22] Los banquetes eran servidos por un gran número de criados uniformados que después levantaban las mesas para dar paso a la danza.

Los nobles no eran ejecutantes destacados, porque tocar con destreza un instrumento se consideraba indigno de su rango; sin embargo, tenían un interés personal en escribir poesía y prosa. Por eso el almirante Enríquez mandó traer de Italia a Lucio Marino Século, y el conde de Tendella a Pedro Mártir de Anglería: para que instruyeran a jóvenes de alcurnia. Además, los aristócratas poseían enormes bibliotecas y eran versados en el latín.

Aunque de su seno no salieron en esta época figuras como el marqués de Santillana o Jorge Manrique, la alta nobleza de Aragón produjo un poeta notorio: Pedro de Urrea, y varios personajes letrados que representaron en sus palacios piezas de Juan del Encina, como el duque de Alba.[23]

La pequeña nobleza

Más numerosa que la de los magnates, la pequeña nobleza estaba formada por los nobles menos ricos y por la alta burguesía. En la terminología de la época se les conocía como militares, caballeros o

[22] Anglés, Higinio, *op. cit.*, p. 64. Durante el último cerco que los reyes Católicos hicieron a los moros, "la reina e su fija cabalgaban muchas veces el real y la Cd. de Granada e tenían muchos refrigerios y placeres y muchos trompetas bastardas e chirimías, e sacabuches e tampones continuaban, que en el real no cesaban".

[23] Vincent Vives, Jaime, *op. cit.*, p. 437.

hijosdalgo a los primeros y ciudadanos honorables a los segundos. Estaban en situación de igualdad frente al rey, excepto en las Cortes, donde la pequeña nobleza formaba el brazo militar por derecho propio, mientras los ciudadanos sólo concurrían como síndicos o procuradores.

Los caballeros, gentileshombres o hijosdalgo, residían generalmente en sus posesiones rurales, aunque pasaban temporadas en sus casas de la villa vecina o en las ciudades con sus parientes ricos. También ellos se enlistaban en banderías urbanas que, como ya dijimos, Isabel y Fernando lograron reducir durante su reinado. En el seno de esta clase reclutaba la monarquía sus mejores elementos: diplomáticos, funcionarios, capitanes, grandes jerarcas de la Iglesia y caballeros de las órdenes militares. Algunos mandaban a sus hijos a las universidades.

El patriciado urbano constituía por su parte la aristocracia de las ciudades, cuyo gobierno acaparaba con los hijosdalgo. Eran terratenientes que invertían en negocios mercantiles, igual que los reyes y los magnates. Se trataba de una clase culta pues sus hijos llenaban las universidades participando en el renacimiento español. Ya educados, esos jóvenes se convirtieron en canónigos, abades, obispos y secretarios de la monarquía. También formaron fila en las órdenes militares.

Participaban en las justas y torneos indistintamente con los nobles, tomaban parte en las banderías urbanas y poseían blasón y derecho de enterramiento en las capillas de iglesias y monasterios. Su tren de vida era lujoso y con frecuencia en sus casas alojaban a los soberanos.

La Iglesia

Más que un estrato social, el clero se insertaba como una verdadera sociedad dentro de la vida española. Tenía su propia aristocracia, sus clases medias y sus masas populares. A la inmensa mayoría de sus cuadros inferiores los reclutaba entre los niveles más modestos de la sociedad, especialmente del campesinado. De las clases medias conseguía adeptos para sus cuadros medios, y de la aristocracia sus jerarquías.

El clero formaba un estamento ostensiblemente corporativo. Defendía sus cuantiosos privilegios: en primer lugar, la exención de impuestos. Sus inmunidades y fueros se extendían a sus parientes, criados y sobre todo a los tonsurados, o sea, aquellas personas que recibían la primera tonsura en edad infantil y luego colgaban los hábitos.[24]

[24] *Ibid.*, p. 389.

Los magnates de la Iglesia, segundones de la grandeza o bastardos de la realeza, eran dueños de enormes propiedades y estaban en condiciones de trepar al mismo tren de vida y refinamiento en el que viajaban los laicos. En general se distinguían de ellos por una mayor colaboración con la monarquía y por una más firme participación en la alta política del Estado y la diplomacia.

Aunque la corona o el ejército habían echado mano de los tesoros de las iglesias y los monasterios, la Iglesia contaba con una fuente de incalculables ingresos: los diezmos. Se les cobraban a todas las parroquias, fuesen señoriales (tierras de particular), realengas (bajo jurisdicción real) o eclesiásticas. Los diezmos se cobraban en especie y, por supuesto, eran controlados por las jerarquías eclesiásticas. Así se daba el contraste entre las iglesias paupérrimas, con curas que apenas tenían para comer, junto a las grandes fortunas privilegiadas. Dentro del clero existía un desigual reparto de la riqueza, semejante al que privaba en la sociedad civil. También, una marcada diferencia de costumbres y formas de vida entre los estamentos: aristocracia, pequeña nobleza, clases medias y masa popular.

El tipo más acabado de estos personajes de la Iglesia, fastuoso y mecenas, lo ofrece el cardenal Pedro González de Mendoza, quien en una ocasión ofreció a la Virgen un pontifical con su aparador de oro, valorado en 80 000 pesetas, renta anual de su arzobispado.[25]

En cuanto a las costumbres del clero español, el reinado de los Reyes Católicos preside la transición del clérigo guerrero, de clase medieval y bullanguero, al erudito versado en latines y humanidades. Poco a poco el nivel cultural del clero aumentó, especialmente el de los prelados, quienes recibían una educación cuidadosa. Muchos de ellos fueron eminentes hombres de letras, historiadores, teólogos o canonistas insignes; por algo los Reyes Católicos seleccionaron a su gente más cercana de entre estos prelados. También su moral era bastante elevada. Llevaban una vida privada sana aunque no exenta de lujo. Junto a ellos estaban los abades y abadesas de los principales conventos del país. Abajo, la subaristocracia de la Iglesia, constituida por obispos y abades menores, canónigos y dignidades de los capítulos catedralicios y otras jerarquías análogas. Exhibían un alto nivel intelectual, y entre ellos abundaban los graduados en cánones o teología, seleccionados para ingresar a los capítulos catedralicios. Además, muchos de ellos desempeñaban cargos políticos, administrativos o diplomáticos de alguna importancia.

La capacidad económica de los 47 capítulos, más el millar de canónigos, beneficios, etc., era enorme. La renta de esta subaristo-

25 *Ibid.*, p. 395.

cracia eclesiástica triplicaba la de los prelados. Por sus ingresos y por su apego a la tierra representaban, además, la parte más reaccionaria del clero. Su conservadurismo se hizo patente en la oposición que halló Cisneros a su política reformista entre el propio cabildo toledano. También en los choques entre los obispos, agentes del rey y los canónigos, y en los conflictos entre los capítulos y las autoridades municipales.

La moralidad de este estrato era inferior a la de los prelados, pero más o menos digna. Su rasgo más característico: la belicosidad. El concilio de Sevilla tuvo que preconizar la confiscación de sus armas porque aún bajo el reinado de los Reyes Católicos seguían participando en riñas callejeras.[26]

En el clero inferior secular y regular estaban presentes las lacras que los historiadores suelen hacer extensivas en todo el clero de la época: inmoralidad, ignorancia y falta de vocación. Entre el clero regular la disciplina era muy relajada, exceptuando a cartujos y franciscanos. Un gran número de conventos eran lugares de buena vida y fiesta continua.

El espectáculo era tan triste que los reyes obtuvieron en 1494 una bula papal para intentar la reforma a que nos hemos referido. Esta se practicó en 1496-97 y estuvo a cargo del cardenal Cisneros. En muchos conventos de Castilla y Aragón se repitió entonces el mismo espectáculo: frailes que se defendían con las armas y se negaban a dejar el convento y sus mujeres. En Toledo, por ejemplo, unos 400 frailes prefirieron emigrar al norte de África, e incluso convertirse al islamismo, antes que abandonar a sus familias.

Aunque en Castilla el concubinato del clero secular estaba a la orden del día, ésta no era la situación general en España. Por ejemplo, los sacerdotes vascos mantenían un nivel moral bastante alto. Sin embargo, sí era general el bajo nivel de instrucción, al grado que en 1510 los reyes dispusieron que a las Indias sólo irían los frailes examinados por el doctor Matienzo.

A esta Iglesia estratificada como la sociedad civil, correspondía organizar las fiestas de los patronos de cada región de España y del calendario litúrgico. El año se dividía de acuerdo con las grandes fechas de la vida de Jesús, de sus discípulos y de la Iglesia: Navidad, Cuaresma, Pentecostés, Pascua, etc. Cada una de estas fiestas era motivo de celebraciones públicas que contaban con la presencia de los nobles, de los ciudadanos y del pueblo. Obviamente en estos días, al igual que en los que se festejaba algún acontecimiento familiar como nacimientos, bautizos, bodas, etc., la música ocupaba un lugar primordial. Era entonces cuando el

26 Ibid., p. 398.

lenguaje sonoro de cada estrato y de la sociedad en su conjunto se expresaba públicamente. Se repetían fórmulas con las que cada individuo se identificaba mientras se mezclaban los diversos tipos de expresiones musicales.

Convivían, a un tiempo, la música religiosa, las tonadas que se interpretaban durante las procesiones y las marchas de los nobles o de los gremios de cada ciudad. Simultáneamente se escuchaba a los juglares, a los pequeños conjuntos de músicos que cantaban de ciudad en ciudad, a las compañías de teatro ambulantes, etcétera.

Estas celebraciones influyeron para que ciertos clérigos menores, como los mendicantes o los goliardos, se ajuglararan. Otros juglares penetraron en el templo y fueron utilizados por los clérigos principalmente como ministriles de instrumentos, ya que las fiestas requerían de grandes músicas en los recintos de la iglesia y en muchos pueblos alejados de las ciudades no había músicos suficientes.

Otras personas útiles en estas fechas fueron los cómicos solitarios o trashumantes, herederos del histrión o mimo y aun del juglar cazurro o remedador, y que eran protegidos por el cura, el sacristán o el barbero de los pueblos por donde pasaban.

Uno de tales clérigos andariegos, medio escolar, medio juglar, fue en el siglo XIV Juan Ruiz, el Arcipreste de Hita, que bailaba, tañía e improvisaba música, componía admirables estrofas a veces llenas de un misticismo rebosante de sensualidad, y en otros casos realizaba transcripciones fidedignas de fábulas procedentes de Oriente.[27]

En realidad, en estas fiestas religiosas heredadas de la Edad Media había una amplia zona en que lo eclesiástico y seglar se mezclaban indistintamente. "En esta zona de extensión se mezclaba todo: cultura, moral, sentimiento romanesco de los episodios de la Historia Sagrada, sentimiento poético popular inspirado por esos episodios o por el amor que encendían en las almas líricas Cristo, Nuestra Señora, etcétera."[28]

De esta amalgama de sentimientos, de los residuos paganos, de la religión católica y de las pequeñas piezas dramáticas sobre temas religiosos surgió el arte religioso popular de la península. Junto con el teatro popular y las canciones de los juglares constituyeron por varios siglos la vida sonora de la sociedad profana de España. Claro que el desarrollo de estas expresiones fue diferente en cada zona del país, sobre todo en las ciudades en donde el nivel cultural era, respecto a las regiones agrícolas, bastante más alto.

[27] Salazar, Adolfo, *op. cit.*, pp. 418-419.
[28] *Ibid.*, pp. 418-419.

Las clases medias urbanas

A pesar de ser un estrato demográficamente muy débil, constituía la flor y nata de las organizaciones gremiales en Aragón y en Castilla. Además, compartía con los ciudadanos el gobierno de la ciudad.

Antes del reinado de los Reyes Católicos, los miembros de las clases medias urbanas se habían convertido en cabecillas de movimientos populares al acoso de un mayor control de las ciudades. Eran asimismo el motor del comercio y, mediante un ingreso estable, sostenían el peso principal de los cargos fiscales. Aunque en algunas ciudades había patrones con un cierto número de oficiales bajo sus órdenes, por lo general los productos se manufacturaban en talleres familiares en los que laboraban hombres, mujeres y niños (todos parientes), ayudados por dos o tres oficiales y aprendices.

Para este estrato, cuyos miembros eran aficionados a la fiesta, la vida en la ciudad ofrecía constantes alicientes: justas, juegos y torneos a cargo de los nobles y los ciudadanos, danzas populares, entradas y salidas de reyes, príncipes y grandes personajes. Por otro lado se organizaban constantes procesiones, misterios, autos de fe, frecuentes festejos gremiales y romerías con sus correspondientes comilonas, corridas de toros; incluso abundaban súplicos en la vida urbana de la época.

El número de barberos, sastres, zapateros y demás artesanos de la industria del vestido, el adelanto conseguido en el arte de la pastelería y la prosperidad de los especieros y boticarios nos habla del refinamiento de los individuos que en la ciudad creaban bienes de consumo o daban servicio a los ciudadanos y nobles.

Referirnos al vestido nos daría acceso a una fisonomía citadina más completa de la época. Se llegó a tal extremo en el afán de lujo que los moralistas se indignaron. Por ejemplo, la reina Isabel tenía una obsesiva inclinación por las joyas, las piedras preciosas y los vestidos, a un grado tal que fue censurada varias veces por sus confesores. Pero no era la suya una inclinación exclusiva: todos los grandes, incluyendo a los prelados, gastaban enormes sumas en vestidos. Incluso los individuos del bajo pueblo mostraban preocupación por el arreglo personal, el bien comer, el mostrarse corteses, aseados y educados con sus semejantes. Sin embargo, el fasto de los días de fiesta contrastaba con la sobriedad y la modestia cotidianas. Las clases medias de bajos ingresos no podían permitirse un tren de vida tan costoso.

El campesinado

Entre los agricultores, un 80% de la población de la península, había también diferencias. Por encima de la mayoría, una élite de campesinos libres y dueños de sus tierras destinaban a sus segundones para el sacerdocio, dirigían la vida municipal de sus pueblos y aldeas y encabezaban los movimientos agrarios de la época, por ejemplo los de Cataluña.

Abajo, en las capas inferiores del campesinado, se afanaba una enorme masa de cultivadores y pastores. Entre ellos esta distinción: unos pertenecían a las tierras del señorío y otros a las de la Corona. Sin embargo, su libertad y sus ingresos estaban notablemente restringidos. La tónica general era la miseria.

Aunque algunos trataron de mejorar su situación, como en Cataluña, la mayoría no mostró ningún descontento y continuó organizando su vida a partir del ciclo agrícola y el calendario de la Iglesia. Las fechas memorables del año estaban marcadas por los nacimientos, bodas y bautizos, los días del santo patrono y los de mercado. Semejante rutina difícilmente les permitía estar al tanto de los cambios en la vida política, cultural o económica del país.

LA MÚSICA EN LA CORTE DE FERNANDO E ISABEL

Durante su reinado, Isabel la Católica desarrolló sobre todo la canción polifónica, ya para entonces dotada de un ambiente netamente español.[29] El antecedente de este género se encuentra en la corte que Alfonso el Magnánimo organizó a partir de 1443 en Nápoles y que había sido famosa en toda Europa por su afición a la música, la poesía y las bellas artes.[30]

Para tener a la mano música y canciones, los reyes fueron organizando capillas de músicos que al finalizar el siglo XV ya estaban consolidadas. La reina tenía un conjunto de 20 cantores y uno o dos organistas, a los cuales se añadían 15 a 25 mozos de capilla. Por su parte el rey Fernando contaba con una capilla formada exclusivamente por músicos españoles; de 12 cantores en 1476, creció hasta 41 en 1515.[31] En 1477 su conjunto estaba formado de la siguiente manera:

—Un maestro de capilla, encargado de la composición de obars y del "altísimo" nivel de los músicos.

—Varios cantantes con diversas tesituras: un tenor, un tiple, un contra, dos capellanes cantores, un cantor tenor, un contrabasus y un "tañedor e cantor". Estas voces se combinaban para cantar bellas canciones polifónicas.

[29] Anglés, Higinio, *op. cit., Crónica abreviada* de Diego Valera, p. 51.
[30] *Ibid.*, p. 21.
[31] *Ibid.*, p. 49.

—Varios instrumentistas. Cuatro ministriles y siete trompetas. Unos servían para tañer órgano, guitarra y laúd, otros para acompañar al rey en sus procesiones.[32]

Gran parte de la música que se interpretó en la corte de Fernando fue recopilada en un manuscrito, el famoso *Cancionero de Palacio*, descubierto en 1870 y resguardado en la Biblioteca Real de Madrid. Publicado por primera vez en 1890, recoge 460 canciones. Este cancionero presenta todos los elementos necesarios para fundar el estudio de las costumbres cortesanas y populares de los siglos XV y XVI relativas a la poesía lírica y la música. "Y digo cortesanas y populares —afirma el autor del prólogo— aunque en rigor no cabe tal distinción en cuanto a la forma musical, pues por lo general, todas las clases sociales se confundían en un mismo sentimiento cantando ya la canción seria cortesana, o ya el romance, el villancico o el cantarcillo popular. Si bien estos últimos el pueblo los cantaba de memoria y sólo la melodía escueta o simplemente acompañada por la guitarra. Mientras la aristocracia armonizaba la melodía a tres o más voces o la acompañaba con el arpa u otro instrumento cortesano."[33]

Los Reyes Católicos eran especialmente amantes de la música instrumental, y entre los instrumentos preferidos de la corte aparece la vihuela.[34] Los vihuelistas practicaban los géneros menores, derivados de las formas de las danzas y de la música vocal de los villancicos y los romances. De los músicos que formaban parte de las capillas cabe mencionar especialmente a los trompetas, siempre asociados a los atabaleros y que acompañaban a los reyes en las festividades solemnes de la corte.

A continuación presentamos una muestra de los actos en que un músico trompeta participó en 1530 a las órdenes de la esposa de Carlos V.

Relación de las fiestas que yo, Bernabé Gascón, trompeta de Su Majestad he servido en este presente año de mil quinientos treinta:

Fiestas

—El día de Año Nuevo.
—El día de Reyes.
—El día que salió la Emperatriz a misa con el Sr. Infante.
—El día de Ntra. Sra. de las Candelas, víspera y misa.
—Martes 8 de marzo servimos las alegrías de la Coronación de Su Majestad.

[32] *Ibid.*, p. 54.
[33] Salazar, Adolfo, *op. cit.*, p. 383.
[34] Anglés, Higinio, *op. cit.*, p. 67.

—Sábado 19 de marzo, domingo siguiente, servimos en Torrelaguna el recibimiento de la Santa Cruzada.
—La Pascua de Flores, todos tres días.
—A 21 días de mayo servimos el nacimiento del Príncipe.
—La Pascua de Espíritu Santo, todos tres días o más el día de Corpus Xristi.
—Más el día de San Juan.
—Más el día de San Pedro o San Pablo.
—Más el día de San Santiago.
—Más el día de Ntra. Sra. de Agosto, vísperas y otros días de procesión.
—Más el día de Ntra. Sra. de Septiembre, vísperas y misa.
—En Ocaña servimos las fiestas del nacimiento de Su Majestad.
—Más el día de Ntra. Sra. de la Concepción, vísperas y otro día de procesión.
—La Navidad servimos todos cuatro días.[35]

Esta transcripción nos da una idea de la atareada vida de los reyes. Dividían su tiempo entre los quehaceres del gobierno, los momentos agradables al lado de músicos y nobles de la corte, y los actos religiosos y civiles importantes.

Pero los nobles no se conformaban con la distracción de sus capillas y sus trompetas; para divertirse recurrían continuamente a los mejores músicos de España. Estos artistas trabajaban y se formaban en las grandes catedrales.

LA MÚSICA EN LAS CATEDRALES

La gran música religiosa española de los siglos XV y XVI se desarrolló en las catedrales. Su funcionamiento dependió de las autoridades eclesiásticas y del trabajo de un músico: el maestro de capilla.

La función de este artista varió con el transcurso de los años. En la Edad Media sólo se esperaba de él la organización del canto llano, es decir, la interpretación de la música sacra apegada a la liturgia entonada "a capella" en las fechas del calendario de la Iglesia (aunque los cantos variaban de lugar en lugar, con distintas melodías y distintos adornos, no se acompañaban con instrumentos). Pero a raíz de que las universidades se limitaron a enseñar la filosofía relacionada con la música, y a que la Iglesia aceptó nuevas composiciones polifónicas en las celebraciones eclesiásticas, la práctica y enseñanza profunda de la música recayó en las catedrales y principalmente en su músico más importante: el maestro de capilla. Desde entonces

[35] *Ibid.*, p. 51.

se exigió a estos artistas no sólo la organización, interpretación y composición de la música, sino la transmisión de sus conocimientos a cierto número de niños.

No tenemos un documento más temprano, pero la siguiente cita ejemplifica claramente las obligaciones a que se comprometía un maestro de capilla. En 1551 la catedral de Sevilla aceptó a Francisco Guerrero como maestro suplente, siempre y cuando cumpliera con ocho obligaciones para los niños:

1. Debe enseñarles a leer, escribir y cantar los responsorios, versículos, antifonías, lecciones y calendas y todas las demás partes del divino servicio, de uso en la catedral.

2. Les enseñará canto llano, armonía, contrapunto. Este último debe incluir ambos sentidos: el arte de agregar una melodía a un canto llano o a una pieza polifónica ya conocida. Debe enseñarles a componer, dándoles ayuda en cualquier ramo que sea necesario para hacer de ellos músicos y cantantes muy hábiles.

3. También debe vestirlos decentemente y con propiedad, asegurándose de que calcen buenos zapatos y que sus camas estén limpias.

4. Debe alimentarlos con la misma comida que él acostumbra y nunca tomar dinero para asuntos que no estén relacionados con los servicios de la iglesia o con la instrucción musical.

5. Debe también dar lecciones públicas en las que muestre cómo agregar un contrapunto arriba o abajo de un canto llano dado.

6. De su prebenda debe dar ropa de graduación a los niños que hayan cambiado de voz, pero el capítulo (cabildo eclesiástico) se reserva la decisión de despedir a un niño del coro.

7. Debe conservar un número suficiente de niños por si surge alguna obligación imprevista.

8. El trato, ropa, enseñanza y adelanto musical de los niños, será revisado sin previo aviso, una vez al mes, por un miembro del capítulo. Si se descubre que la ropa y los zapatos de los niños están en mal estado, el maestro de capilla pagará las compras que se requieran.[36]

De las obligaciones se concluye que el maestro de capilla era padre y maestro de siete a quince muchachos que ingresaban a las catedrales antes de los 14 años. Los resultados de esta educación saltan a la vista: los mejores músicos de España del siglo XVI provinieron de las catedrales, por ejemplo Guerrero, Lobo y Navarro.

La vida de los niños cantores de la capilla de catedral no sólo era una rutina de ceremonias eclesiásticas y estudios; el maestro los lle-

---

[36] Stevenson, Robert, *Spanish Cathedral music in The Golden Age*, University of California Press, pp. 142-143.

vaba a entretener a la nobleza con canciones (canzonetas) y con far-
sás. Algunas veces se excedían en esto y los reprendían, como fue el
caso del maestro de la catedral de Sevilla, amonestado en 1519 por
llevar a los niños a demasiadas fiestas seculares; se le recomendó
aceptar sólo las solicitudes de los grandes señores de Sevilla.[37] Este
dato demuestra la cercanía entre la vida sonora religiosa y la profana. Otro caso que vale recordar es el del duque de Medina, quien
en 1475 se hizo acompañar en sus campañas y conquistas por la
capilla de la catedral de Sevilla. Era común que los músicos de estas
importantes iglesias tuvieran prestigio entre los nobles y los soberanos. Incluso la Corona subvencionaba la vida musical de algunas catedrales y por ello pudo intervenir en el nombramiento de
algunos de sus músicos. (Felipe II lo hizo en la catedral de Málaga
en 1553.)[38] Ahora es menester destacar una diferencia entre los
niños cantores y los mozos de capilla, adolescentes, que atendían la
catedral. Los segundos únicamente tenían a su cargo el servicio del
altar, de las misas y oficios, y el canto al atril de versículos en canto
llano.[39]

Como contrapartida de sus múltiples obligaciones, el maestro de
capilla tenía derecho a largos periodos de vacaciones si conseguía
quién lo sustituyera en la educación de sus alumnos. Una de las razones para dejar sus clases era la edición de su música, ya fuera con
base en el copiado o en la impresión, y la supervisión de que las
copias llegaran a las catedrales más importantes de entonces: San
Pedro en Roma, Notre-Dame en París, Sevilla en España, Brujas en
Bélgica, etc. Esta costumbre favoreció el incremento de obras en los
archivos de toda Europa y en las catedrales de las colonias españolas
de América que a partir de la segunda mitad del siglo XVI recibieron
la nueva música impresa, casi al mismo tiempo que la española.[40]

En cuanto al papel que los ministriles desempeñaron en la música
religiosa de las catedrales, se sabe que algunos instrumentos como
sacabuches, chirimías, cornetas y flautas como instrumentos prima-
rios, y fagotes como instrumentos secundarios, acompañaban el
canto polifónico durante las misas, las fiestas, los oficios etc., que
el mismo maestro de capilla se encargaba de organizar.

Por ejemplo, en 1553 se decidió ampliar en la catedral de Sevilla
los contratos a los instrumentistas, con base en que: "Los canónigos
estuvieron de acuerdo en que todos los días que fueran fiestas solemnes para los sevillanos, la celebración debía hacerse con el máximo aparato y autoridad posible, especialmente porque esto acre-

[37] Ibid., pp. 8-9.
[38] Anglés, Higinio, op. cit., p. 48.
[39] Ibid., p. 3.
[40] Stevenson, Robert, op. cit., p. 176.

centaba la devoción de la gente."[41] Por lo tanto, se permitió desde entonces el uso de cualquier tipo de instrumento que sirviera para dar mayor lucimiento a las celebraciones. Lo curioso es que esta decisión coincide con una actitud muy crítica de la Iglesia colonial en América, en relación al exceso de músicas en los pueblos de indios. Tal parece que las expresiones utilizadas por la Iglesia para atraer a los fieles eran aceptadas en la península, aunque provinieran espontáneamente del pueblo y tuvieran carácter profano. Como se temía una vuelta al paganismo y a la idolatría, se intentó contenerlas en el nuevo continente.

Los canónigos sevillanos también decidieron que las procesiones efectuadas dentro y fuera del templo, debían ir acompañadas por música, pues así aumentaba la devoción de la gente y se incitaba al pueblo a seguir la procesión y asistir a los divinos oficios. Por tal cambio de actitud respecto al solemne y mediativo medievo es fácil percibir que el papel de la música religiosa del renacimiento español fue decorativo y se usó más para atraer a los fieles que como instrumento de oración.

Los intentos del Concilio de Trento por controlar el desbordamiento artístico de la época sólo afectaron en España a las misas con base en tropos y a las politextuales, que en realidad se siguieron escribiendo hasta bien entrado el siglo XVII.[42] Las instrucciones que Francisco Guerrero dio a sus ministriles de la catedral de Sevilla, en 1586, son una muestra de la vida' musical instrumental religiosa después del concilio.

Primero. Rojas y López deben tocar siempre las partes correspondientes al soprano, generalmente en chirimías. Debiendo observar cuidadosamente cuando improvisan sus glosas cierto orden de dos maneras: estableciendo los lugares en que cada uno va a ejecutar y el tiempo en que se tocarán. Cuando el primer ejecutante añada sus glosas, el otro deberá acompañarlo tocando simplemente lo que está escrito, pues de otra manera, cuando los dos glosan al unísono, se producen sonidos absurdos que molestan al oído.

Segundo. Los mismos Rojas y López cuando toquen cornetas en el lugar apropiado, deben moderar sus glosas de la misma forma que con las chirimías, es decir, respetándose mutuamente. En cuanto a Juan Medina, tocará normalmente la parte contralto evitando oscurecer o disturbar a las partes más agudas con glosas excesivas que no corresponden a un contralto. Pero por otro lado, cuando su parte pase a un plano superior, por encima de los sacabuches, tendrá todo el campo abierto para glorificarse y será libre de añadir todas las glosas que desee y que tan bien sabe ejecutar en su instrumento.

[41] *Ibid.*, pp. 166-167.
[42] *Ibid.*, p. 159.

Tercero. Alvanchez tocará los tenores y el fagot. En las grandes fiestas siempre se tocará un verso en flautas. En los salves, uno de los versos que se tocan se hará en chirimías, uno en cornetas y otro en flautas, para evitar que el oyente se aburra escuchando siempre el mismo instrumento.[43]

El oficio de ministril de catedral no era accesible a cualquiera. Normalmente se transmitía de padres a hijos, hecho que limitaba el número de ejecutantes a un círculo pequeño.

El papel que estos instrumentistas españoles desempeñaron en la música religiosa fue importante y original, al grado que a finales del siglo XVI se imitó su forma de interpretar en otros lugares de Europa y se tituló "misas a la forma española" a las composiciones escritas para el ordinario de la misa que se acompañaban de violines y cornetas.[44]

Los músicos de la península que tocaban los instrumentos en las catedrales podían asistir, con permiso de los canónigos, a fiestas de santos patronos para tocar en las bandas de los pueblos o en romerías organizadas por otros monasterios. Esa libertad les permitió un continuo contacto con las expresiones populares y con la música del pueblo. Así los maestros de capilla, ministriles, cantores y niños que formaban parte de las capillas catedralicias eran quienes mejor conocían la vida musical del país, ya que tenían contacto con las tres vertientes musicales de la época: la religiosa, la cortesana y la profana popular.

En España abundaban estos músicos. En comparación con Inglaterra y Francia, en la península funcionaban en el siglo XVI más de dos docenas de vigorosos centros artísticos, cada uno con sus tradiciones litúrgicas (hasta 1575) y sus expresiones particulares de cultura.[45] Gracias a esta riqueza de expresiones y al impulso que la nobleza dio a las artes, la música religiosa llegó a su mayor esplendor en España en el siglo XVI. Tres fueron los principales músicos conocidos y respetados internacionalmente: Francisco Guerrero, maestro de capilla de la catedral de Sevilla; Cristóbal de Morales, quien trabajó a las órdenes del papa Paulo III desde 1535 y fue maestro de capilla en Toledo, Marchena y Málaga. Por último, Tomás Luis de Victoria, quien se educó en Alemania y convivió en Roma con Palestrina. Al final de su vida decidió retirarse al convento de las Descalzas Reales en Madrid en donde trabajó para la familia real hasta su muerte en 1611.[46]

---

[43] *Ibid.*, p. 167.
[44] *Ibid.*, pp. 297-299.
[45] *Ibid.*, cf. Conclusiones.
[46] Torres, J., *et al.*, *op. cit.*, p. 129 *passim*.

ESPAÑA EN AMÉRICA

Los españoles llegaron a las costas americanas como consecuencia lógica de un proceso de navegación que empezó en la península y terminó en el Nuevo Mundo. Varias fueron las razones que sedujeron a los nobles a interesarse en empresas marítimas. Una fundamental fue el lujo. La necesidad insaciada de los ricoshombres de aumentar cada vez más su ya notable posibilidad de consumo para igualar o superar a las cortes más sofisticadas de Europa. El apego al dinero determinó muchas de sus acciones.

Por otro lado, el mercado interno peninsular tenía necesidades apremiantes. Los ganaderos que manejaban un alto número de reses, empezaron a sacrificar cada vez más cabezas durante el invierno, por la escasez de pastos. Para las comunidades campesinas al borde del hambre, la demanda de sustancias conservativas era perentoria. Compraban sal proveniente del sur de Francia, pimienta del Oriente o de África, canela, nuez moscada, jengibre y clavo (la más solicitada) de Asia. Los nobles se dedicaron a comerciar con estas especies.

Los ataques contra los musulmanes se convirtieron en fuente de ingresos para los miembros de la élite. Se organizaban con el fin de adquirir botín. Estas incursiones realizadas por tierra desde el siglo VIII, se hicieron por mar a partir del siglo XV, gracias a la experiencia creciente de los marinos españoles. Los navegantes de la península se habían formado gracias a la demanda interna de productos pesqueros. Fue así como los buques pasaron de la costa marisquera a los bancos de atún de mar abierto, a las Islas Canarias y, finalmente, a las costas africanas en donde el oro, la pimienta y los esclavos sustituyeron a la pesca.

La Corona castellana se interesó por mantener la soberanía sobre el lugar de apoyo y referencia para estas expediciones: las Islas Canarias. Así obtuvo la supremacía en el descubrimiento de otras islas: las Azores y las Maderas, y, por último, en la llegada de Colón al Nuevo Mundo.

Este desplazamiento de los intereses españoles hacia el Atlántico también se logró gracias al apoyo que recibieron de los italianos que se asentaron en sus costas. Desde que la expansión turca debilitó la posición de Génova en el Mediterráneo Oriental, los mercaderes y navegantes genoveses intensificaron su acción y presencia en la costa occidental. Muchos se establecieron en Sevilla desde los tiempos de Fernando III, en donde tuvieron barrio propio y privilegios. Además, los puertos de la península, desde San Felín de Guixols hasta la Coruña, fueron a partir del siglo XIV escalas de los convoyes marítimos italianos consignados en Flandes.

Los italianos sustituyeron a los judíos en la banca y el comercio español luego de 1492, afectando la vida de muchas ciudades del sudoeste de Castilla, en donde se establecieron inclusive miembros de la nobleza. Por su vida comercial provocaron un contraste entre los ricoshombres del centro que continuaron viviendo de la agricultura y los que habitaban, con un marcado sentido comercial, las ciudades periféricas.

Sin embargo, esta diferencia tan palpable durante los últimos años del siglo XV, fue menguando conforme los mercaderes y nobles enriquecidos con la empresa colonial invirtieron en bienes sus ganancias, buscando entroncar lo más posible con la nobleza española tradicional. En vez de convertirse en un cuerpo social modernizador con empresas y carteles, los grupos mercantiles de origen italiano se disolvieron en las costumbres y tradiciones peninsulares.

En Castilla tampoco surgieron grandes dinastías familiares de banqueros-comerciantes, ni echó raíces la compañía mercantil capitalista. Se practicó la técnica mercantil moderna sólo por afán de lucro; el dinero servía para alcanzar o mantener a la nobleza. Los ideales caballerescos de fines del medievo siguieron dando su tónica a la sociedad, retardando durante siglos el desarrollo de la burguesía mercantil en la península.

Esta mentalidad del español explica el fracaso del proyecto de gobierno de Cristóbal Colón en La Española. Mezcla de marino y mercader, Colón logró convencer a los reyes de instaurar un gobierno comercial con él como su único socio y para quien pacíficamente debían laborar naturales de la zona y españoles.

El resultado de este acuerdo fue la factoría defensiva, con sede en La Isabela, única ciudad de la isla que se estableció con el fin de encontrar oro a través de un proceso de trabajo metódico en donde se mantenía a los trabajadores peninsulares o nativos en un nivel de subsistencia. Sin embargo, los colonos de La Española, de procedencia social modesta, no entendieron el proyecto de Colón. No habían cruzado el Atlántico para trabajar ordenadamente y vivir en la pobreza. Orgullosos, individualistas, y de larga tradición pobladora, buscaban riqueza para mejorar su condición social, "dineros son calidad", a través de actos sobresalientes; como héroes de novelas de caballería, esperaban enfrentarse a dragones y seres fantásticos.[47]

Las quejas de estos hombres llegaron al rey. Conocedor de su pueblo, Fernando decidió darles lo que pedían: permiso para buscar y explotar oro por su cuenta, siempre y cuando ofrecieran a la corona un porcentaje, el famoso quinto real. Libertad para descubrir, siempre que reconocieran la autoridad de Castilla; y por

[47] Salazar, Adolfo, op. cit., p. 300.

último, tierras e indios para servidumbre. Los colonos deseaban satisfacer su afán poblador y su interés por convertirse en "gente de bien", como la nobleza de la península. Su meta era calcar la sociedad civil, militar, religiosa, política y cultural de España en América, con los naturales a sus pies. Tal como con los pueblos moros durante la reconquista, buscaban botín, sometimiento, tierra, pero no extinción del pueblo vencido. Sin él, no podía generarse riqueza, ni ellos convertirse en señores que vivieran de sus rentas y gastaran en lujos y juegos.

Con esta mentalidad pobladora llegó Cortés a las costas mexicanas.

¿Cómo se estableció el lenguaje sonoro de España en América durante el siglo XVI? Los pueblos americanos no fueron conquistados por la nobleza española. A nuestra tierra llegaron presidiarios, vagabundos, gente de los estratos medios y miembros de familias educadas pero venidas a menos. Por lo tanto, durante los primeros años de Colonia la música profana que se escuchó en América fue la que se cantaba acompañada de vihuela o guitarra. No hubo música cortesana ni danzas ni grandes fiestas al estilo europeo en los recintos conquistados, porque estas celebraciones dependían en la península de las familias de los grandes y en América el número de mujeres españolas y de familias tradicionales era muy escaso. Lentamente, a partir de 1570, Felipe II, que siguió la política de la Corona española de quitar el apoyo a los descendientes de los conquistadores, fomentó la inmigración de un alto número de ricos españoles con sus familias para que monopolizaran el comercio y la política en favor de la metrópoli. Su llegada coincidió con la de la Inquisición, la Compañía de Jesús y con una disminución drástica de la población indígena debida a las pestes. Esta inmigración terminó por dar a las ciudades americanas el aspecto bullanguero y festivo que tenían numerosas poblaciones de España.

Por otro lado, la construcción de las catedrales, centros de la población y reproducción de la música culta de España, se llevó a cabo en América alrededor del siglo XVII. Puebla, Oaxaca y México son los ejemplos mas notables. En estos recintos se practicó y enseñó la música, al igual que en España, gracias al trabajo de los maestros de capilla que al principio fueron peninsulares y después criollos o mestizos. Los investigadores entregados a la música colonial de México generalmente se han dedicado a rescatar los archivos catedralicios, en donde han encontrado magníficos ejemplos de la música compuesta en Nueva España.

Ahora bien, el panorama que hemos esbozado hace pensar que la vida sonora de México se desarrolló alrededor de 1600, pero no fue así. Mientras los conquistadores españoles se dedicaban a controlar el tributo, la mano de obra indígena y proyectaban la construcción de sus palacios, la Iglesia misional encargada de la evangelización de los naturales se encontró con un hecho notable: el asombroso desarrollo del lenguaje sonoro de los pueblos americanos; la complejidad y perfección de sus danzas y cantos que estaban presentes tanto en sus ceremonias civiles como en las religiosas. Por otro lado, los religiosos se enfrentaron al mosaico lingüístico que era el territorio americano. La difícil comunicación hizo que el lenguaje sonoro indígena, unido al de la Iglesia española del siglo XV, fuera el centro de la conquista espiritual de México. Este lenguaje, cuya formación es el tema central del presente trabajo, continuó usándose, como explicaremos más adelante, durante los tres siglos de Colonia. Fue la base de la música de los pueblos indígenas de México.

El mundo sonoro virreinal novohispano estuvo formado por dos vertientes musicales: la peninsular, concentrada en las ciudades y las élites virreinales, y la americana, viva en los barrios humildes de las ciudades y los pueblos de indios. Con sus características propias, ambas desembocaron en el México independiente de 1821.

II. LA MÚSICA EN LA VIDA MEXICA

Poco después del saqueo de Tula y la dispersión de sus habitantes por el centro de la altiplanicie, llegó una nueva migración al valle de México: la de los aztecas o mexicanos. Se trataba de una tribu de pescadores que al no encontrar libres los terrenos alrededor de los lagos, se instalaron en el islote central, obedeciendo los designios de su dios Huitzilopochtli, y allí fundaron dos ciudades: México-Tenochtitlán y México-Tlatelolco. Con tesón lograron fincar una economía estable que sostenía a guerreros valientes y dirigentes agresivos, quienes comenzaron por librarse de la sujeción de los tecpanecas y terminaron dominando a la mayoría de los pueblos de Mesoamérica. Fue a este pueblo inteligente y triunfador a quien derrotó el ejército de Hernán Cortés. Sobre su capital Cortés ordenó trazar la nueva ciudad principal del virreinato de la Nueva España y a partir de sus costumbres e instrucciones consumaron, él y los siguientes gobiernos virreinales, la conquista de México.

Aunque los aztecas no eran el prototipo del pueblo náhuatl, ya que tenían un dios propio y una misión en el mundo como sostenedores de la divinidad, se sentían herederos de los toltecas. Creían, por lo tanto, que el universo había surgido de un principio dual, masculino y femenino, creador de los elementos, del tiempo y del espacio. Ometeotl, llamado también "Aquel por quien se Vive", "El Dueño de la Proximidad y la Lejanía", "El que se Inventa", "El Invisible e Impalpable", era la dignidad creadora y sustentadora de los hombres y los dioses.

De él se derivaban cuatro hijos: Tezcatlipoca Rojo, Tezcatlipoca Negro, Tezcatlipoca Azul y Quetzalcóatl. Cada uno representaba un rumbo del universo. Perpendiculares a estos dioses, los aztecas reconocían 13 cielos, de los cuales el supremo era el Omeyocán: lugar de la dualidad. Junto a él, nueve páramos subterráneos por donde descendían los muertos para llegar al Mictlán, su destino final.

Entre los cuatro hijos de Ometeotl: Agua, Fuego, Tierra y Aire (elementos naturales y rumbos del universo), se distribuían las edades. Cada año pertenecía a un elemento que transcurría en alguno de los cuatro rumbos. Los elementos también eran fuerzas que mantenían la vida en movimiento. Nada era estático, todo periodo estaba condenado a desaparecer, ninguna cosa era permanente. El movimiento daba lugar a luchas, triunfos y fracasos continuos. Los aztecas vivían el Quinto Sol. Y de este periodo sólo sabían que al final, en un cierto momento, morirían. Nada era seguro en la Tierra. Tampoco en el otro mundo, pues hasta el destino final del hombre se cuestionaba.

El origen de este pensamiento se remonta a Ce Acatl Nacxitl Topiltzin Quetzalcóatl, gran gobernante mítico que cimentó en Tula la creencia en un solo dios, prohibiendo los sacrificios humanos. Su gobierno terminó trágicamente y su pueblo se dispersó. De estos toltecas provenían los nuevos pueblos nahuas vecinos de los aztecas establecidos antes que ellos alrededor de los lagos del valle de México. Todos los descendientes de Quetzalcóatl continuaron el culto a Ometeotl, hasta que los aztecas fueron conquistándolos y reformaron el culto a los dioses.

La deidad mexica era Huitzilopochtli. Se trataba de una comprehensión de la divinidad como un ser agresivo que podía morir y por lo tanto les exigía luchar, conquistar y conseguir vasallos para que la siguieran alimentando. Aunque los aztecas aceptaron ser parcialmente aculturados, nunca dejaron de considerar a Huitzilopochtli como su dios principal, y aunque no pudieron colocarlo sobre Ometeotl, lo hicieron sustituto de Tezcatlipoca Azul y con el tiempo también del Dios Intangible.

Para los aztecas, Huitzilopochtli era el Sol Reinante que sólo podía ser alimentado con la sangre de los hombres. Los mexicas eran el pueblo elegido, encargado de mantenerlo con vida. Por eso, las guerras eran indispensables. Solamente con la muerte de los cautivos se sostenía a la divinidad. A pesar de que este culto dominó la vida azteca, nunca eliminó la visión del mundo tolteca que se alejaba del ideal guerrero, creía en Ometeotl y mantenía a los tlamatinime dedicados a reflexionar sobre el más allá.[1]

Ahora bien, el Estado mexica intervenía en la vida de los mexicanos no sólo debido a los fines de sostén del universo, a través de la colaboración del hombre con los dioses, sino imitando en la Tierra el principio de ordenación de la divinidad. La organización de la sociedad mexica era un reflejo de la división cuaternaria de los dioses, de los trece cielos y en definitiva del orden cósmico. Así, el poder estaba sustentado en una dualidad: la representación masculina del tlatoani y la femenina del cihuacóatl. El ejército era gobernado por dos grandes militares y el clero tenía a la cabeza dos sumos sacerdotes. Los comerciantes obedecían a dos jefes: el Águila y el Ocelote, emblemas del cuerpo militar y representantes de el Cielo y la Tierra.

---

[1] León Portilla, Miguel, *Los antiguos mexicanos a través de sus crónicas y cantares*, Fondo de Cultura Económica, 1976. Cf. capítulo IV, pp. 114-145.

El consejo, inmediato al tlatoani y al cihuacóatl, se hallaba integrado por cuatro consultores. La ciudad estaba dividida en dos pares de distritos administrativos que abarcaban los cuatro rumbos cardinales y unían sus vértices en el Templo Mayor. En la cumbre de este templo había dos adoratorios. Al tribunal supremo lo integraban trece jueces. Veinte días era el plazo dado al enemigo para que contestara las propuestas de paz, tributarias, etcétera.[2]

Dentro del mundo azteca el hombre no era un individuo aislado con aspiraciones propias, sino una célula del cuerpo social cuyo fin era alimentar a los dioses y mantenerlos con vida. Y mientras más privilegios y responsabilidad tenía una persona, mayor el rigor de las leyes con que se le juzgaba. Se le exigía una vida moral impecable y un respeto absoluto al orden jurídico.

El medio para forjar esta disciplina era una educación estricta: autocontrol, conocimientos de la historia y de los dioses, y un profundo respeto a la sociedad mexica. Las escuelas eran por ello tan importantes en la vida mexica y respondían a esquemas rígidos y obligatorios, como veremos adelante.

La generalización del culto a Huitzilopochtli y la organización de la vida azteca de acuerdo a una concepción mítica y politeísta no fue inmediata. Se alcanzó hasta el gobierno del cuarto tlatoani: Itzcóatl, que conquistó a los tecpanecas y logró la reivindicación de su pueblo que desde ese momento dejó de estar sometido. El cihuacóatl Tlacaelel consolidó el triunfo estableciendo la Triple Alianza Perpetua entre Tenochtitlán, Tezcoco y Tlacopan, con el tlatoani azteca a la cabeza. Pronto Tenochtitlán se convirtió en la capital más rica y próspera de la región beneficiada con las finalidades del tratado: primero, con las ofensivas militares que se realizaban en conjunto; segundo, con la distribución del tributo que ellos hacían y, por último, con las acciones militares de defensa en las que participaban las tres ciudades, con la ayuda mutua y la dirección militar de los mexicanos. Fue entonces cuando los aztecas decidieron reescribir la historia: Huitzilopochtli ingresó al mundo de los dioses nahuas. Se convirtió en el centro de la vida religiosa y su culto se consideró obligatorio en todas las regiones conquistadas.

Los aztecas establecían su dominio sobre los pueblos conquistados de la siguiente manera: dejaban a los señores naturales en su señorío con sus costumbres y usos, pero les señalaban tierras que debían laborar para pagar el tributo. Además se les imponía el culto a Huitzilopochtli y se les exigía aceptar un calpixque, recaudador de tributos, que también fungía como espía. A partir de ese momento

---

[2] López Austin, Alfredo, *La constitución real de México Tenochtitlán*, UNAM, Seminario de Cultura Náhuatl, 1961, p. 16.

la guarda de las armas se hacía en el templo del dios azteca. Cualquier ciudad atacada se consideraba vencida cuando el enemigo penetraba al centro ceremonial, incendiaba el templo principal y se llevaba las armas y ornamentos del pueblo vencido.

LA SOCIEDAD BAJO LA TUTELA DE HUITZILOPOCHTLI

El tlatoani y los pipiltzin

A la orientación cósmica de la vida azteca correspondía una organización teocrática según la cual el tlatoani era portavoz y representante de la divinidad. Su poder emanaba de la libertad de matar y de impartir justicia. Parte de su gran responsabilidad consistía en hacer la guerra para mantener el equilibrio cósmico y la continuidad del Quinto Sol. Debía encabezar las ceremonias, exigir el cumplimiento del calendario y los sacrificios, aunque el cihuacóatl decidía de qué manera morirían las víctimas.

Al tlatoani recién ungido se le recordaba que:

1. Debía tener la conciencia de ser imagen de la divinidad y depositario de la administración de la justicia.

2. No debía abusar del poder.

3. Debía ser generoso.

4. No debía desatender el areíto y el baile, ya que ayudaban a mantener el ánimo del pueblo, especialmente de los guerreros.

5. Debía comportarse con gravedad, con corazón de viejo.

6. Debía abstenerse de placeres corporales, borracheras y no malgastar la riqueza y el tributo.

7. No tener soberbia por la dignidad que no era suya sino de la divinidad.[3]

El tlatoani vivía rodeado de los pipiltzin o nobles, que eran los descendientes de Acamapichtli y las veinte hijas de los jefes de los calpulli. Esta nobleza se convirtió en una minoría dirigente, sobre todo a partir de que Tlacaelel fue cihuacóatl, ya que había organizado el Consejo de los Cuatro, todos nobles, de donde se escogía al emperador. También les habían concedido grandes privilegios a los sacerdotes, separándolos definitivamente del pueblo. Sólo los pipiltzin podían ser funcionarios del gobierno, para lo cual debían cumplir con una serie de obligaciones, mucho más estrictas que las de los macehualtzin. Y si no se distinguían por su valentía, responsabilidad y mesura, se les denigraba hasta convertirlos en gente común que pagaba tributo y trabajaba en las faenas comunales.

[3] Kobayashi, *La educación como conquista*, El Colegio de México, 1975, Centro de Estudios Históricos, p. 65.

Los funcionarios estaban exentos de tributo y recibían del tlatoani habitación y sustento. Les correspondía también una parte de los productos agrícolas y de servidumbre del pueblo. Como concesión especial participaban en la comunión de los sacrificados.[4]

La garantía de los privilegios del grupo dominante mexica descansaba en la monopolización de la guerra, en el control del calendario y de la escritura. Estos últimos eran aportes aztecas a la cultura náhuatl, junto con un profundo sentido religioso de la vida.

Ya dijimos que el tlatoani era el representante de la divinidad. Para cumplir con su misión de alimentar a los dioses asumía también los cargos de dignatario supremo de la organización sacerdotal y de jefe máximo de los guerreros.

Los más altos funcionarios tenían también este doble desempeño sacerdotal y militar aun cuando, estrictamente, no estuviesen incluidos en la organización sacerdotal. Incluso tenían reservados aposentos en el Templo Mayor para hacer penitencia junto a los tlaloques.

Dos eran las formas de expresión de la religiosidad: la guerra florida y las grandes celebraciones. El tlatoani se encargaba de ambas. Estaba al tanto de los bailes y cantos, y participaba él mismo en algunas danzas al lado de sus colegas de Texcoco y Tlacopan.

Los sacerdotes

Aunque teóricamente cualquier persona podía ser sacerdote, para servir a los dioses había que estudiar en el calmécac.

Los niños al servicio de Huitzilopochtli, Tezcatlipoca o Quetzalcóatl también podían llegar al sacerdocio.[5] Todos pasaban después al tlamacazcalli a estudiar, y de ahí iban ascendiendo por méritos o por edad en la jerarquía.

Los sacerdotes tenían varios derechos, especialmente la exención de impuestos y la posibilidad de ir a la guerra para apresar cautivos. En las batallas obtenían recompensas militares. Poseían además tierras y terrazgueros que trabajaban para su manutención. Los estudiantes podían cultivar sus propias tierras, pero no almacenar riquezas. Los sobrantes se repartían entre los necesitados.

Los sacerdotes dedicaban su vida básicamente al servicio de las divinidades, con énfasis en la supervivencia del culto. Eran los encargados de marcar el tiempo en la vida azteca. Desde lo alto de los templos tocaban sus atabales y sonaban trompetas para anunciar la

---

[4] López Austin, Alfredo, *op. cit.*, p. 61.

[5] Durán, Diego, *Historia de los indios de Nueva España e islas de tierra firme*, Porrúa, México, 1967, vol. II, p. 49. Cf. también López Austin, Alfredo, *op. cit.*, p. 62.

salida del sol y la llegada del atardecer. También sonaban sus instrumentos cuando practicaban penitencia o se realizaba algún sacrificio én los cues o en cualquier otro sitio designado con antici-pación. Ya que a cada deidad correspondía su propio ceremonial con ciertos cantos y danzas, los sacerdotes tenían a su cargo la ense-ñanza y conservación de estos cantos, amén de la celebración de las fiestas del calendario. Algunos de ellos recibían salario por su tra-bajo. Eran además maestros de los templos y las escuelas, y bajo su égida se desarrollaban las técnicas artísticas. Por si fuera poco, da-ban respuestas a las grandes preguntas que todo ser humano se plantea sobre la vida y la muerte.[6]

Los guerreros

Al lado de la organización sacerdotal se situaban los guerreros, que perseguían los mismos fines de conservación de los dioses. Por principio, todos los estudiantes varones lo eran, y en el telpuchcalli se les educaba específicamente para este fin, bajo la dirección de mi-litares de oficio. Los más valientes, los que se destacaban por fuerza y arrojo, eran invitados a formar parte de cuerpos especiales (caba-lleros tigre y águila), en donde obtenían derechos y obligaciones. Los guerreros nutrían las filas de los funcionarios, gobernadores y maestros del telpuchcalli que podían acceder a un puesto por va-lentía pero nunca se convertían en nobles. Los guerreros no recibían sueldo sino botín de guerra y pago por cada cautivo.

El impuesto proveniente de las guerras, los tributos y la explo-tación de terrenos de los pueblos sometidos servían para sostener los templos, organizar las festividades religiosas, realizar los sacri-ficios de esclavos, mantener a los sacerdotes y las escuelas. También se mantenía a los artesanos, cantores, danzantes, músicos, pintores del palacio, empleados públicos y escribanos. Los mexicas además permitían que algún pago de tributo se hiciera prestando donce-llas para los bailes religiosos de Tenochtitlán.

Los pochtecas

Un cuerpo independiente de la organización piramidal del Estado tenochca lo constituían los pochtecas. Tenían tribunal de justicia pro-pio y aun organización militar independiente. Quizá racialmente

---

[6] Garibay, Ángel María, *Historia de la literatura náhuatl*, Porrúa, México, 1987, vol. I, p. 339.

eran distintos a los mexicas.[7] Comerciantes, embajadores y sobre todo guerreros que presidían y realizaban batallas, los pochtecas consumaban las conquistas de los aztecas mediante el dominio económico.

Para ser pochteca había que heredar el oficio y obtener permiso del tlatoani. Algunas conquistas sólo eran obra suya y por lo tanto sí pagaban tributo aunque no en obras comunes. En ocasiones recibían bienes de sobras de tributos de los pipiltzin. Los pochtecas organizaban sus propias fiestas y mataban a sus propios cautivos. Cuando se excedían en riquezas o poder el Estado tenochca los mataba.

Los artesanos

Otra fuente económica importante de los aztecas eran los artesanos, fortalecidos gracias a la transmisión del oficio de padres a hijos. Estaban restringidos a las obras mecánicas normalmente consideradas de origen tolteca. Los artesanos formaban grupos sociales unidos con dioses particulares y gremios cimentados en el culto a estos dioses. Organizaban sus propias fiestas en las que todos cooperaban para comprar esclavos sacrificables. Vivían en barrios particulares. Los orfebres y plumarios tenían calmécac propio.

Probablemente los artesanos debían pasar algún tipo de examen público para ejercer su oficio. "En Texcoco nadie podía ejercer antes de haber sido examinado y aprobado",[8] dice Koehler. En Tenochtitlán, aparte de los secretos que cada joven heredaba de su padre, debía perfeccionar su oficio en un calmécac en donde adquiría la calidad toltecayotl: calidad de artista.

En tiempos de Moctecuhzoma Xocoyotzin se contrató a los artesanos más hábiles en la elaboración de obras para los funcionarios de la corte y para su exportación.

Los macehualli

Todos los aztecas que no descendían de Acamapichtli (pariente de Quetzalcóatl) y de las veinte doncellas de los calpullis que con él se habían relacionado, eran macehualli. Estos habitantes del Estado tenochca no tenían privilegios, aunque podían participar en la guerra. Nunca se convertían en pipiltzin pero algunas veces, a través de una vida impecable, llegaban a ocupar puestos de importancia sobre

[7] Kobayashi, *op. cit.*, p. 33.
[8] López Austin, Alfredo, *op. cit.*, p. 71, cita a Kohler, 1924, p. 29.

todo entre las autoridades del calpulli y aun entre los sacerdotes. Eran básicamente agricultores y sus jóvenes tenían acceso a la cultura mexica mediante el estudio de los cantos y la historia sagrada en el cuicacalli. Su sentido de pertenencia a la comunidad se veía reforzado por las grandes fiestas en las que participaban básicamente como espectadores y por los ritos familiares, los cantos y los bailes que se organizaban en los barrios.

Los esclavos

En la sociedad mexica había esclavos. Llegaban a Tenochtitlán como botín de guerra. Podían tener bienes y trabajar. Así, se daba el caso de esclavos dueños de esclavos. Ejercían el derecho de comprar su libertad sustituyéndose por un familiar. Los esclavos eran muy importantes: aportaban trabajo gratuito y ayudaban a la organización de las fiestas del calendario. Cuando personificaban a una divinidad, debían cantar y bailar muy bien antes del sacrificio. En las fechas más importantes su carne se comía con gran veneración después de la fiesta. En otras, simplemente desfilaban en la procesión previa a los sacrificios. En realidad eran ellos y los prisioneros de guerra quienes alimentaban al Sol.

Las mujeres

¿Qué lugar ocupaba la mujer en la sociedad mexica? Su función era básicamente la reproducción y sobre ella descansaba la vida familiar. Eran responsables de la hacienda y por eso cuando se iban a casar se les exhortaba a gobernar las sementeras, cuidar de los trabajadores, guardar el cofre (es decir: los bienes) y curar las ollas (es decir: vigilar los alimentos).

El nivel de vida de la mujer dependía de su linaje o del de su esposo, pero no de su trabajo. Su vida estaba limitada desde el nacimiento por su origen social. Ellas no podían ir a la guerra, no tenían puestos públicos y sólo ostentaban influencia política las hijas de los nobles más encumbrados.

La educación que recibían estaba circunscrita a las labores del futuro hogar. Así, el matrimonio era el punto final de sus enseñanzas que nunca incluían el manejo de la escritura, del calendario, de la organización de las fiestas o de alguna decisión pública.

La mujer obtenía prestigio sobre todo por su rectitud. Se esperaba de ella sumisión, obediencia y castidad. Algunas desempeñaban oficios como las parteras o las salineras, pero eran minoría. Entre los nobles se practicaba la poligamia.

Muchas veces las mujeres solas se dedicaron a la prostitución. A ellas se les permitía vestir llamativamente, pintarse, en fin, llamar la atención. Este oficio era tan común que algunas fiestas del calendario incluían la participación de las mujeres públicas junto con los caballeros.

Otras mujeres (jóvenes o viejas) decidían vivir en los templos. Se levantaban tres veces en la noche, hacían penitencia y comían muy poco. Realizaban las faenas al servicio del templo: hilaban, tejían y arreglaban los ornamentos; preparaban los alimentos para los dioses y sacerdotes; barrían y limpiaban. Ellas eran las que tomaban parte en el macehualiztli o danza de propiciación durante las fiestas del calendario.

Como hemos visto, todo mexica estaba al servicio de la comunidad. Los derechos y obligaciones de cada habitante de la ciudad dependían del funcionamiento de la sociedad en su conjunto. La finalidad última de los aztecas era el Estado y éste existía para mantener bajo tutela de Huitzilopochtli la vida del Quinto Sol.

LA EDUCACIÓN

El Estado tenochca daba mucha importancia a la educación. En las escuelas, templos y casas de canto inculcaban en los jóvenes la conciencia histórica de que los aztecas eran descendientes de los toltecas, y elegidos por Huitzilopochtli para mantener la vida de los dioses. Además, como el futuro era incierto había que prepararse para alcanzar la fuerza y la valentía necesarias en la ardua lucha de cada día.

Los niños iban a las escuelas para aprender a ser útiles. Su ingreso a los templos o centros educativos tenía carácter de ofrenda; debían servir en el culto y en la guerra. Permanecían en las escuelas hasta que decidían casarse o vivir como religiosos.

Funcionaban básicamente dos colegios. El calmécac, dedicado a Quetzalcóatl, cuya finalidad era impartir la mejor educación heredada de la tradición tolteca. El telpochcalli, en donde se preparaban los futuros guerreros espiritual, corporal y militarmente. Otros centros educativos servían para especializarse, como veremos más adelante.

El calmécac y el telpochcalli

Los calmécac estaban situados junto a los templos y a ellos ingresaban generalmente hijos de pipiltzin, aunque por consideraciones especiales aceptaban macehualtzin, sobre todo por su culto religioso. Aquí se preparaban los futuros funcionarios, militares de alto rango y los sacerdotes. La meta era formar hombres fuertes acostumbrados al calor y al frío, al hambre y a la sed, al sueño, a los sacrificios y a la penitencia, porque los gobernadores y los sacerdotes debían destacar en la guerra: iban con los ídolos a cuestas exhortando a los guerreros a luchar. La educación estaba encaminada a fortalecer tres aspectos que el tlatoani personificaba: justicia, religiosidad y fortaleza física.

La siguiente cita resume muy bien las materias que los estudiantes cubrían en el calmécac:

> [Los maestros] pasaban el día en enseñarles a bien hablar, a bien gobernar, a oír justicia y en pelear con rodela y macana y con lanza y pedernal [...] esto hacían los que tenían edad para ello.
> Otros se iban a la casa de canto y baile a deprender a cantar y bailar, otros al juego de pelota. También les enseñaban todos los versos de canto que se llamaban divinos, que estaban escritos en sus libros por sus caracteres [...] la astrología indiana de los años y la cuenta de los años.[9]

Vale la pena desglosar cada uno de los datos contenidos en esta cita para entender cómo se educaba a los jóvenes nobles. Enseñarles a bien hablar quiere decir lo siguiente: los funcionarios y nobles aprendían un náhuatl cultivado que se usaba en la vida política y social. Su nombre era tecpillatolli. La enseñanza de este arte dependía de los ancianos sabios, tlamatinime, que para el efecto tenían salas especiales en donde recibían a los niños.

Para bien gobernar y dar justicia, los niños escuchaban las famosas arengas y pláticas que han llegado hasta nosotros. En ellas se les hacía un llamado para que aceptaran y lucharan por los valores correspondientes a su rango. Se les ponían ejemplos de conducta digna.

Los mexicas seleccionaban a los más destacados militares que enseñaban a los jóvenes el arte de la guerra. Ellos y los demás maestros formaban parte de una jerarquía estricta en la que se ascendía por méritos personales.

La cita que nos sirve de referencia para este análisis dice más adelante que algunos jóvenes se iban a la casa de canto y baile a "deprender" a cantar y bailar; otros al juego de pelota.

En relación al canto y baile tenemos lo siguiente. La casa en donde se reunían todos los jóvenes al atardecer era el cuicacalli. En realidad los cuicacalli, pues había varios en la ciudad. Esta institución formaba parte del programa de educación escolar del Estado con sentido político-religioso. Faltar a ella implicaba sanciones graves porque los cantos que se entonaban durante la estancia en el cuicacalli tenían por objeto enseñar por vía oral las historias y proezas del

---

[9] Kobayashi, *op. cit.*, p. 63, cita a Pomar y a Sahagún.

pueblo mexica, de sus dioses y de sus grandes personajes. Además se aprendían cantos y bailes que se entonaban en honor de las divinidades. Como dice Sahagún:

Estos indios de Anáhuac, en sus libros y maneras de escritura tenían escritos los vencimientos y victorias que de sus enemigos habían habido y los cantores de ellos sabíanlos y solemnizábanlos con bailes y danzas.[10]

Esta cita confirma que los cantos y bailes no eran pasatiempo sino canales de comunicación, de información y de identificación, sobre todo por su contenido. Aquí es pertinente un paréntesis. Ya dijimos que para los aztecas era muy importante la historia. Sólo a través de ella podían reconocerse como nahuas de origen y descendientes de la gran cultura tolteca. Por eso continuaron la costumbre mesoamericana de relatar y escribir historia. Pero como la escritura era muy escueta, se ayudaban de métrica y melodías muy sencillas para memorizar los hechos. El ritmo[11] era indispensable en estas narraciones que se repetían y repetían sin cesar. "El verso —explica Garibay— puede descubrirse a satisfacción en estos relatos" [...]. "Aunque el acento intensivo de la penúltima sílaba era la regla en la pronunciación náhuatl, para la recitación y el canto cabe advertir otros acentos secundarios... aunque hay que señalar que la métrica no era perfecta."[12]

Había dos maneras de memorizar: una, la repetición métrica, es decir, apoyada en un ritmo. (Seguramente ésta se hacía en el cuicacalli en narraciones muy largas.) Otra, los cantares, es decir, versos en honor de los dioses que se entonaban acompañados por instrumentos y que después se bailaban. La importancia dada a los cantos y bailes, y el castigo ejemplar que se aplicaba a los que se equivocaban, nos permite pensar que aquí se aprendía un número limitado de piezas que se representaban públicamente en las grandes fiestas del calendario o en cualquier otro acontecimiento.

A los cantos tradicionales se agregaban nuevos, sobre todo si se trataba de un festejo civil que se organizaba por una victoria militar o por la ascención del tlatoani. Entonces se escribía un nuevo canto que debía recordar el hecho. Por ejemplo, tenemos este encabezado que aparece en el manuscrito de Cuautitlán en la foja 16:

Con motivo de celebrar la renovación de su ciclo cronológico, recordaron y retrajeron a la memoria todo cuanto les había contecido en Chapultepec, en Calhuacan [...] de esta manera hacen memoria.[13]

[10] *Ibid.*, p. 82, cita a Sahagún, 1969, t. II, p. 143.
[11] Garibay, Ángel María, *op. cit.*, vol. I, p. 276.
[12] *Ibid.* Para ejemplos, cf. p. 278 *passim*.
[13] *Ibid.*, p. 475, vol. I.

A continuación aparece un texto que se entonaba.

Los cantos que aprendían en cuicacalli no tenían un sentido profundo religioso, netotiliztli, sino más bien un sentido festivo, macehualiztli. Su fin era invocar, alabar, propiciar a los dioses, no cuestionar. Las preguntas las formulaban los escogidos, funcionarios y sacerdotes que recibían la educación más esmerada.

La educación que se impartía en el cuicacalli era posible porque entre las materias en que se especializaban los sacerdotes estaba la música. Y por lo tanto había una jerarquía entre las personas dedicadas a este arte y a enseñar en el cuicacalli:

—El tlapizcatzin era el encargado de enseñar y corregir los cantos. "Residía en los templos [...] por estar a su cargo comenzar los cantares e himnos [...] éste llevaba el compás en el teponaztli."

—Tzapotlateohuatzin. Era el sustituto del tlapizcatzin "para que los jóvenes no perdieran ni un día de práctica en sus cantares".

—Tlamacazcateutl. Era el maestro de escuela, "cuyo oficio era enmendar a los que yerran en el coro". Es decir, vigilaba que los niños cantaran correctamente.

—El epcoaquacuiltzin tec pic toton. Era un poeta compositor. A él se le encomendaban "los cantares que de nuevo eran menester, así para los cues como para las casas particulares". Era el experto en el calendario ritual.[14]

Los jóvenes asistían al cuicacalli de la siguiente manera. El atardecer era la hora señalada para acudir. Pero los jóvenes no lo hacían solos. A los varones los recogían unos ancianos llamados teanque, seleccionados especialmente para ello. A las mujeres las reunían indias viejas llamadas cihuatepixque. Estos mismos encargados acompañaban a los jóvenes a sus casas, templos o escuelas, evitando siempre cualquier señal de deshonestidad.

Para iniciar el aprendizaje, se enseñaba el canto en distintas salas a muchachos y muchachas. Después los maestros los reunían para que acompañados de instrumentos bailaran, acercándose ellos "a las de sus barrios y conocidas. Bailaban hasta bien entrada la noche en que los encargados los volvían a sus casas".[15]

El cuicacalli era una institución importante. En ella los alumnos del telpuchcalli tenían acceso a la historia y la religión. Las muchachas, que no ingresaban al calmécac ni a la casa de adiestramiento guerrero, también participaban de esta tradición. Además, los jóvenes de ambos sexos podían verse y acercarse sin faltar a las estrictas reglas de comportamiento de la sociedad. En este lugar se prepara-

[14] Estrada, Julio, *Historia de la música de México*, Instituto de Investigaciones Estéticas, UNAM, 1984, vol. I, pp. 103 y 104.
[15] Durán, Diego, *op. cit.*, vol. II, p. 189.

ban para las celebraciones del calendario y aprender a través de ellas el ritual de su religión.

El cuicacalli cubría otras necesidades. Era aquí en donde se juntaba el tlatoani con los maestros de los mancebos, que se llamaban tiachcauhan y telpochtlatoque, para "aguardar lo que les había de mandar el señor para hacer algunas obras públicas".[16] (Como veremos en el cuadro en que analizamos las fiestas del calendario, los mexicanos dedicaban parte del año a arreglar la ciudad y a limpiar los templos. Todos cooperaban en esta tarea.)

Por las tardes el cuicacalli servía de lugar de pasatiempo para los caballeros, militares y soldados.

> Como hombres valerosos y estimados, les permitían tener mancebas y burlas con mujeres y requebrarse públicamente.[17]

Se reunían con ellas a bailar hasta la hora en que llegaban los jóvenes.

Entre las actividades de los alumnos del calmécac, según la cita que nos sirve de guía para analizar lo que aprendían los hijos de los nobles, además de asistir al cuicacalli iban al juego de pelota en donde se entrenaban no para una simple competencia, sino para triunfar en enfrentamientos rituales. Muchas veces el castigo para el perdedor era la muerte.

A los jóvenes del calmécac también les enseñaban astrología, la interpretación de los sueños, la cuenta de los años y todos los versos de canto que llamaban divinos y que estaban escritos en sus libros. A través de estos cantos los alumnos profundizaban sus conocimientos de historia y religión.

> Los filósofos y sabios que tenían entre ellos, estaba a su cargo pintar todas las ciencias que sabían y alcanzaban, y enseñar de memoria todos los cantos que observaban sus ciencias e historias.[18]

Es importante notar, en la cita anterior, que el cronista Ixtlixóchitl utiliza la palabra "cantos" en relación a la transmisión de conocimientos. Esto quiere decir que no se está refiriendo a textos leídos o recitados, sino a textos entonados. Cantos como nosotros entenderíamos una canción, es decir, un texto en que se unen la palabra y la música. En su *Historia de la literatura náhuatl* Garibay no se cansa de repetir este hecho: los textos en verso se entonaban acompañados de instrumentos. La siguiente pequeña poesía nos permite entender cómo se leían los códices:

---

[16] Kobayashi, *op. cit.*, p. 82.
[17] Durán, Diego, *op. cit.*, vol. II, p. 189.
[18] Garibay, Ángel María, *op. cit.*, cita a Ixtlilxóchitl.

> Yo canto las pinturas de los libros,
> lo voy desplegando.
> Soy cual florido papagayo.
> Hago hablar a los códices,
> en el interior de la casa de las pinturas.[19]

De esta manera se entiende que los egresados del calmécac carentes de aptitudes para la guerra se esforzaran por "valer y ser sabios". Ya que "quien llegaba a este punto de habilidad era tenido y muy estimado porque casi eternizaba con estos cantos la memoria y fama de las cosas"... y por esto era premiado por el rey y los nobles.[20]

Entonces algunos alumnos del calmécac escogían dedicar su vida al estudio de los códices y a la composición de la flor y canto: *in cuicatl in xochitl*. Es necesario subrayar que "flor y canto" era el nombre con que se designaba una obra artística melódica y literaria: un texto en verso acompañado por instrumentos y compuesto para ser entonado.

Este es un hecho comprobado: toda la poesía hasta la fecha traducida del náhuatl viene acompañada de partículas que no tienen ningún significado pero que servían para que los cantantes y los músicos se apoyaran mutuamente. Además, "el término mismo con que se designa el poema en la lengua mexicana es de contenido musical. Cuicatl es el vocablo más común y su representación gráfica era la voluta de la palabra adornada con flores, como si dijera palabra florecida. No significa poema, sino música con palabras. La gran familia de vocablos que de cuicatl se derivan, entraña siempre la unión con la música", afirma Garibay.[21]

> Libro que brota flores es mi atabal [instrumento musical],
> canto es mi palabra, flor mi pensamiento.[22]

En *Cantares mexicanos*, foja siete, línea 23 *ss.*, se explica cómo los instrumentos acompañaban el canto. Para después interpretarla, damos primero la cita completa:

Y en esta forma se tañe el tambor:

a) una estrofa se va diciendo sin música.

b) pero a la otra estrofa caen tres percusiones, ti, ti, ti, pero al comenzar precisamente una ti.

c) y en esta forma se vuelve a cantar, desde el medio del toque del tambor y se estabiliza el golpe del percusor.

[19] Kobayashi, *op. cit.*, p. 67.
[20] *Ibid.*, p. 68, cita a Garibay, *op. cit.*, p. 190, vol. II.
[21] Garibay, Ángel María, *op. cit.*, pp. 81 y 82, vol. I.
[22] *Ibid.*, p. 66; *Cantares mexicanos*, f 19 v, línea 24.

d) hasta llegar a la mitad, otra vez el tambor viene huyendo hasta el término.

e) esto se verá del percusor y el que canta lo sabe: así se tañe.[23]

Normalmente las estrofas de los versos en náhuatl iban a pares, por lo tanto: a) la estrofa inicial era cantada sin acompañamiento de instrumentos; b) al comenzar la segunda estrofa empezaba el acompañamiento con una medida monorrítmica que se repetía constantemente: ti, ti, ti (no se acompañaba con melodía); c) a medida que avanzaba el canto, el acompañamiento mudaba a una percusión ternaria ti ti ti, ti ti ti, etc. Es decir, aumentaba la frecuencia rítmica a tres o más sonidos dentro de un mismo tiempo; d) ya cercano el fin de la estrofa, el tambor persistía en un son repetido y constante que iba muriendo con el término del último verso de esa parte. Así se daba lugar a que la siguiente estrofa comenzara de nuevo sin acompañamiento musical, y e) quien llevaba el acompañamiento era el instrumento percusor, que en el caso de esta descripción se llamaba maitl.

Además de esta prueba de que los versos iban acompañados con música, tenemos en toda la poesía náhuatl, como ya dijimos, una serie de sílabas o interjecciones que funcionaban como una guía que marcaba el tiempo entre instrumentistas y cantar. Así se reforzaba la simbiosis entre palabras e instrumentos.

A continuación numeramos las interjecciones más frecuentes:

—a, ah, ya, aya. (Las más frecuentes.)

—iya, huiya. (Muy comunes.)

—ahuaya, ahuaya, ohuaye. (En cantos de mayor longitud.)

—ahue, huixahue, ohue, ohuiya. (Son menos frecuentes pero también se hallan en cada texto que viene a la vista, según afirma Garibay.)

—Otros de menos uso: li li, tan ta la la, li li yan.

Las partículas servían como introducción, como enlace y también como puente ya que permitían alargar cada canto a voluntad, preparando al espectador para lo que venía después: una danza y otro canto.[24] Por tal razón las fiestas y celebraciones que se hacían al aire libre cada mes, duraban mucho tiempo. Porque después de un canto, algunas veces responsorial, otros no, los instrumentos continuaban tocando con los cantores que alargaban las interjecciones a voluntad hasta que empezaba otra danza o un nuevo canto.

A continuación presentaremos un ejemplo de poesías en el que las interjecciones aparecen al final de algunos versos. En este caso el texto se refiere a la manera como los principales se deleitaban cantando poemas junto a los tambores.

[23] *Ibid.*, p. 168, vol. I.
[24] *Ibid.*, p. 168, vol. I.

Allá en Tlaxcala *Ayahue*
Con rodelas de cobre incrustadas de jades cantaron
y tocaron junto a los tambores *ayahue*
delicia, delicia de flores, *ayahue*
Xicontencatl, príncipe señor de Tizatlán,
Camaxochitzin con canto y música se deleitan.

(En realidad hace falta un estudio profundo de estas partículas sin aparente sentido que pululan en todos los versos que conservamos del náhuatl. Nosotros solamente trabajamos los *Veinte himnos sacros de los nahuas*, donde el número de interjecciones es enorme antes de cada poema. Desgraciadamente, en las traducciones al español estas voces no se incluyen porque aparentemente le quitan sentido a los versos, lo cual es una vergüenza.)

Ahora bien, la diversidad temática de los poemas y la precisión con que se debían cantar nos permite entender por qué los alumnos del calmécac que demostraban más aptitudes para la música y el estudio pasaban a escuelas de especialización. El tlamacazcalli era la casa de los sacerdotes, de donde salían los sacerdotes llamados Quetzalcóatl y otros dignatarios de alto rango de la jerarquía religiosa mexica. Los alumnos de esta escuela podían asistir simultáneamente al mecatlán, "lugar del cordel", en donde aprendían a tañer las trompetas los ministros de los ídolos.[25] Ahí se enseñaban todos los instrumentos, "en especial trompetas y flautas de los cuales géneros usaban mucho en sus bailes y areitos".

También estaba el mixcoacalli, en donde se guardaban todos los implementos para los cantos y danzas. Aquí se reunían todos los ejecutantes y tañedores, los de teponaztli, los teponacoani, los de huehuetl, huehuetzozonani, etcétera.[26]

El mixcoacalli era el lugar en donde el tlatoani aprendía algunos cantos y danzas, pero no concurrían los estudiantes.

La casa de la Serpiente de Nube
donde ordenaban las diversas cosas,
los cantores populares tenochcas y tlatelolcas,
donde esperaban el discurso del Tlatoani,
que quiza bailaría, que quiza ensayaría algún canto
quiza aprendería algún canto nuevo,
por esta razón se estaban reuniendo los cantores.[27]

El *Códice Florentino* se refiere aquí a la otra vertiente de música en la vida mexicana: la popular. El tlatoani tenía a su servicio una ca-

[25] Kobayashi, *op. cit.*, p. 83.
[26] Estrada, Julio, *op. cit.*, pp. 100 y 101, vol. I.
[27] López, Austin, *op. cit.*, pp. 120-123.

pilla de músicos —incluso tenemos noticias de que algunos nobles conservaron después de la conquista sus propias capillas de cantores—, tal como la tenían los reyes de España, que componía cantos épicos o de amor según la ocasión. El tlatoani tenía vínculos con músicos dedicados a los cantos populares que lo hacían partícipe de las novedades musicales y que también daban servicio a los nobles que así los requerían. Tocaban en celebraciones privadas como las que realizaban los comerciantes de acuerdo a ciertas fechas del calendario litúrgico.

No sabemos exactamente si estos artistas eran sacerdotes que alternaban su trabajo entre los templos y la corte, o si eran exclusivamente cantores populares llamados cuicapicque. Los datos recabados nos permiten pensar que existían los dos tipos de músicos. Un ejemplo: para la fiesta de Huitzilopochtli en noviembre, los tratantes de esclavos contrataban a músicos profesionales que cantaban y tañían el teponaztli, para que instruyeran a sus esclavos y poder venderlos mejor. Estos músicos bien podían ser populares, pero la importancia de la fiesta y el papel central del esclavo que cantaba y personificaba al dios, nos permite pensar que los maestros contratados entonces eran sacerdotes.

Por otro lado, los cronistas no señalan que hubiera una casa de música especializada en la construcción de instrumentos. Seguramente se construían en el mecatlán o el mixcoacalli. Por los ejemplares que han llegado a nosotros podemos concluir que algunos instrumentos sólo eran usados por los sacerdotes en ritos privados. Por ejemplo los vasos silbadores o las flautas que podían emitir varios sonidos al mismo tiempo. Es decir, instrumentos de viento polifónicos que no usaba la población, sobre todo porque el origen de algunos se consideraba divino.[28] Sin embargo, otros instrumentos como los silbatos, las flautas o los tambores seguramente eran elaborados por los propios ejecutantes.

Una vez tratado el tema de los alumnos del calmécac que ingresaban a las escuelas especializadas, veamos qué pasaba con los jóvenes que terminaban sus estudios y contraían matrimonio o iban a la guerra. El último año de escuela residían en el templo, recibiendo varias enseñanzas del mixcoatzalotl: conservar el fuego, limpiar los templos y tañer los instrumentos que señalaban las horas, porque desde lo alto de los templos se marcaba el paso del tiempo, se daban noticias, se hacían llamados y se anunciaban los sacrificios.

El instrumental empleado consistía en flautas a manera de cornetas y de unos caracoles que sonaban como bocinas. Con esto llamaban a las horas que se cantaban en el templo de día y de noche.

[28] Martí, Samuel, *Instrumentos musicales precortesianos*, INAH, México, 1968.

—Hacían cada amanecer, con esta solemnidad de instrumentos, fiesta al sol "con armonía y estruendo singular y saludábanle de palabra".

—Había veladores que velaban las vigilias de la noche, unos en los templos y otros en las encrucijadas de calles y caminos. Su oficio era despertar a los sacerdotes y ministros para que acudieran a los sacrificios y horas nocturnas. Llamaban también a los funcionarios.[29]

El telpuchcalli era el segundo tipo de escuela, y a ella ingresaban los plebeyos y algunos nobles. Se trataba de una casa de adiestramiento guerrero, una por calpulli, en donde se preparaban hombres valientes y buenos soldados. La educación iba encauzada al fortalecimiento físico y la obediencia.

Los alumnos podían tener mancebas y visitar sus casas. De noche debían ir al cuicacalli para aprender historia y religión y algo de ritual a través de los cantos y las danzas. De estas escuelas salían soldados, jefes militares inmediatos y funcionarios menores que por sus actos podían obtener riquezas y privilegios pero nunca llegaban a ser nobles.

Otra forma de preparar a los niños era dedicándolos a los templos. Quienes estaban al servicio de Huitzilopochtli debían tener linaje. Por ello recibían la mejor educación y podían llegar a estudiar a la Casa de los Sacerdotes. Por otro lado, los dedicados a Tezcatlipoca, cuyo origen no importaba, formaban una orden "Que llamaban Telpochtiliztli o juventud, así porque se componía de niños y jóvenes, como porque representaban en esa edad a ese dios":

Pero no vivían en comunidad, sino cada uno en su casa. Tenían en cada barrio un superior que lo dirigiera y una *casa* en donde se juntaban al ponerse el sol a cantar y bailar en honra de aquella divinidad. Concurrían ambos sexos al baile pero sin el más leve desorden por la vigilancia de sus superiores.

De esta cita se desprende que no había uno sino varios tipos de cuicacalli dedicados a distintas finalidades. Por ejemplo, esos niños y jóvenes estaban especializados en los cantos en honor de Tezcatlipoca y seguramente participaban en las festividades en que se cantaba y bailaba a este dios.

Había otras congregaciones.

En la de hombres y mujeres dedicados a Quetzalcóatl se vivía con especial rigor y austeridad. Su vestido era muy honesto, bañábanse indefectiblemente a media noche y velaban hasta las dos de la mañana cantando himnos hermosos a sus dioses y practicando en su honor varias penitencias.[30]

---

[29] Estrada, Julio, *op. cit.*, vol. I, p. 97.
[30] Durán, Diego, *op. cit.*, vol. II, p. 49.

Como ya dijimos, la variedad de cantos mexicas provenía y se conservaba gracias a la diversidad de cultos y divinidades. Cada dios contaba con un templo, sacerdotes a su servicio y una congregación (por lo menos los dioses más importantes) que efectuaba fiestas muy variadas y complejas, tal como veremos al analizar las celebraciones del calendario mexica.

El Estado tenochca estaba muy consciente de diversidad de cantos y ritos; también de su importancia en la educación de los jóvenes. Por eso, a partir del gobierno de Moctecuhzoma Ilhuicamina se estableció el cargo de mexcatl teohuatzin, cuya función era la de vigilar que las cosas concernientes al culto divino se hicieran en todos los pueblos del imperio con diligencia y perfección. "Y no sólo en lo relacionado con las fiestas sino 'mayormente' en la crianza de los mancebos que se educaban en los monasterios." Así se aseguraba el control sobre las costumbres y la forma de pensar de la población conquistada.

MÚSICA, DANZA Y SOCIEDAD: LAS CELEBRACIONES DEL XIUPOHUALLI

Para estudiar las grandes celebraciones de los mexicanos, debemos detenernos un poco ante el calendario, que medía el año solar con dos parámetros: el tonalpohualli y el xihuitl.[31]

El tonalpohualli consideraba periodos de 260 días divididos según la combinación de 20 signos con 13 números: 1 al 13. Acompañaban a los signos y numerales tres series: los Señores del Día, los Volátiles y los Señores de la Noche, que eran nueve y se iban ajustando a través de los meses. El tonalpohualli también consideraba los puntos cardinales (recordemos a Tezcatlipoca y Quetzalcóatl); a cada uno correspondía un signo distinto, asociado a un color y a un animal. El Este se representaba con el amarillo y el águila. El Norte con el rojo y el tigre. El Oeste con el blanco asociado a la serpiente. Por último el Sur azul, relacionado con el conejo.

La combinación de estos elementos ayudaba a fijar la calidad de cada día, si era fasto o nefasto. La complejidad del asunto reclamaba que especialistas en el calendario hicieran los cómputos: se les llamaba tonalpouhque. Además de averiguar el signo de cada día, estos sabios sabían cómo modificar la suerte adversa. Por ejemplo, señalaban cuándo hacer las ofrendas y sacrificios o cuándo imponer el nombre a un niño nacido un día de mala fortuna.[32]

[31] Toda la información sobre los calendarios nahuas proviene de: Caso, Alfonso, *Los calendarios prehispánicos*, UNAM, Instituto de Investigaciones Históricas, México, 1967.
[32] *Ibid.*, p. 28.

El segundo periodo era el xihuitl, de 365 días. Quedaba dividido en 18 meses de 20 días cada uno. El mes estaba relacionado con la luna y se llamaba como ella: meztli. La cuenta de los meses se decía meztlipohualli. Además de los 18 meses, cinco días llamados nemonteni eran considerados aciagos. El orden de los meses no cambiaba, pero no había acuerdo sobre cuál meztli marcaba el inicio del año. Por esta razón variaba la colocación de los nemonteni al final de la serie. (En este trabajo seguimos a Alfonso Caso, que considera al Atlacahualco o al Izcalli como los primeros meztli del año azteca.) Los nemonteni no se contaban dentro de las fiestas anuales. No eran el mes 19 y no estaban dedicados a ningún dios.

Los aztecas denominaban los años con cuatro de los 20 signos de los días: acatl, tecpatl, calli, tochtli, dándoles un número que también iba del 1 al 13. De aquí se formaba un ciclo de 13 por 4 igual a 52 nombres. El xiumolpilli o siglo estaba formado por 52 años. Si en la sucesión de los tonalpohualli se parte de un día, un tochtli, y se cuenta hacia adelante 365 días, se llegará a una fecha: 2 acatl. Si se parte de ésta, y se cuentan 365 días, se llega a 3 tecpatl, etc. El nombre de los años dependía de la cuenta hecha en el tonalpohualli cada 365 días.

Al final de cada siglo los aztecas llevaban a cabo la celebración del Fuego Nuevo. Consistía en apagar las hogueras de toda la ciudad para que volvieran a prenderse de una sola que provenía del Cerro de la Estrella. Mataban a un cautivo, y del fondo de su pecho hacían que brotara el fuego que alimentaba la hoguera del nuevo siglo.

Cada meztli del calendario mexicano estaba señalado con una fiesta. Solamente en dos meses había un par de celebraciones: Quecholli e Izcalli, completándose así la veintena de fiestas anteriores a los nemonteni.

Incluimos un cuadro de Alfonso Caso que muestra la correlación de los numerales de tonalpohualli con la división de días y meses del xihuitl.[33]

El propósito del cuadro fue fijar la toma de Tenochtitlán: 13 de agosto de 1521, 7 Coatl, 2 del mes Xocotlehuetzi. A nuestro estudio sirve para mostrar la relación entre los meses y los días del calendario mexicano.

[33] *Ibid.*, p. 65.

Año Yei calli 3. casa 1521 *Mes* *Día*	*Izcalli* 24 ene.-12 feb.	*Atlcahualo* 13 feb.-4 marzo	*Tlacaxipehualiztli* 5-24 marzo	*Tozoztontli* 25 marzo-13 abril	*Hueytozoztli* 14 abril-3 mayo	*Toxcatl* 4-23 mayo	*Etzalcualiztli* 24 mayo-12 junio	
Cuetzpallin	8	2	9	3	10	4	11	
Coatl	9	3	10	4	11	5	12	
Miquiztli	10	4	11	5	12	6	13	
Mazatl	11	5	12	6	13	7	1	
Tochtli	12	6	13	7	1	8	2	
Atl	13	7	1	8	2	9	3	
Itzquintli	1	8	2	9	3	10	4	
Ozomatli	2	9	3	10	4	11	5	
Malinalli	3	10	4	11	5	12	6	
Acatl	4	11	5	12	6	13	7	
Ocelotl	5	12	6	13	7	1	8	
Cuautli	6	13	7	1	8	2	9	
Cozcacuauhtli	7	1	8	2	9	3	10	
Ollin	8	2	9	3	10	4	11	
Tecpatl	9	3	10	4	11	5	12	
Quiahuitl	10	4	11	5	12	6	13	
Xochitl	11	5	12	6	13	7	1	
Cipactli	12	6	13	7	1	8	2	
Ehecatl	13	7	1	8	2	9	3	
Calli	1	8	2	9	3	10	4	

La toma de Tenochtitlán fue el día 7 Coa

Para ampliar el conocimiento sobre las fiestas del calendario, presentamos un cuadro (véase el desplegado entre pp. 112-113), en el que se estudia con detalle la recopilación de las celebraciones mexicas emprendida por José Antonio Guzmán Bravo y José Antonio Nava. Este trabajo se encuentra en las páginas 113 a 166 del primer volumen de *La música de México,* dirigido por Julio Estrada. Consiste en una reunión de descripciones hechas por los cronistas sobre las fiestas, pero sin conclusión. Se trata de una enumeración de las característi- cas del ritual, tal como aparece en las obras del siglo XVI. Cada fiesta

Tlaxochimaco 23 julio-11 agosto	Xocotlhuetzi 12-31 agosto	Ochpaniztli 1-20 septiembre	Teotleco 21 sept.-10 oct.	Tepeilhuitl 11-30 octubre	Quecholli 31 oct.-19 nov.	Panquetzaliztli 20 nov.-9 dic.	Atemoztli 10-29 diciembre	Tititl 30 dic.-18 ene. 1522	Nemontemi 19-23 ene. 1522
6	13	7	1	8	2	9	3	10	4
7	7	8	2	9	3	10	4	11	5
8	2	9	3	10	4	11	5	12	6
9	3	10	4	11	5	12	6	13	7
10	4	11	5	12	6	13	7	1	8
11	5	12	6	13	7	1	8	2	
12	6	13	7	1	8	2	9	3	
13	7	1	8	2	9	3	10	4	
1	8	2	9	3	10	4	11	5	
2	9	3	10	4	11	5	12	6	
3	10	4	11	5	12	6	13	7	
4	11	5	12	6	13	7	1	8	
5	12	6	13	7	1	8	2	9	
6	13	7	1	8	2	9	3	10	
7	1	8	2	9	3	10	4	11	
8	2	9	3	10	4	11	5	12	
9	3	10	4	11	5	12	6	13	
10	4	11	5	12	6	13	7	1	
11	5	12	6	13	7	1	8	2	
12	6	13	7	1	8	2	9	3	

Xocotlhuetzi, correspondiente al 13 de agosto de 1521.

se describe empezando con la fecha en que se llevaba a cabo. En seguida se menciona a quién se dedicaba esa celebración, qué se cantaba y bailaba, qué se comía, cómo se vestían los sacerdotes o nobles que participaban en la ceremonia, etc. En total se refieren a 28 conceptos. Por la forma en que aparecen los datos y por su riqueza, es lógico que su vaciado en un cuadro resultara imprescindible.

En torno de este gran cuadro debemos hacer varias aclaraciones. En primer lugar el comienzo del año. En nuestro trabajo aparece marcado por el mes Atlacahualco. Ya nos referimos a este problema y a la manera como Caso explica que este mes o el Izcalli pueden considerarse el principio del año azteca. Había 18 meses, cada uno con 20 días.

Respecto al número de fiestas, que confirman los 18 renglones horizontales del cuadro, debemos especificar que en algunos meses había celebraciones del mes o fiesta principal y además fiestas privadas o cíclicas, por lo cual el cuadro describe más de 20. Valga un ejemplo de la complejidad del ritual. En el sexto mes, Etzalqualiztli, los sacerdotes dedicados a los dioses acuáticos practicaban (durante la veintena de días) purificaciones en sus templos y sacrificios de niños y cautivos en sumideros y cerros. Por las noches los sacerdotes del calmécac, acompañados de los tlamacazque cuicanime, se bañaban en agua helada. El resto de la población realizaba baños rituales y limpiaba sus casas. Además se acostumbraba celebrar en el último o penúltimo día del mes la fiesta de Tláloc, en el juego de pelota y en el Templo Mayor de Tenochtitlán, con banquetes, cantos y bailes festivos antes y después de los sacrificios de cautivos. Cada uno de estos datos fue la base de las 28 columnas, y su selección nos obligó a resolver varios problemas de metodología porque cada concepto (ordenado verticalmente) debía mostrar datos precisos pero relacionados con el resto de la información. Por ejemplo, las columnas 5, 6, 7. Allí hubo necesidad de dividir el objetivo de las fiestas según su especificidad religiosa, es decir, a qué deidad y con qué fin se dedicaba, además de la función social del mes, o sea, qué se acostumbraba hacer en esas fechas, ya fuera limpieza, cacería, renovación de templos, etc. Asimismo desglosamos los tipos de fiestas por la complejidad de los rituales.

Por otra parte, la definición de los estratos de la sociedad azteca, que conforma las columnas 11 a 19, no se hizo con un sólo criterio. Así, dimos una columna a mujeres y niños, otra a doncellas, y varias a los hombres adultos: los guerreros, sacerdotes, señores, mercaderes, etc. Es decir, algún estrato se designó por sexo o condición social (como soltería o matrimonio) y otros por ocupación. Esta variedad de criterios refleja la visión que los mexicas tenían de sí mismos y el objetivo final de cada individuo. Es muy claro que si el papel de las mujeres era la reproducción y el matrimonio, su actividad como estrato con personalidad propia se diluía en la sociedad y su trabajo en el hogar carecía de especificación. Sin embargo, algunas veces se les menciona por su oficio de parteras o mujeres salineras. En cambio, los sacerdotes podrían ser objeto de un estudio mas detallado, debido a su variedad de actividades.

En cuanto a la manera en que el pueblo participaba en las celebraciones (véanse las columnas 19 y 20 del cuadro), también hicimos una división. Porque algunas veces se esperaba que todos visitaran las sementeras o los adoratorios próximos al agua, pero otras veces la fiesta incluía celebraciones familiares del pueblo con rituales en casa. Esta división es discutible pero aclara la participación de la población como conjunto en los días feriados.

Las siguientes columnas del cuadro (21 a 28) ayudan a apreciar mejor las diferencias entre los cantares y danzas que se acostumbraban en cada fiesta, así como los instrumentos y adornos relacionados con una deidad en especial. Por ejemplo: los sahumerios o sonajas que siempre se usaban en las celebraciones dedicadas a los tlaloque, cuyo sonido recordaba el del agua al caer.

Por último, una aclaración sobre las fechas en que se realizaba cada fiesta. Generalmente señalamos que la celebración daba inicio entre uno u otro día de determinado mes del calendario. Esta imprecisión se debe a la información de los propios cronistas. Por un lado se encontraron con que el orden de los meztli era el mismo para toda Mesoamérica, pero no había consenso sobre cuál marcaba claramente el comienzo. Por otro, trabajaron en regiones distintas cuyas costumbres variaban.

A continuación presentamos el análisis del cuadro, no sin antes recordar al lector que el número de las fiestas está marcado del I al XVIII y el de las columnas del 1 al 28. Le remitimos al mismo, aclarando que realizamos al final de cada apartado, numerado según las columnas, pequeños resúmenes en forma de cuadros en donde se presentan las conclusiones de cada concepto. Estos resúmenes facilitan la lectura del texto y evitan la continua consulta del anexo.

1. *Nombre de las celebraciones* 2. *Otro nombre*

Como ya explicamos, el orden de los meses no variaba en toda Mesoamérica. El problema radica en que no había un acuerdo sobre el mes que marcaba el comienzo del año. Sin embargo era común, por lo menos en el valle de México, que el ciclo del calendario empezara en febrero, entre los meses Izcalli o Atlacahualco.

El nombre del meztli se tomaba de su último o penúltimo día en el que generalmente se hacía la fiesta principal del mes. Mas hay una excepción. En el V mes, Texcatl, la fiesta del incienso a Huitzilopochtli duraba los diez últimos días, mientras la primera decena se dedicaba a Tezcatlipoca. En ambos periodos se efectuaba una fiesta principal con el sacrificio de los personificadores de cada dios.

Había meses con más de un nombre: el I, IX, X, XII, XIII y XVIII. Son varias las razones. En el caso del primer mes la variedad de nombres se debe a la advocación. Este meztli dedicado a pedir por el agua, festejaba a su vez los primeros brotes de los árboles y los arbustos.

El caso de los meses IX y X es distinto. Los nombres con que se conocen estos periodos se deben a nuestras fuentes. El caso es que fray Diego Durán, uno de los cronistas que describe con mayor detenimiento las fiestas indígenas, vivió en Tlaxcala. No tenemos otra confirmación de este dato, pero él incluye las fiestas en memoria de los muertos en estos meses. Puesto que es impensable que los mexicas dejaran de realizar algo tan importante como recordar a los que se habían ido, respetamos la colocación que Durán dio a estas celebraciones y las clasificamos de la siguiente manera: la primera dedicada a los muertecitos como fiesta preparatoria de la fiesta de los muertos, realizada en el siguiente mes.

Los meses XII y XIII también poseen dos nombres. No tenemos información suficiente para saber por qué era así. Al mes Izcalli también se le llamaba Xilomaniztli por razones de advocación. En algunas zonas de México en esta fiesta se recordaba a los dioses acuáticos con los usuales sacrificios de niños. En el valle de México se realizaba la gran celebración del dios del fuego.

3. Fecha de los meztli

Para no repetir, baste señalar que la falta de exactitud en el comienzo de los meses proviene de las fuentes.

4. Advocación

Un análisis profundo en este renglón implicaría entrar a un campo ajeno al presente trabajo: el de la mitología náhuatl. Sin embargo, podemos intentar algunas conclusiones que se desprenden con facilidad.

Los mexicas sabían que el agua era indispensable para vivir. La asociaban con la fertilidad. A los dioses acuáticos estaban dedicados el mayor número de celebraciones: I, III, VI, VII, XII, XIII, XVI. Siete fiestas de las 18 del año. Cada una concebida para dar gracias o pedir por las necesidades de la tierra en el transcurso del año. De ahí que la advocación de cada fiesta variara en función de Tláloc, de los dioses tlaloques y de otras divinidades que se asociaban con la intención que se buscaba. Por ejemplo, el primer mes Atlacahualco pedía para que las aguas llegaran a tiempo. Era un mes de congoja y tristeza, y se derramaban muchas lágrimas en señal de buenas lluvias. Se sacrificaban niños en los pozos, manantiales y sumideros. En el tercer meztli se pedía por las aguas, porque la tierra fuera fértil, y también por el viento.

La sexta fiesta estaba dedicada al agua salada. La séptima, Te-cuilhuitontl, que transcurría en el mes de junio, era una celebración de agradecimiento porque las lluvias habían llegado. Obviamente era un mes de alegría, de invitaciones y visitas. En la fiesta princi-pal se hacían sacrificios frente a una mujer que personificaba a la diosa del agua salada: Uixtocíhuatl.

El mes XII coincidía con el comienzo de las heladas en el valle de México (octubre). Para prevenir sus efectos, los sacerdotes realiza-ban la danza del murciélago, preparada el mes anterior.

La celebración del XIII mes se refiere al agua como purificador. Era la época de saneamiento de enfermos. El mes XVI era el último de los dedicados a los tlaloque. El sol llegaba a lo más alto de su curso y se le invocaba para que iniciara un nuevo ciclo de vida en el que no dejara de llover.

Otras fiestas se refieren a la tierra, especialmente a la corteza terres-tre o piel en donde brotan las cosechas. Celebraciones alrededor de la fertilidad eran las siguientes: II, IV, V, VIII, XIII, XVII.

La segunda fiesta del año, dedicada a Xipe Totec, es de las más co-nocidas. En todos los libros dedicados a los aztecas se describe que para pedir una nueva piel de campos, troncos y sementeras, los sa-cerdotes de esta deidad desollaban varios cautivos. Jóvenes con vo-tos portaban las pieles por un año. Esta fiesta coincidía con la entrada de la primavera.

Durante el cuarto mes, de penitencias sin cantos ni danzas, se pe-día por la salud de los granos y la abundancia de cosechas. Se agra-decían los primeros brotes recordando a los tlaloques del agua.

Los 10 primeros días del quinto mes consistían en una gran fiesta agrícola de fertilidad donde se recordaba la fecundación mágica para engendrar dioses. En estos días los jóvenes y las doncellas reali-zaban rituales de iniciación. El personificador del dios Tezcatlipoca fecundaba a cuatro doncellas como símbolo de que los dioses per-mitirían la regeneración de la tierra.

En el octavo meztli los mexicas hacían la gran fiesta de los señores: Huey Tecuilhuitl, en honor de la doncella Xilonen, y Chicomecoatl, baile de las siete culebras. Como es sabido, la serpiente es un símbo-lo fálico. En estas celebraciones se realizaban los famosos bailes culebreados. Guiados por un sacerdote, a veces por una pareja, una fila de jóvenes de uno y otro sexo bailaban tomados de la mano y acompañados de sonajas.

En octubre se organizaba la fiesta de los montes o serranías, Te-peihuitl, en honor de los dioses tlaloque pero también de Xochiquet-zal. Se pedía por la fertilidad de las sementeras.

La última fiesta relacionada con la tierra y la fertilidad era Tititl, durante el mes XVII. Se pedía por las futuras siembras y tal vez por eso, porque todas las mujeres representaban futuras siembras, se les golpeaba con bolsas de heno.

Así tenemos que de 18 fiestas, 12 estaban dedicadas al agua y la tierra. Quedan seis fiestas a las que hay que agregar los 10 días del quinto mes dedicados a Hutzilopochtli. Días de penitencia en los que se recordaba a este dios como el guía que llevó al pueblo mexica hasta el islote de México-Tenochtitlán.

El noveno mes estaba dedicado también a Huitzilopochtli, pero como dios de la guerra. Se mostraba en las danzas que esta deidad era la cabeza del Estado tenochca, a la que seguía el tlatoani y todos los demás señores en una jerarquía férreamente establecida. "Cada Señor ocupaba su lugar", dicen los cronistas.

El décimo mes estaba dedicado al fuego. Esta era la celebración alrededor del tronco de un árbol muy alto.

El décimo primer mes estaba dedicado a los dioses guerreros. Se recordaba la victoria sobre los calhuas y se honraba a la patrona de médicos, brujas y adivinos. Seguramente había rituales privados con cantos esotéricos y conjuros de los que tenemos noticia.[34]

En el mes XIV se preparaban los guerreros para una cacería ritual. El XV mes era la gran fiesta de Huitzilopochtli. En ella se le confirmaba como la deidad suprema del pueblo mexica. Se bailaba durante todo el mes, y el último día se sacrificaban muchos cautivos.

El último mes, Izcalli, estaba dedicado en el valle de México al dios del fuego. Cada cuatro años esta fiesta era importante e incluía sacrificio de esclavos. Normalmente consistía en danzas, comida y borrachera de niños.

En suma, los seis meses no dedicados al agua o a la tierra se dividían así: la mitad del quinto, el noveno y el décimo quinto a Huitzilopochtli. En honor del fuego se hacían dos fiestas: X y XVIII. Y dos fiestas para honrar a los guerreros: la XI y la XIV en la que organizaba la gran cacería.

El fuego solamente recibía dos fiestas porque todos los días era venerado en los hogares por sus cualidades para quemar, calentar, asar y cocer. La comida era probada por las llamas antes que por ningún miembro de la familia.

Tenemos además de las fiestas descritas, 18 en total, dos celebraciones anuales: la del Sol, incluida en nuestro cuadro el primer mes del año, y la de los muertos, que coincidía en agosto con una festividad al dios del fuego. Así completamos la veintena de fiestas del año. No incluimos a la Miccailhuitl o fiesta de los muertecitos, porque se consideraba como una preparación a la ya citada fiesta mayor.

[34] Cf. Garibay, Ángel María, *Historia de la literatura náhuatl.*

Advocación	Núm. de fiestas
Agua	7
Tierra	5
Huitzilopochtli	2
Fuego	2
Guerreros	2
Sol	1
Muertos	1
TOTAL	20 fiestas en 18 meztli

El cuadro anterior señala a quiénes se dedicaban las fiestas del calendario. Esta síntesis simplifica información bastante compleja. Porque aunque es fácil inferir una relación entre agua y deidades tlaloque, o deidades femeninas y tierra y fertilidad, las fiestas tenían además una cualidad o intención a partir de la cual se organizaban el culto, las danzas y cantos y la participación de cada estrato social en la celebración. Vamos a referirnos a este punto.

5. Función religiosa

Además de la dedicación mensual a determinada deidad para pedirle buena cosecha o fertilidad en los campos, el calendario calificaba a las fiestas como de regocijo, sacrificio, tristeza, penitencia, confesión, oración o súplica, meditación, purificación, honor y, por último, como fiesta militar.

La primera fiesta dedicada al agua era una celebración de congoja en donde se esperaban muchas lágrimas que anunciaban buenas lluvias. Este mes coincidía con la fiesta cíclica del Sol, en la que se veneraba al astro rey. En ella participaba la élite de la sociedad mexica: los nobles. Sólo ellos hacían el areito.

La segunda fiesta, dedicada a la Tierra, era al mismo tiempo un rito militarista y de fertilidad. La tercera, dedicada a los tlaloque, era una fiesta de meditación en que se entonaban cantos a los dioses. La cuarta, en honor de la Tierra, era una fiesta penitencial y preparatoria del siguiente mes.

El quinto mes, dividido en dos fiestas, era simultáneamente un rito de súplica y de penitencia dedicado a Tezcatlipoca y Huitzilopochtli. El sexto, dedicado a todos los dioses, era un rito de purificación y sacrificio.

El séptimo, que correspondía a junio, mes de las lluvias, era de alegría y regocijo. El octavo, celebración de los guerreros, era una fiesta de regocijo en que se mostraba el poder y la riqueza de los señores. Había intercambio de regalos.

El IX mes, en honor de Huitzilopochtli, era un mes de alegría militarista. Los guerreros y mercaderes preparaban su salida. El décimo mes, de meditación, observaciones solares y pronósticos, estaba dedicado al fuego. El decimoprimero, dedicado a los guerreros, era una fiesta de purificación y honor a los dioses; mes de confesar los pecados. En el siguiente los guerreros realizaban una gran cacería. Éste era un mes de preparación para la próxima fiesta en honor de Huitzilopochtli: la fiesta de los pendones.

En el mes XVI el sol llegaba a lo más alto de su curso y se le suplicaba repetir su camino. La siguiente fiesta, penúltima del año, dedicada a la tierra, era de súplica. En el mes Izcalli se buscaba honrar al dios del fuego.

Podemos ahora correlacionar las estaciones del valle de México, me refiero a las de lluvias y de secas, con la advocación de cada fiesta y su intención.

Fiesta		Advocación	Función religiosa
I		Agua-Sol	Tristeza
II		Tierra	Militarista
III	sin	Agua	Meditación por penitencia
IV	lluvia	Tierra	Penitencia
V		Tierra	Súplica, purificación
VI		Agua	Sacrificio, purificación
VII		Agua	Alegría
VIII		Tierra	Alegría
IX	con	Huitzilopochtli	Alegría-militarista
X	lluvia	Fuego-Muertos	Pronóstico-meditación
XI		Guerrero	Honor-purificación
XII		Agua	Alegría
XIII		Agua-Tierra	Honor-purificación-confesión
XIV		Guerrero	Militarista, sacrificio-penitencia
XV	sin	Huitzilopochtli	Honor
XVI	lluvia	Agua	Súplica
XVII		Tierra	Súplica
XVIII		Fuego	Honor

El periodo del año que antecede a las lluvias es de súplica y sacrificio, al grado de que los religiosos españoles tuvieron que empalmar la Cuaresma con los meses de penitencia indígena. La época de alegría, invitaciones, danzas en público, coincide con las lluvias. Después de estos meses hay la gran fiesta de Huitzilopochtli y la expedición de los nobles para obtener cautivos. Empieza entonces un nuevo ciclo.

6. Función social

La intención de cada fiesta dependía de varios factores: las estaciones del año, la fertilidad de los campos, la importancia dada por los mexicas al sol, al agua y al fuego, y del lugar de Huitzilopochtli como deidad primera de un pueblo guerrero. La realización de cada intención (es decir, que en el mes de penitencia se rezara o se hiciera autosacrificio; que en el de alegría se bailara o se cumplieran obligatoriamente actividades de limpieza o visitas a las sementeras) estaba a cargo del tlatoani, de los altos funcionarios y de los sacerdotes expertos en el calendario. Juntos señalaban la actividad de cada estrato de la sociedad, o de todo el pueblo, en cada celebración.

Muchos de estos quehaceres provenían de la costumbre, de lo que los pueblos del valle habían heredado de los toltecas o de lo que por necesidad habían realizado por muchos años. Los aztecas, que deseaban reconocerse como herederos de Tula y hermanos de los demás pueblos nahuas, hermanos a los que había que someter, continuaron su tradición. Aquí entendemos como función social de la fiesta, los actos que se efectuaban en cada fiesta fuera del ritual religioso.

En la primera fiesta, dedicada al agua, plena de tristeza y lágrimas, se hacía una limpia de cuerpos con base en los conjuros; además se estiraban los miembros de los niños para que crecieran saludables. En la segunda fiesta, dedicada a la tierra y considerada como celebración militar, los enfermos de la piel hacían votos a Xipe de vestir su pellejo; también se invitaba a los jefes militares y nobles de los pueblos enemigos para que contemplaran la celebración y se asustaran. Los plateros también hacían sacrificios en estas fechas para atemorizar a los codiciosos del oro y la plata.

En la tercera fiesta, dedicada al agua, los jóvenes recordaban y repasaban cantos en honor de los dioses. El resto de la población hacía penitencia y sacrificio. En la cuarta fiesta, dedicada a la tierra, se practicaba penitencia sin danzas ni cantos. Y no faltaban los ritos de fertilidad como la preparación de mancebos, la circuncisión de niños y la purificación de mujeres paridas.

En el quinto mes, Toxcatl, dedicado a la tierra, se pedían las parejas y había rituales de iniciación para doncellas y mancebos. El siguiente meztli, dedicado al agua, la gente acostumbraba limpiar sus casas.

El séptimo mes era de gran alegría porque llegaban las aguas. Había invitaciones y danzas. Los nobles abrían sus casas y entre ellos se daban obsequios. La celebración VIII, dedicada a la tierra y de una gran alegría, era muy popular. En ella se festejaba a las parteras y se honraba a los grandes guerreros. Los señores obsequiaban a los sacerdotes, y todos salían con sus mejores ropas y joyas, acompañados de sus capillas de músicos, a bailar en los lugares públicos.

En el noveno meztli, Tlaxochimaco, dedicado a Huitzilopochtli, se organizaban grandes danzas en donde era patente la estricta jerarquía social del Estado tenochca. El baile lo encabezaba el tlatoani.

El siguiente mes, de meditación y pronósticos, coincidía con la fiesta de los muertos. La gente se dedicaba a honrar a los antepasados: guerreros, reyes y abuelos. Escuchaba cantares sobre sus hechos heroicos. En el decimoprimer mes, dedicado a los guerreros, se comenzaba un minucioso trabajo de limpieza en casa, templos, calles y caminos. Se mejoraba el sistema de aprovisionamiento de agua. Este esfuerzo colectivo terminaba en la fiesta XV, Panquetzaliztli, 80 días después.

En el mes XII se preparaban para la época de frío. Adornaban los templos de los dioses y en las casas se enramaban los altares. En el mes XIII, dedicado al agua y la tierra, se realizaba un saneamiento de enfermos con ritos purificatorios y comiendo tzoalli.

El mes XIV, celebración guerrera, los viejos se autosacrificaban. Los últimos ocho días estaban dedicados por todos al ayuno y la penitencia para preparar el arribo del siguiente mes. Con cantares, danzas y pendones ondeando en cada casa, se confirmaba a este dios como la deidad suprema del pueblo mexica.

No tenemos noticias de alguna actividad fuera del ritual en honor de los tlaloques en el mes XVI. El XVII era el señalado para guerras y asaltos, celebración dedicada a la tierra en que se libraban combates simbólicos con bolsas de heno. En el último mes, dedicado al fuego, se renovaban templos y edificios. Se nombraban ahijados perforándoles las orejas.

Gracias a este apartado sabemos en qué fecha salían los guerreros y mercaderes a sus expediciones punitivas o de conquista. También cuáles fiestas dedicadas a la tierra coincidían con ritos relacionados con la fertilidad y cuáles otras dedicadas al agua correspondían a los ritos de purificación y limpieza.

Asimismo podemos comprobar que había una relación entre periodo de limpieza de la ciudad y periodo de lluvias y cosechas. En el primero, el ritual de las fiestas era mucho más sencillo.

En la página siguiente el lector encontrará un cuadro que sintetiza los datos expuestos hasta ahora. Allí podrá ver que había dos meses en que los guerreros salían: el IX y el XVIII. La disposición de estas fechas dependía del ciclo agrícola. No se emprendían invasiones ni guerras floridas en las épocas de cosecha para que no se perdieran las siembras propias ni las ajenas.

Guerra	Mes	Advocación	Función religiosa	Función social
	I	Agua	Tristeza	Limpieza por conjuros
				Estiramiento de los miembros de los niños
	II	Tierra	Militarista	Votos de enfermos de la piel
				Intimidación de los enemigos
	III	Agua	Meditación	Cantos en el cuicacalli
sin			Penitencia	Sin baile
lluvia	IV	Tierra	Penitencia	Sin bailes ni cantos
				Ritos de iniciación:
				preparación de mancebos para la fecundación
				circuncisión
				purificación de mujeres paridas
	V	Tierra	Súplica	Se piden las parejas
			Penitencia	Rituales de iniciación de doncellas
	VI	Agua	Sacrificio	Limpieza de casas
			Purificación	Bailes y cantos
	VII	Agua	Alegría	Invitaciones
				Obsequios
	VIII	Agua	Alegría	Honores a guerreros
				Areitos en donde los señores muestran su riqueza
con	IX	Huitzilo- pochtli	Alegría	Danzas mostrando la jerarquía de la sociedad mexica
lluvia				Preparación de guerreros y mercaderes
salida de	X	Fuego Muertos	Meditación Pronósticos	Honra a los antepasados
guerre- ros y	XI	Guerrero	Honra y purificación	Limpieza de casas y templos por 80 días
mercaderes				Mejoramiento del sistema de abastecimiento de agua
	XII	Agua	Alegría	Adorno de los altares particulares y de los templos
sin lluvia	XIII	Agua Tierra	Honor Purificación Confesión	Saneamiento de enfermos con ritos de purificación y Tzoalli
salida de guerre- ros y	XIV	Guerrero	Sacrificio Preparación	Autosacrificio de viejos
señores	XV	Huitzilo- pochtli	Honor	Cantos y danzas
sin lluvia	XVI	Agua	Súplica	
salida de	XVII	Tierra	Súplica	Combates simbólicos con bolas de heno
guerreros y señores	XVIII	Fuego	Honor	Se nombraban ahijados
				Se perforaban las orejas

7. Tipo de fiesta

Esta columna está dividida en cinco: principal, cíclica, preparatoria, privada y fiesta del mes. Su división se debe a la complejidad de las celebraciones que el calendario fijaba para cada meztli. No se trataba de una actividad realizada en el transcurso de los 20 días, sino de muchas que coincidían en un periodo. De ahí la necesidad de diferenciar, por ejemplo, entre fiestas del mes y fiesta principal. Algunos meses, como el XIV, contemplan un periodo de días preparatorios a otra fiesta, por eso se les marca así.

Sobre las fiestas cíclicas ya he hablado. Este cuadro solamente incluye la del Sol, aunque en realidad eran tres. Estaba la del Fuego Nuevo que se hacía cada 52 años (y que describí al hablar del siglo mexica); y la Atamalcualiztli, que se celebraba cada ocho. Ésta era una fiesta en la que se comían tamales remojados en agua. En ella se festejaba a todos los dioses y por eso se personificaba a cada uno, que en su turno bailaba alrededor de una gran imagen de Tláloc. El ídolo tenía en sus manos una gran bolsa de agua con animales vivos: culebras y ranas. Los sacerdotes iban sacando durante su danza a los animales y los comían. La fiesta duraba dos días y terminaba con una procesión general y una tamalada.

8. Lugar de la celebración

En este punto volvemos al mundo religioso mexica. El lugar en que se hacía cada fiesta estaba fijado por la advocación del meztli. Con las deidades que se relacionaban con la tierra, agua, fuego o guerra.

La variedad de lugares descritos en las fiestas confirma un hecho ya demostrado por la arqueología: que cada deidad importante del panteón mexica tenía a su servicio un adoratorio. Sin embargo, todavía desconocemos cuántos templos había en la ciudad y en cuáles de ellos se efectuaban los ritos particulares. Por particulares me refiero a las fiestas familiares: nacimientos, ofrecimiento de los niños pequeños al templo, ingreso a las escuelas, etc. Actividades circunscritas, seguramente, al calpulli de origen de cada familia. Pero también a los ritos de los artesanos, y a los grupos de personas dedicados a distintas actividades económicas.

En relación al calendario, los cronistas se refieren solamente a 21 lugares en que se hacían las fiestas. Como veremos, el más socorrido era el gran templo doble de Tenochtitlán dedicado a Huitzilopochtli y Tláloc.

A continuación presentamos una lista de los lugares, señalando las fiestas que en ellos se realizaban. Si se trata de una celebración del mes la designamos con el número romano correspondiente al meztli: II, III o IV. Si se trata de la fiesta principal agregamos (fp), si es cíclica (f. cicl.) o preparatorio (prep.).

1. Montes, manantiales, aguas termales, sumidero de Pantitlán.
   Fiestas: I, IV, XIII, XVI, todas dedicadas al agua.
2. Templo de Huitzilopochtli.
   Fiestas: II, V (fp), VI (fp), IX, XI, XIV, XV, I (f. cícl).
   - I. (f. cícl.). Dedicada al Sol.
   - II. Fiesta de Xipe Totec. Dedicada a la tierra.
   - V. (fp). Dedicada a la tierra. Gran fiesta del incienso a Huitzilopochtli.
   - VI. (fp) Fiesta agrícola dedicada a las herramientas de trabajo.
   - IX. Huitzilopochtli guerrero.
   - XI. Guerra. Fiesta de Toci.
   - XIV. La gran cacería.
   - XV. Gran fiesta de Huitzilopochtli.
3. Templo de Xipe Totec. Cuevas advocación de Xipe.
   Fiestas: II. Dedicada a la tierra. Gran fiesta del desollamiento.
   - VIII. Tierra. Rituales para proteger las cosechas. Se visitaban las cuevas.

Ya apuntamos que la tierra era reconocida como deidad femenina. Pero Xipe Totec representaba además a la fecundidad masculina y se relacionaba con la piel de la tierra de donde brotaban las plantas sagradas como el maíz o el maguey.

4. Serranías y volcanes.
   Fiestas: III. Dedicada al agua.
5. Templos de cada deidad.
   El meztli III era de meditación. No se bailaba y se recordaba a todas las deidades. Se visitaban sus templos.
6. Todos los calpullis.
   Fiestas: IV, IX, XV.

El mes IV era de penitencia general. Toda la población dejaba de cantar y bailar y se autosacrificaba, ayunaba y rezaba. En el mes IX se hacía la celebración de Huitzilopochtli en que se le reconocía como cabeza del Estado tenochca. Todos bailaban danzas culebreadas, según su lugar en la jerarquía social. Estas danzas se organizaban en el gran templo y en cada calpulli.

El mes XV, la gran fiesta de Huitzilopochtli. Todos bailaban danzas culebreadas.

7. Sementeras.
   Fiestas: III, IV, VII.

La visita a las sementeras la hacía todo el pueblo en el transcurso de los 20 días de los meses III y IV para pedir agua y siembra. El séptimo meztli para agradecer las lluvias.

8. Templo de Chicomecoatl.

Fiestas: IV (tierra), XI (guerra).

Chicomecoatl era la deidad dedicada a los granos y semillas. El IV mes de penitencia se pedía por buena cosecha. El IX mes, para honrar a Toci, abuela de los dioses, se organizaban cantos y danzas en este templo.

9. Templo de Tlacochcalco.

Los 10 primeros días del quinto mes estaban dedicados a Tezcatlipoca. Para recordarlo se sacrificaba a un cautivo que personificaba al dios en el templo de Tlacochcalco. Esta palabra no se refiere a ninguna deidad, así que es posible que designe el lugar en que se ubicaba la construcción.

10. Templo de Tláloc.

Fiestas: VI, VII (fp).

El gran templo de Tenochtitlán, o Templo Mayor, estaba dedicado a Huitzilopochtli, pero también a Tláloc.

A pesar de la obvia importancia del dios de la lluvia los cronistas sólo se refieren en las fiestas del agua a los sacrificios y rituales que los sacerdotes hacían en manantiales, pozos, lagos y sumideros relacionados con las deidades tlaloques. Pero es lógico pensar que en estos meses se hicieran ceremonias a Tláloc. Nosotros conservamos la descripción de dos fiestas: la sexta y la principal del séptimo meztli.

El mes VI estaba dedicado al agua como purificador. Por lo tanto se adornaba el templo con juncias y ramas y se limpiaba con sahumerios y músicas. La fiesta principal del séptimo mes era en honor de Uixtocihuatl, deidad del agua salada, en el gran templo de la ciudad. Se mataban muchos cautivos.

11. Todos los hogares.

El pueblo no participaba como los nobles y sacerdotes en las festividades. Dependía del trabajo en el campo: sembrar, desyerbar, cosechar, limpiar el grano, etc. Los servicios que los macehuales daban a la élite en tributo y mano de obra, su falta de preparación y el hecho de no tener un papel importante en las fiestas, los mantenía en notable desigualdad respecto a la nobleza. Sin embargo se esperaba que en los altares de cada casa se hiciera algún tipo de ritual en los siguientes meztli: VI, IX, IX (fp), X, XII, XV.

En el séptimo mes se daban las gracias por el agua. La gente se invitaba e intercambiaba regalos. En el mes IX se danzaba en honor de Huitzilopochtli en todas las casas. Y se recordaba a los niños muertos con visitas a las sepulturas.

En la X fiesta se recordaba a todos los jóvenes, adultos y

viejos fallecidos, poniéndoles altares con ofrendas. El mes XII marcaba cambio de estación, de lluvias a secas con frío, y todos se preparaban adornando los altares de las casas particulares. En el mes XV, fiestas de los pendones, participaban todos en danzas culebreadas.

12. Templo de Tezcatlipoca.

Fiesta: VII.

Como en esta fiesta se recordaba la cuenta de los años, se danzaba y cantaba en honor de Tezcatlipoca, que representaba los rumbos del universo.

13. Templo de Xilonen y Cinteotl.

Fiesta: VII (fp).

A las diosas Xilonen y Cinteotl se les celebraba en esta fiesta de alegría en que se daban las gracias por una buena cosecha. En este templo se sacrificaba una doncella.

14. Plazas públicas.

Estamos seguros, por las descripciones de los mitotes con que se conmemoraban las victorias, la elección del tlatoani o la llegada triunfal del ejército y los mercaderes, de que en el mercado y las explanadas de la ciudad continuamente había danzas. Así terminaban también muchas rivalidades guerreras entre los señores: en competencias musicales.[35]

Sin embargo nosotros sólo registramos tres celebraciones en estos lugares: la fiesta principal del VIII mes, en que los señores lucían sus mejores galas. El mes XV la celebración en honor de Huitzilopochtli, en que bailaba todo el pueblo. Por último la fiesta del mes XVIII dedicada al dios del fuego.

15. Sepulturas.

Aunque los mexicas no tenían cementerios semejantes a los actuales, las urnas funerarias se colocaban en lugares cercanos a los templos, como cuevas o hendiduras en la tierra. A estos lugares iban de visita las familias en dos ocasiones durante el año: IX (prep.) y X (fp).

16. Templo de Xiuhtecutli, señor del fuego.

En todos los hogares se veneraba al dios del fuego por sus cualidades para cocer, quemar, calentar y asar los alimentos. Era él quien probaba la comida diariamente antes que ningún miembro de la familia. Durante el año se le dedicaban dos fiestas: X, XVIII.

En el décimo meztli se llevaba a cabo una de las celebraciones más notables del calendario. El centro de la fiesta era un tronco de árbol de gran tamaño al que adornaban con flores y banderas para que representara a la deidad del fuego. Después de la muerte de al-

[35] *Ibid.*

gunos cautivos tenía lugar la famosa competencia para ver quién subía el palo ensebado y ganaba la figura de Tzoalli que estaba en su punta.

El segundo festejo se realizaba en el mes XVIII que coincidía con la época de temperaturas más bajas en el valle de México.

17. Templo de Toci.

Fiestas: XI y XI (fp).

A Toci se le consideraba como la abuela de los dioses y patrona de médicos y adivinos. Su templo se encontraba en Culhuacán. Para recordar la victoria de los mexicas sobre los colhuas, los guerreros y sacerdotes visitaban este templo y mataban a una cautiva.

18. Teccalco.

Fiesta: XII.

Recibía este nombre una plataforma cuadrada, con escalinatas a los cuatro lados, en cuya parte superior se encendía una fogata por un orificio amplio. Se encontraba en el gran centro ceremonial. Allí se arrojaba a los cautivos para ser quemados. Aún vivos los sacaban de las hogueras y entonces les quitaban el corazón.

19. Juego de pelota.

De la misma forma que en el teccalco y las plazas públicas, en el juego de pelota había seguramente más de una o dos celebraciones al año. Los cronistas no nos dejaron descritos, al hablar del calendario, los encuentros que aquí se realizaban. Sólo sabemos que la fiesta principal del sexto mes, VI (fp), comenzaba en este lugar con juegos y danzas que culminaban en el Templo Mayor con sacrificio de cautivos.

20. Mercado.

El mercado era un amplio espacio en el centro ceremonial de la ciudad. Ahí tenían sitio las danzas de varios meses.

El segundo mes, los jóvenes que habían hecho promesa a Xipe bailaban la danza del Desollado con las pieles que acababan de quitar a las víctimas.

Los mitotes que los señores hacían en el octavo mes, luciendo sus mejores ropas y joyas, se desarrollaban en los lugares públicos como el mercado.

La fiesta principal del décimo segundo mes, que culminaba con la muerte de los cautivos en la hoguera del Teccalco, iba precedida de danzas que abarcaban todo el centro ceremonial, incluyendo el mercado.

Por último, en la gran fiesta de Huitzilopochtli, el mes XV, se danzaba los 20 días en toda la ciudad incluyendo el mercado.

Por la manera como los mexicas distribuían sus fiestas en los distintos templos, podemos concluir esto: los templos dedicados a las principales deidades debían tener sacerdotes a su servicio que se especializaban en las danzas y cantos referidos a su culto. Había otros adoratorios lejos de donde habitaban los sacerdotes, sobre todo afuera de la ciudad. Cuando iba a realizarse en ellos una celebración se les limpiaba y preparaba la víspera. Tal es el caso del templo de Toci o de los altares y pequeñas construcciones al pie de cerros y montañas.

En los demás templos se fijaban fechas para la limpieza. Por ejemplo, en el sexto mes dedicado al agua se enramaban y limpiaban los templos dedicados a Tláloc y dioses tlaloques. Por cierto, todos los lugares en que se realizaban las fiestas eran espacios abiertos. Explanadas amplias frente a los templos consistentes en plataformas con escalinatas que terminaban en adoratorios pequeños en forma de recintos rectangulares. La mayor parte del culto era al aire libre. Los sacrificios se hacían a la vista de todos. Los sacerdotes sacaban un cuchillo y sobre una piedra pequeña recostaban a la víctima, con las costillas levantadas. Entonces le sacaban el corazón y lo ofrecían al Sol.

9. A quién sacrificaban 10. Cómo lo hacían

Los aztecas sacrificaban niños, mujeres, hombres y animales.

Niños. En las fiestas dedicadas al agua, los sacerdotes de Tláloc y deidades tlaloques arrojaban niños al sumidero de Pantitlán, a los lagos y ríos.

Mujeres. Se sacrificaban doncellas, generalmente en las fiestas dedicadas a la tierra. No se les mataba como a los cautivos, por número. Se inmolaba una sola víctima en cada fiesta y cuando representaba a una deidad femenina relacionada con la fertilidad y la tierra. Una excepción era la fiesta VII dedicada al agua. En ella moría la representante de la diosa del agua, en el templo de Tláloc.

En el mes VIII, fiesta dedicada a la tierra, con honores a los guerreros y en la cual los señores danzaban públicamente, moría una doncella ofrecida por las parteras. En la fiesta principal del mes se inmolaba a la mujer imagen de Xilonen que durante ocho días bailaba con sacerdotes y otras mujeres. Le daban un brebaje antes del sacrificio para que se entregara a la muerte con alegría.

El decimoprimer mes estaba dedicado a la guerra. En memoria de la doncella que había muerto en Culhuacán mataban y desollaban a la personificación de Toci. El decimoprimer mes, de purificación y confesión, sacrificaban a la representante de Xochiquetzal.

Por último, en el mes XVII moría una mujer principal, vieja, a quien le permitían llorar. Representaba a Itlamatecuhtli y la decapitaban.

Hombres. Los mexicas inmolaban guerreros que habían caído prisioneros en las guerras floridas o en las batallas punitivas. También sacrificaban esclavos. En las fiestas más importantes algunas de las víctimas personificaban deidades. Entonces recibían un trato especial por un año o algunos días. Consumado el sacrificio, el cuerpo de estas víctimas se repartía entre los señores, sacerdotes y guerreros para ser consumido, con gran veneración, en banquetes rituales. Algunas víctimas morían después de un teatro gladiatorio perdido de antemano, porque peleaban con armas de madera y amarrados de una pierna junto a la piedra de los sacrificios. De otros se esperaban conocimientos de danza y canto y cuando demostraban calidad se les perdonaba la vida.

A continuación vamos a describir cómo participaban los estratos más importantes de la sociedad azteca en las fiestas.

11. Participación de los jóvenes

El calendario señalaba las fiestas en que los jóvenes debían participar utilizando varios criterios: la fertilidad, la advocación de la fiesta, la formación del espíritu de lucha y de valentía y la preparación de futuros sacerdotes.

En el segundo meztli, dedicado a Xipe, los jóvenes tenían a su cargo un papel importante. Los que hacían promesa de portar las pieles de las víctimas por un año, bailaban la danza del Desollado en el mercado. Después participaban en el enterramiento de los cueros del año anterior, en el templo de Xipe. Por la noche se paseaban con su extraño ropaje por la ciudad, asustando a los niños.

El papel de los jóvenes en esta fiesta principal era importante porque se trataba de una celebración dedicada a la tierra y por lo tanto a la fertilidad, contemplada desde el punto de vista masculino. Por eso morían algunos cautivos y no una mujer. Además esta fiesta tenía una connotación militarista.

El tercer mes, sin sacrificios ni danzas, estaba dedicado a la meditación. Los jóvenes que por un año residían en el Tlamacazcoyotl velaban. ¿Por qué los cronistas señalan como un hecho importante que los tlamacazque jóvenes velaran? Porque junto con los sacerdotes tenían a su cargo el fuego nocturno y llamaban continuamente a la meditación y la penitencia.

En el quinto mes, dedicado a la tierra, en el que se practicaban los rituales de iniciación, los jóvenes danzaban adornados con guirnaldas de maíz tostado. En el sexto mes, dedicado al agua, los tlamacazque cuicanime, es decir, jóvenes que iban a decidir su estado civil muy pronto y que se especializaban en el canto, participaban en los baños de purificación con los sacerdotes.

Los mancebos volvían a las grandes fiestas hasta el décimo mes, dedicado al fuego. Después del sacrificio en que los señores arrojaban a la hoguera del teccalco a las víctimas, y los sacerdotes los inmolaban, se daban un banquete ritual. Entonces los jóvenes se reunían a bailar con las doncellas en el templo de Xiuhtecutli. Luego competían para ver quién subía primero el madero ahora ensebado. Al ganador lo premiaban con una danza.

El decimosegundo mes, llegada de los dioses, coincidía con un arreglo de enramado de todos los templos, a cargo de los alumnos de telpuchcalli. En la fiesta principal varios mancebos que se habían distinguido se teñían la cara de negro con rayas blancas y danzaban alrededor de las víctimas que iban a ser arrojadas al fuego. Tenían la responsabilidad de esta danza porque se consideraba que los primeros dioses en llegar a los templos eran los más jóvenes.

En el mes XIV no había sacrificios, y los guerreros y mancebos se preparaban para la gran cacería en el patio del templo de Huitzilopochtli. Se autosacrificaban y danzaban mamazalco acompañados de caracoles y cornetas.

El decimoquinto mes estaba dedicado a Huitzilopochtli. Ya sabemos que en toda la ciudad se bailaban las danzas culebreadas, pero además en la fiesta principal morían en combate ritual los esclavos que cantando y danzando personificaban al dios. A la inmolación de víctimas seguía un enfrentamiento entre los alumnos de calmécac y del telpuchcalli. Los perdedores quedaban encerrados en su escuela mientras les quitaban los petates, icpales e instrumentos musicales. El entrenamiento para la guerra continuaba el siguiente mes con las batallas que se hacían con bolsas de heno. También con la cacería que los jóvenes organizaban en la veintena dedicada al dios del fuego (XVIII).

Así tenemos que de 18 meses, los jóvenes participaban en 10. Sólo tenían a su cargo un papel importante en la fiesta de Xipe, II, y en la XII, llegada de los dioses. En las demás su actividad estaba limitada al ejercicio militar, a danzas de la fertilidad y a los rituales religiosos.

Participación de los jóvenes

Fiesta	Advocación	Actividad
II	Xipe	Danza del Desollado
	Tierra	Enterramiento de cueros
		Hacían voto de portar pieles
III	Penitencia	Vela de los tlamacazque
	Meditación	
V	Tierra	Ritos de iniciación
		Danzas con guirnaldas de maíz
VI	Agua	Baños de purificación: tlamac zque
X	Fuego	Danzas con doncellas
		Competencia para subir al palo ensebado
XII	Llegada de los	Arreglo de templos. Alumnos telpuchcalli
	dioses	
		Danza alrededor de las víctimas
XIV	Guerrero	Gran cacería
XV	Huitzilopochtli	Enfrentamiento entre alumnos del calmécac y telpuchcalli
XVI	Agua	Batallas con bolas de heno
XVIII	Fuego	Cacería

12. Participación de los nobles

Recordemos que solamente los descendientes del rey Acamapichtli y las hijas de los jefes del calpulli formaban la élite de la sociedad mexica. Esta nobleza hereditaria ocupaba los altos puestos del Estado, de la organización sacerdotal y del cuerpo militar. Analizaremos la actividad musical de los nobles como conjunto. Sin embargo más adelante veremos que no todos los guerreros ni sacerdotes eran pipiltzin y por lo tanto tenían actividades que sólo se referían a su estrato particular.

Los nobles, junto con los ministros dedicados al culto de los dioses, tenían a su cargo la organización y desarrollo de las grandes celebraciones. Eran ellos quienes bailaban las principales danzas de cada meztli, en las plazas públicas o en lo alto de los templos. Decidían a quién se iba a sacrificar y cómo se le daría muerte. Estipulaban la participación de los jóvenes, doncellas y guerreros y la forma como debía festejarse cada mes en los hogares. Formaban parte de las procesiones, seleccionaban los cantos, en fin, dedicaban mucho tiempo a perfeccionar y dar realce a cada uno de los elementos que hacían posible las fiestas: la danza, la música, el canto, el instrumental, el vestuario, el calendario, el ritual, el arreglo y la construcción de los templos.

I. Cíclica del Sol

En esta fiesta los guerreros, sacerdotes o señores que habían capturado prisioneros o comprado algún esclavo, lo ofrecían al sacrificio. Pero antes de que muriera en manos de los sacerdotes lo derrotaban simbólicamente en teatro gladiatorio. Entonces sonaban los caracoles. Los señores danzaban en esta ocasión lujosamente ataviados. Después del sacrificio se bañaban, y sólo ellos hacían un areito.

II. Fiesta a Xipe Totec

Los guerreros y señores, tal como en la fiesta del Sol, ofrecían cautivos, y participaban en las danzas gladiatorias alrededor de la piedra de los sacrificios. Después organizaban en sus casas un banquete ritual en que comían pequeñas partes del cuerpo de los sacrificados. A esta comida eran invitados sacerdotes y guerreros.

V

En los primeros 10 días de este mes, dedicado a Tezcatlipoca, los nobles tenían el honor de ofrecer nueva ropa al ídolo y participar en las danzas alrededor del esclavo que iba a morir y había personificado a la deidad por un año.

VI (fp). Fiesta de las herramientas agrícolas

Después de la comida que se degustaba en cada hogar frente a los altares familiares, los nobles salían de los patios de los templos y tianguis a danzar acompañados de cañas de maíz y ollas.

VII

En este mes de alegría porque las lluvias habían llegado, los nobles intercambiaban regalos: flores, bragueros y joyas. Abrían sus casas a todo el pueblo. Mientras tanto los guerreros festejaban esta fiesta ejercitándose en las armas y acercándose a las concubinas.

No estamos seguros de que todos los que iban a la guerra gozaran del privilegio de tener varias mujeres. Es cierto que los nobles practicaban la poligamia, pero no sabemos si los sacerdotes también.

Tenemos conocimiento de los sacerdotes de Tláloc, que en el mes XVI iniciaban la fiesta con ayunos y abstinencia sexual.

VIII (fp)

En este mes los nobles y señores hacían grandes honores y convites para los guerreros. Además, los ricos abrían de nuevo sus casas a los más necesitados.

En la fiesta principal los señores mostraban su riqueza. Daban obsequios a los sacerdotes y todos salían a danzar con sus mejores ropas y joyas, acompañados de sus propias capillas de músicos, a los lugares públicos.

IX. Mes dedicado a Huitzilopochtli

Éste era un mes en que todo el pueblo bailaba. La danza la iniciaba el tlatoani, cabeza de la sociedad; el cihuacoatl, sus cuatro consejeros y el resto de los nobles y altos funcionarios. Todo el pueblo la continuaba ocupando un lugar según su jerarquía social.

X. Fiesta del dios del fuego

Los señores que ofrecían cautivos, danzaban con ellos en lo alto de teccalco. Los arrojaban a la hoguera de donde los sacerdotes los sacaban todavía vivos para quitarles el corazón. Los señores preparaban este sacrificio con danzas penitenciales muy solemnes que se bailaban alrededor de una gran fogata prendida junto al tronco que representaba a la deidad del mes.

Después participaban en un banquete ritual y al atardecer volvían a salir a danzar alrededor del árbol.

XII (fp). Llegada de los dioses

Esta fiesta dividía los 80 días que los nobles y el pueblo dedicaban a arreglar la ciudad. Se hacían banquetes en los que se ofrecía con abundancia comida y bebida. Había danzas penitenciales y autosacrificios.

XV. Gran fiesta de los pendones

Los señores y guerreros que ofrecían a los esclavos que iban a morir, hacían ayunos y abstinencias severas mientras los sacerdotes preparaban a las víctimas para cantar y danzar. Si llegaban a hacerlo muy bien les perdonaban la vida y pasaban al servicio de los nobles.

En este mes el tlatoani efectuaba una gran quema de papel e incienso. Había teatro gladiatorio que terminaba con la muerte de los esclavos sobre un teponaztli de piedra.

XVIII. Fiesta del dios del fuego

Todos los años el tlatoani iniciaba la danza de esta fiesta principal que se extendía a todos los hogares. Se permitía beber hasta a los niños.

De estos datos podemos sacar varias conclusiones. El rey danzaba públicamente en las siguientes fiestas:

VIII (fp)

Fiesta a Xilonen en que la sociedad mexica hacia gala de riqueza.

XV. Huitzilopochtli

El tlatoani como representante de la divinidad encabezaba la danza.

XVIII (fp). La fiesta del fuego

La iniciaban el rey y los señores. Los nobles tenían un papel central en el ritual de cinco fiestas. Danzaban, participaban en el teatro gladiatorio y en el banquete ritual en las siguientes : I, II, X, XII, XV.

Solamente tenían a su cargo danzar en V, VI (fp), VIII, IX, XVIII.

Es decir, desempeñaban un papel central en el ritual de 10 fiestas. Por supuesto, coincidían con el rey en sus presentaciones públicas.

Los nobles descansaban los siguientes meses:

III y IV

Eran de penitencia general y meditación, sin danzas.

XI, XII y XIV

Durante este periodo de 80 días, el Estado mexica organizaba la limpieza de la ciudad y el mejoramiento del sistema de agua. Los nobles reunían sus esfuerzos para dirigir y planear este trabajo que duraba hasta el mes XV. Había un intermedio: la fiesta principal del decimosegundo mes.

XVI y XVII

Eran meses dedicados a guerras y asaltos en los que participaban nobles, jóvenes, sacerdotes y guerreros. Por eso estas fiestas contemplaban un ceremonial muy sencillo y en manos de un reducido número de ministros.

Para que los señores pudieran desempeñar un papel tan delicado como el de cantar y danzar en las principales fiestas sin cometer un error (cualquier equivocación merecía la muerte), debieron dedicar gran parte de su tiempo a la música:

> Los caudillos y jefes guerreros destinaban el tiempo que no dedicaban a la guerra y sus preparativos, a cantos y bailes. Se reunían por la parte norte en una sala grande que llamaban de ciencia y música [...]. En donde de ordinario estaban y asistían los filósofos, poetas y algunos de los más famosos capitanes del reino, que de ordinario estaban cantando los cantos de sus historias, casos de moralidad y sentencias [...]. Allí en medio tenían un instrumento musical que llamaban huehetl y al sitio lo llamaban Huehuetitlán.[36]

Allí era donde los nobles ensayaban las danzas rituales llamadas necehualiztli, que se distinguían del baile recreativo llamado mitotiliztli. (De aquí que algunos investigadores llamen equivocadamente a la danza prehispánica mitote, siendo ésta tan sólo una parte del conjunto de bailes que entonces se acostumbraban.)

Ahora bien, parte de los cantos de que tenemos noticia también provenían de la práctica musical que se hacía en el huehuetitlán.

Los nobles demostraban su pericia en el canto y la improvisación en sus famosas reuniones. En ellas se hacían concursos poéticos como el que se efectuó en Huexotzingo a petición del rey Tecayehuatzin. Dentro de la bienvenida que da a sus amigos este personaje tan nombrado en los manuscritos antiguos, dice:

> [...] Entretejo cual flores
> la reunión de los príncipes:
> con mis cantos la ciño
> aquí junto a los tambores [...].[37]

Otros datos confirman la cercanía de los nobles con la música. Por ejemplo, cuando Moctecuhzoma Xocoyotzin daba por terminadas sus audiencias de Estado, invitaba a señores y cortesanas a oír cantares sobre las grandezas de sus antepasados.[38] Cantares que es-

---

36 *Ibid., op. cit.*, pp. 162 y 333, vol. I.
37 *Ibid.*, p. 341.
38 Estrada, Julio, *op. cit.*, p. 101.

taban a cargo de las capillas de músicos que él y los nobles tenían a su servicio (las seguían conservando en 1578).[39]

Otro dato más confirma que el tlatoani y la nobleza tenían un aprecio especial a la música, el canto y la danza. Por su espontáneo querer, el tlatoani (Moctecuhzoma II) mandó que la celebración de flor (símbolo de flor y canto) durara

> hasta por veinte días. Y la señal de que había de mandar él a la gente que bailara, era poner enhiestos dos palos enflorados; se colocaban en el palacio, en la casa real. Con ellos se daba a conocer que era fiesta de flores, de alegrarse con flores, de gozar con flores.
>
> Entonces a su placer determinaba, a su gusto total elegía, el canto que había de cantarse.

En esta fiesta también se premiaba a:
Todos los *cantores*:
—cantores de la danza
—disponedores de cantos
—inventores de cantos
—los que dicen cantares traviesos
—los que cantan endechas fúnebres
Lo mismo que los *tañedores*:
—los que tañen el tambor
—los que tienen atabal y lo tañen
—los que silban con las manos
—los que dirigen a los otros
—los que arreglan y proponen el canto
—los que bailan en representación de algo. Los que bailan cuadrillas, los que se entrecruzan partiendo del baile, los que bailaban haciendo giros.[40]

Es decir, una fecha en el calendario marcaba el inicio de una fiesta en la que todos habían de bailar. Entonces se premiaba a los músicos, cantores y danzantes más destacados. Las especializaciones que enumera la cita anterior, confirman la jerarquía y riqueza de expresiones musicales de los mexicas.

Hay que plantear la siguiente pregunta: ¿difería la música de los nobles de la del resto del pueblo? Debemos decir que, como en España, todos usaban los mismos instrumentos y cantaban las mismas tonadas, pero los profesionales y la gente con más tiempo ocioso (es decir, los nobles), practicaban obras más elaboradas y le dedicaban más tiempo a la creación. Sin embargo, no olvidemos

[39] Garibay, Ángel María, *op. cit.*, pp. 167-168, vol. I.
[40] *Ibid.*, pp. 164 y 165, vol. I.

que el pueblo también producía; por eso el tlatoani se reunía con sus músicos y con los músicos populares en el mixcoacalli. Así estaba al tanto de todo el repertorio, y con base en él se enriquecía la música en los palacios, templos y casas de estudio.

13. *Participación de los guerreros*

Para luego hablar de los sacerdotes, quisiera referirme en seguida a los guerreros. Solamente participaban en siete de las 18 fiestas que marcaba el calendario.

I (cicl.). Fiesta del Sol

El dueño de cautivos, lujosamente ataviado, bailaba con sus víctimas. Los cronistas señalan que sólo los señores participaban en el areito posterior al sacrificio; por lo tanto, sólo los grandes jefes militares que eran nobles lo hacían.

II. Fiesta de Xipe Totec

En la fiesta principal se escenificaba un combate ritual entre caballeros águila y tigre y los cautivos. La danza alrededor de las víctimas también estaba a cargo de ellos y los sacerdotes. Participaban en el banquete ritual.

VII. Mes de junio

En esta fiesta los guerreros se ejercitaban en las armas y bailaban danzas culebreadas con las concubinas.

VIII

Grandes honores a los guerreros en convites y ceremonias. Por ocho días señores y guerreros bailaban con las doncellas.

En la fiesta principal los guerreros participaban con las jóvenes en las danzas germinatorias, dirigidas por un sacerdote que personificaba a Xipe Totec y a la mujer diosa Xilonen Cinteotl.

IX

Los guerreros participaban en las danzas que exhibía la jerarquía
social de la sociedad mexica.

XIV. Cacería ritual

Con ayunos y danzas se preparaban las flechas y varas para la gran
cacería. Los guerreros y los jóvenes salían al cerro de Zacatepec en
donde había jacales y trampas. Regresaban a la ciudad en procesión
con bailes, y ofrendaban en el templo de Huitzilopochtli los animales. Después bailaban en las plazas con las mujeres públicas.

XV. Gran fiesta de Huitzilopochtli

Por 20 días los guerreros bailaban los bailes de la culebra con las
doncellas, de la caída del sol a la noche. Si eran dueños de esclavos
participaban en el combate ritual en el Templo Mayor y en las danzas alrededor de los cautivos. También eran convidados al banquete ritual.

1) Por lo tanto, los guerreros como hombres de armas y no como
nobles, tenían un papel importante en el ritual y sacrificio en las siguientes fiestas: I (cícl.), II, XV. Fiestas militares y en honor de Huitzilopochtli.

2) En las fiestas VII, VIII y XV realizaban una actividad lejana al
ceremonial religioso: acercarse a las concubinas. Algunas veces
también danzaban con doncellas bailes culebreados hasta por 20
días. Los cronistas señalan que sólo los guerreros tenían el derecho
de bailar con las jóvenes tomándolas de la cintura.

Ahora bien, como algunos sacerdotes y nobles tenían el privilegio
de ir a la guerra, seguramente podían buscar concubinas en este
momento. Sin embargo, los señores tenían otra oportunidad de conocer doncellas. En el quinto mes, durante los días dedicados a Tezcatlipoca, cantaban y danzaban con jóvenes que tenían las piernas
emplumadas. Ellas iniciaban el canto y los señores les respondían.

3) Los guerreros participaban en otras dos fiestas. En la IX, mos-
trando el lugar que ocupaban en la jerarquía social. Y en la XIV,
fiesta dedicada a ellos totalmente.

Los guerreros no participaban en las siguientes fiestas:

1) III y IV. Meses de penitencia y meditación.

2) V y VI. No tenemos noticia de lo que hacían en estos 40 días.

Es posible que entonces se organizaran las guerras punitivas, porque las floridas se fijaban en otras fechas.

3) Los guerreros vuelven a participar en las fiestas de alegría de los meses de junio y julio, y aparentemente salen de la ciudad en el mes X al mes XIII. Aunque hay que notar que en la fiesta XII se honraba a los guerreros.

4) Los meses XVI y XVII eran las fechas dedicadas a las guerras y asaltos con la participación de funcionarios, sacerdotes y guerreros. Ya señalamos que esta es la razón de que las ceremonias de estos meses fueran sencillas.

Los ejércitos regresaban a Tenochtitlán hasta el segundo mes del año.

14. *Participación de los sacerdotes en las fiestas del calendario*

Eran principalmente los sacerdotes quienes hacían posible la complejidad de las fiestas del calendario: encabezaban las procesiones, danzaban y cantaban de acuerdo con las deidades que se recordaban en el mes. También en función de los dioses tocaban diversos instrumentos o se disfrazaban. Estaba a su cargo o de sus alumnos enviar las señales en el momento en que las víctimas morían, con toques de caracol desde lo alto de los templos. Además, sólo ellos consumaban el sacrificio.

I (cícl.). Fiesta dedicada al agua

Los sacerdotes tomaban del canto de las aves el pronóstico de las lluvias. Encabezaban la procesión que acompañaba a los niños que iban a morir, para que no se durmieran, pues era de mal agüero, y les cantaban y tañían. Después los arrojaban al sumidero de Pantitlán, a manantiales y ríos. El momento del sacrificio era anunciado con trompetas de caracol.

Sólo tenemos noticia de que al llegar el sol al mediodía los sacerdotes invitaban al pueblo, con caracoles y bocinas, a presenciar el areito y los sacrificios.

II. Xipe Totec

Se anunciaba el alba de la fiesta principal con toques de caracol. Los sacerdotes encabezaban la procesión de los cautivos hacia el Templo Mayor. Otros ministros los recibían y comenzaba la danza y el combate gladiatorio. En éste participaban señores, caballeros tigre y águila y sacerdotes. Bailaban las danzas motzón y tecomaitotia alrededor de las víctimas. El primer sacerdote, Ioallada, extirpaba los corazones. Después de que moría cada víctima, desde lo alto de los cues tocaban y silbaban. Había danzas y cantos.

En el templo de Xipe los sacerdotes desollaban los cuerpos de los que habían muerto. Ahí mismo se enterraban los cueros del año anterior. Los jóvenes que habían hecho promesa de portar las pieles bailaban en el mercado la danza del Desollado. Iban por el pueblo asustando a los niños.

Los nobles participaban en el banquete ritual.

III. Mes de oración y penitencia

En este mes los sacerdotes cantaban y hacían penitencia en cada templo. También autosacrificio, vela y ayuno. Emprendían grandes procesiones a los volcanes y serranías del valle de México. Por las noches los cuidadores de los templos y los tlamacazque tenían a su cargo los fuegos y velas nocturnas, anunciando que cumplían sus deberes penitenciales nocturnos con bocinas y cuernos.

IV. Continúan las penitencias

Se sacrificaban niños en montes, pozos y manantiales. Los sacerdotes continuaban llamando al pueblo, con toques de caracol, al sacrificio y al ayuno.

V. Los diez primeros días estaban dedicados a Tezcatlipoca

Los señores le llevaban al ídolo ropa nueva. Cuando quedaba vestido, salía del templo un sacerdote que representaba al dios y se vestía igual que él. Desde lo alto tocaba una flauta muy aguda durante 10 días, adornado con flores y rosas.

La fiesta principal comenzaba con una procesión de jóvenes, sacerdotes y el cautivo que por un año había personificado al dios. Se paseaban por la ciudad mientras el joven que personificaba a la deidad danzaba con caracoles de oro y sonaba la flauta aguda. Ya en el templo de Tlacochcalco, subía las gradas del templo para morir decapitado en manos de cinco sacerdotes. El sacrificio se acompañaba de danzas que imitaban animales: danzas culebreadas, circulares y trenzadas. Se cantaban himnos en honor de Tezcatlipoca y canto antifonal relacionado con la procreación.

En los siguientes 10 días era la fiesta del incienso a Huitzilipochtli. Fiesta de penitencia en que se recordaba la peregrinación del pueblo y su llegada al valle de México. Todos se preparaban para la fiesta principal con penitencia, vela y danzas.

El día de la celebración empezaba con una gran procesión en la que los sacerdotes de Huitzilopochtli desplegaban un enorme códice en el que se describían las hazañas del dios. Además, sus imágenes se llevaban en andas con todos sus atributos. Los sacerdotes bailaban y cantaban durante el paseo que daba la vuelta a la ciudad y culminaba en el gran templo de Tenochtitlán. Ahí se cantaban himnos en honor de Huitzilopochtli y se danzaban bailes relativos a la fecundidad. Se quemaba chapopote para obtener un humo negro que acompañaba dos danzas: tlanahua y toxcachocholoa. El personificador del dios tenía el gran honor de encabezar el baile y se entregaba al sacrificio cuando él quería.

En el calpulco los sacerdotes realizaban una danza iniciática de absoluta intimidad, llamada mococoloa.

VI. Tercera fiesta dedicada a los dioses acuáticos. Fiesta de sacrificio y purificación

Los sacerdotes hacían procesiones a los santuarios tlaloques en los que ofrecían papel, plumas, piedras preciosas y cantares. Desde una canoa se mandaban las señales precisas para que hicieran sus ritos acuáticos, que eran como teatros penitenciales en que se imitaban a las aves y los peces. Los sacerdotes y jóvenes que participaban en esta ceremonia volvían desnudos y cantando a los templos. Cumplían además largos ayunos, trabajos extraordinarios y baños en los ayauhcalli, casas de niebla.

Todos ejecutaban danzas de purificación acompañados de sonajas y caracoles que al moverse recordaban el sonido de la lluvia. Entonaban cantos de purificación.

Los sacerdotes de Tláloc anunciaban la llegada de la fiesta principal tañendo teponaztli, huehuetl, caracoles y flautas desde lo alto del Templo Mayor. Había danzas en el juego de pelota alrededor de un sacerdote disfrazado de animal. Los ministros de Tláloc se pintaban la cabeza de azul y en la cara se ponían miel con tinta. Hacían una danza muy solemne acompañados de una sonaja en forma de tabla.

Las danzas y cantos de honor de Tláloc se convertían en penitenciales y de invocación conforme avanzaba el día. Las víctimas morían en el Templo Mayor de Tenochtitlán, en el adoratorio dedicado a Tláloc.

VII. Fiesta principal en la que sólo participaban los sacerdotes.

Dedicada a la diosa del agua salada, esta celebración se preparaba desde la víspera en que las mujeres salineras (y otras que hacían voto) acompañaban en su vela a la joven que iba a morir.

El día de la fiesta, los ministros de Tláloc recibían a las mujeres con una danza muy solemne llevando en las manos cempalxóchitl. Los cantos eran fúnebres y penitenciales. Después de ofrendas de bienes y otras vidas, moría la personificadora de Uixtocihuatl. El sacrificio se anunciaba con trompetas y caracoles.

VIII. Los sacerdotes participaban en esta fiesta de dos maneras:

Con los nobles y guerreros de mayor rango, danzaban en las plazas públicas con sus mejores joyas y trajes acompañados de sus propias capillas de músicos. Por otra parte, los ministros dedicados al culto de las deidades femeninas como Xilonen, bailaban con la joven que personificaba a la diosa y las doncellas dedicadas a este culto, por ocho días. Uno de los sacerdotes representaba a Xipe Totec. En estas danzas las mujeres se acompañaban del teponaztli femenino, que era percutor pequeño, con resonador. Además se dejaban el pelo suelto (símbolo de fertilidad) y se adornaban con flores y cañas de maíz. El sacerdote Xipe danzaba con una sonaja báculo, de carácter fálico y germinatorio. En estas danzas mixtas participaban los señores y guerreros.

IX. En el noveno mes, dedicado a Huitzilopochtli, no había sacrificios.

En los templos, palacios y casas y el gran centro ceremonial participaba toda la sociedad en danzas en las que cada sitio estaba dado por la jerarquía.

X. Gran fiesta del dios del fuego

No sabemos a quién se encomendaba buscar y cortar el gran árbol que se convertía en el centro ritual de esta fiesta. Lo recibían a la entrada de la ciudad los sacerdotes, le quitaban la corteza y lo bendecían y santificaban con cantos, bailes, incienso y autosacrificio.

El día de la fiesta principal el tronco era llevado en solemne procesión al templo de Xiuhtecutli. Ahí lo adornaban con banderas, estandartes, plumeros, y a la altura de los brazos le ponían unas sonajas. Era entonces cuando llegaban los cautivos alrededor de los cuales se danzaba hasta que se les arrojaba a una hoguera. Los sacerdotes sacaban los cuerpos todavía vivos, les abrían el pecho y ofrendaban al Sol su corazón. El cuerpo de las víctimas se consumía en un banquete ritual. Por la tarde volvían a danzar los nobles y sacerdotes guiados por el dios murciélago.

Los quaquacuitlin eran los sacerdotes encargados de premiar con una danza al joven que primero lograba subir al tronco ensebado.

XI. Ritual sencillo para la limpieza de la ciudad

En la fiesta principal, los quaquacuitlin, regidores del canto en los templos de Cinteotl, Toci y Chicomecoatl, tañían un teponaztli especial, tecomatl, en las danzas que precedían el sacrificio. A la doncella la mataban y desollaban. Las jóvenes dedicadas a Chicomecoatl bailaban en esta ocasión con los cuicanime.

Otros ministros repetían la danza del murciélago para controlar las heladas.

XII. Llegada de los dioses

La fiesta principal de este mes comenzaba cuando los sacerdotes más importantes ponían una esfera con arena en lo alto del gran templo. Ahí esperaban que el pie del dios más joven y veloz se marcara. Cuando quedaba impresa la huella llamaban con grandes voces a todo el pueblo a regocijarse y a bailar. Empezaban así agotadoras jornadas penitenciales de danza y elaboradas dramatizaciones de música en todo el centro ceremonial.

Ya que los jóvenes arrojaban a las víctimas al fuego, los sacerdotes con capas de papel subían muy despacio las gradas del teccalco, para bajar corriendo. Esta ceremonia se llamaba mamatlahuitzoa.

XIII. Mes de limpieza y saneamiento

Continuaban las obras de limpieza y saneamiento de la ciudad, por lo que en el ritual no participaban jóvenes, ni señores, ni guerreros, ni doncellas.

Los ministros dedicados a Tláloc y deidades tlaloques salían en procesión, con personificadores de estas deidades, a montes y serranías. Iban danzando y cantando, y al llegar a los adoratorios que estaban al pie de los montes decapitaban a las víctimas.

En la fiesta principal, dedicada a Xochiquetzal, patrona de los artesanos, los sacerdotes bailaban con vestiduras sagradas pintadas y corazones en las palmas para pedir cosecha. Con palos y jícaras pedían a los dioses remedio por las penas y limosna. La distinción de esta fiesta era el pachtli, heno largo y gris con el que se adornaban los templos y se hacían las ceremonias y bailes.

XIV. Mes de la gran cacería

Los sacerdotes dedicados a Huitzilopochtli participaban en la procesión y bailes que traían a los animales a la ciudad. Efectuaban los sacrificios en lo alto del templo.

El resto de los sacerdotes se preparaba para la fiesta de los pendones del siguiente mes. Iban a medianoche a enramar los adoratorios y altares de los montes. Lo hacían sin ropa y tañendo un caracol con el que anunciaban el ayuno y el autosacrificio.

Los últimos ocho días de este mes estaban dedicados por todos a la penitencia y al ayuno.

XV. Fin del mes Quecholli (XIV)

Los sacerdotes comenzaban a bailar y cantar tlaxotecayotl en honor de Huitzilopochtli. Mientras, se adornaban todas las casas y templos con pendones.

Los esclavos que personificaban al dios y que habían sido instruidos en el canto y la danza, salían el noveno día del meztli a despedirse de sus dueños. Probablemente a mostrar sus dotes de músicos. Después, junto con los sacerdotes, hacían una procesión por la ciudad, cantando y bailando, y llevando a cuestas una imagen de Huitzilopochtli hecha en tzoalli. Después era repartida como carne divina.

Los ministros del dios principal a quien se dedicaba esta fiesta, encabezaban la gran procesión el último día del mes. Salía del juego de pelota y pasaba por Tlatelolco, Chapultepec y Coyoacán. Era recibida en cada adoratorio de la ciudad con cantos y danzas. Terminaba en el Templo Mayor, en donde se bailaban danzas culebreadas. Entonces se desarrollaban las batallas gladiatorias. Cada vez que se tocaba a un cautivo, sonaban los caracoles. También se anunciaba la muerte de cada víctima y la ofrenda de su corazón.

La fiesta terminaba con un gran banquete en el que se comían pedazos de tzoalli y carne de sacrificados.

XVI. Ritual sencillo en el que los sacerdotes, nobles y guerreros salen a luchar.

La celebración comenzaba con ayuno y abstinencia sexual de los sacerdotes de Tláloc. Ellos eran quienes, acompañados de sus incensarios, limpiaban las estatuas de los adoratorios y de los tlaxicales, rogando por lluvia.

Formaban figuras de tzoalli de los dioses tlaloques y Tepcictotón y las llevaban a las familias que habían hecho voto, a cuyas casas llegaban cantando acompañados de mancebillos que tañían flautas.

XVII. Mes de poca actividad en el transcurso de los veinte días.

La fiesta principal estaba dedicada a Itlamatecuhtli. La personificaba una vieja noble que danzaba con los sacerdotes más importantes de la ciudad, vestidos como dioses para la ocasión. En el transcurso del baile los sacerdotes la decapitaban y continuaban la danza, ahora alrededor del ministro que sostenía la cabeza de la víctima por los cabellos.

XVIII. Fiesta del dios del fuego

Se realizaba el último día del mes. Consistía en danzas, comida y permiso para beber.

Los sacerdotes de la deidad se llamaban yhuehueyova. Los viejos hacían areito todo el día. El resto construía un ídolo de tzoalli y bailaba alrededor de él. Después lo comían los nobles en un banquete ritual. El resto de los ministros se repartía por la calpulli para encabezar los mitotes.

Cada cuatro años esta fiesta era la más importante. Morían desollados muchos cautivos.

Podemos hacer ahora varias conclusiones sobre el ritual establecido por el calendario:

1) La riqueza de las fiestas descansaba en la diversidad de dioses y de sacerdotes dedicados a ellos. Aquí hemos nombrado algunos:

—Ministros de Tláloc y deidades tlaloques
—Sacerdote principal (Ioallada) de la fiesta dedicada a Xipe Totec
—Cuidadores de los templos
—Tlamacoazque
—Sacerdotes dedicados a Tezcatlipoca
—Sacerdotes de Huitzilopochtli
—Ministros de calmécac

—Tlamacazque cuicanime
—Quaquacuiltin (regidores de canto en los templos de Cinteotl, Toci y Chicomecoatl)
—Ihuehueyova: sacerdotes del dios del fuego.
Cada uno de esos ministros dedicaba su tiempo a perfeccionar danzas y a memorizar y crear nuevos cantos. Vivían alrededor del arte. Pasaban la vida estudiando y ejercitándose para no cometer error y transmitir sus conocimientos a los jóvenes. /

2) Las fiestas principales de cada mes duraban muchas horas. Generalmente seguían este orden: procesión, cantos y danzas, sacrificios de las víctimas con danzas y cantos en lo alto del templo, llamados con las trompetas para anunciar la muerte, cantos y danzas, banquete ritual.

3) Sobre los cantos y danzas debemos hacer un breve comentario. Al hablar del tiempo que los señores dedicaban a la música, explicamos que los textos poéticos de sus cantos debían entenderse como letra de canciones escritas para ser acompañadas por música. La voz llevaba la melodía; los instrumentos, casi todos rítmicos, el acompañamiento. También hablamos de las interjecciones o partículas sin aparente sentido que acompañaban los versos. Explicamos que servían para que la voz pudiera intervenir en un canto sin necesidad de texto. Las voces apoyadas en partículas, o los instrumentos, eran los que permitían alargar un canto a voluntad y unir dos o tres poemas. Por ejemplo, pasar de un himno a una danza y volver a otro canto. Algunas veces en estos puentes se subía el tono de la melodía que se tornaba más rápida y aguda. Para acompañarla había instrumentos de diversas dimensiones.

En las grandes celebraciones los cantos seguían varios patrones. Algunos consistían en la narración de un hecho heroico, por ejemplo de Huitzilopochtli, que se decía al unísono o en forma dialogada: un sacerdote y el pueblo. Otras veces se trataba de una representación en la que intervenían diversos personajes: la deidad como héroe, dos animales y el sacerdote. (Estos diálogos muestran el inicio de un teatro incipiente.)

También hay que señalar que las danzas y cantos de cada celebración estaban vinculados. Es decir, constituían una unidad en donde la palabra, los instrumentos y el baile expresaban una idea: fecundidad, guerra, penitencia, dolor, tristeza, alegría, idea que, relacionada con diversas deidades, dirigía el festejo de cada mes.

4) Por último hay que subrayar que las fiestas estaban a cargo básicamente de los señores y sacerdotes. Por lo tanto cuando ellos tenían otra actividad como recibir en sus palacios, organizar la limpieza de la ciudad o ir a la guerra, el ritual era sencillo y a cargo de un grupo pequeño de sacerdotes.

15. Los ancianos

Los ancianos participaban en seis fiestas del calendario.

VII. La música de la fiesta principal, constituida por un ritual sencillo a cargo de los sacerdotes de Tláloc, mujeres salineras y otras mujeres viejas y jóvenes, estaba a cargo de los ancianos.

IX. En esta fiesta dedicada a Huitzilopochtli, a los ancianos y viejas se les permitía bailar.

XIV. Los ancianos participaban en esta fiesta con autosacrificio. Se abstenían de relaciones sexuales, de beber alcohol, y recordaban a los guerreros muertos.

XV. En la gran fiesta a Huitzilopochtli, los ancianos acompañaban las danzas tañendo.

XVII. Los cantos que precedían al sacrificio de la anciana principal de esta fiesta estaban a cargo de viejos muy venerables.

XVIII. Fiesta del dios del fuego

Los sacerdotes ancianos dedicados a esta deidad hacían areito todo el día durante la fiesta principal.

Los ancianos tenían un papel secundario en las fiestas del calendario: acompañaban como músicos las danzas de las celebraciones mas íntimas: VII y XVII. Se les permitía bailar en la IX y participar tañendo en la XV.

16. Participación de las doncellas

Las doncellas también asumían un papel poco importante en las fiestas del calendario. Danzaban y cantaban en algunas celebraciones, generalmente lejos de los sacrificios y los adoratorios de los templos y cerca de los guerreros, los señores y los jóvenes.

III. En esta fiesta de penitencia las jóvenes se reunían en los cuicacalli a cantar alabanzas a los dioses.

V. En la primera parte de este mes las doncellas bailaban y cantaban con los señores principales.

VIII. Durante esta celebración en que los señores y sacerdotes hacían mitotes en lugares públicos, las doncellas que servían en los templos bailaban con los guerreros por ocho días. En la fiesta principal acompañaban a la mujer diosa Xilonen hasta que moría.

IX. Única fiesta en que las doncellas y mujeres participaban y danzaban según su jerarquía social.

X. Fiesta del dios del fuego

Las doncellas daban la bienvenida al árbol danzando acompañadas de los mancebos.

XV. Gran fiesta de Huitzilopochtli

Los guerreros y las doncellas bailaban, por 20 días, de la caída del sol a la noche, danzas de la culebra.

17. Participación de las mujeres en las celebraciones
18. Las fiestas en el hogar 19. Participación de todo el pueblo

Además de los pequeños ritos hogareños que los aztecas acostumbraban (como los descritos en el apartado *Función social*), las familias solían participar en las celebraciones del calendario. Algunas veces lo hacían preparando comida especial, invitando a los conocidos, bailando y cantando o visitando las sementeras.

A continuación presentamos un desglose de los festejos familiares y la actividad de las mujeres durante el año.

IV. Mes de penitencia y autosacrificio

Cada familia ofrecía a los amigos, familiares y conocidos papeles de amate y comida: pinolli y maíz tostado con frijoles.

VI. Fiesta de sacrificios y purificación dedicado a Tláloc

Durante este mes todo el pueblo se lavaba y purificaba. Después danzaba.

¿Cómo eran estas danzas? ¿Se hacían conforme a un orden establecido? ¿Quién las dirigía? ¿Las autoridades del calpulli? En fin, sobre éstas y otras preguntas carecemos de información suficiente.

Para la fiesta principal dedicada a las herramientas de trabajo agrícolas, se ponían en todos los hogares altares con la coa, el mecapal y otros enseres. Además se realizaba una ofrenda a Tláloc de granos de maíz y frijol. La comida se completaba con tzoalli. En la tarde se bailaba. En la noche los jóvenes se disfrazaban e iban de puerta en puerta.

VII. Fiesta de alegría de los caballeros y señores

En esta fiesta en que los guerreros volvían a la ciudad, salían las concubinas, adornadas de flores, a bailar danzas culebreadas.

Por otro lado, las mujeres (viejas y jóvenes) que probablemente hacían este voto, se juntaban a bailar danzas penitenciales para prepararse a la fiesta principal del mes, el último día del meztli. Las mujeres salineras velaban con la personificación de la diosa Uixtocihuatl. Las mujeres que se habían preparado, danzaban con la víctima hasta que moría. El resto de la gente acostumbraba visitar las sementeras.

VIII

En esta fiesta de alegría, en que se honraba a los guerreros y los señores hacían sus danzas públicas, las parteras ofrecían una víctima al sacrificio. Esta celebración era de las más concurridas. Venía gente de todos lados a ver danzar a los señores.

IX. Fiesta de Huitzilopochtli

Este mes era recibido con alegría, sin sacrificios. Todos salían al campo a recoger flores para adornar altares particulares y públicos.

La fiesta principal empezaba en la gran explanada del centro ceremonial con la danza del tlatoani, sus mujeres y los más altos dignatarios del Estado. Terminaba en cada hogar.

En este mes también se recordaba a los niños muertos. A los vivos los trasquilaban, bañaban, ungían, pintaban y emplumaban. En las casas se comía tortillas, tamales de frijoles, mole de guajolote, pipián y fruta.

X. Fiesta mayor de los difuntos

Se ponían altares particulares que recordaban a los antepasados. Se hacían ofrendas y se entonaban cantos en memoria de los grandes que habían desaparecido.

XI. Fiesta principal

Este día las mujeres médicas bailaban con el hombre vestido con la piel de Toci, frente al templo de Huitzilopochtli.

XII. Teotleco, llegada de los dioses

Las parteras, brujas y curanderas llevaban a cabo en este mes una celebración íntima y secreta. Se purificaban y cantaban.

Las danzas y cantos de la fiesta principal empezaban en el centro ceremonial y se extendían por toda la ciudad. El pueblo cantaba lo que quería. En cada barrio había danzas con las manos entrelazadas que duraban del mediodía a la noche.

XIII. Fiesta de montes y serranías

Se acostumbraba en este mes que todos se dirigieran, con silbatos de barro y trompetas de caracol, a los adoratorios que había en las orillas del agua a lavar rocas. Luego regresaban a sus casas y sobre las piedras ponían figuras de tzoalli con forma de montes, dioses y serpientes. Después les cantaban y ofrecían comida.

XIV. La gran cacería

En este mes salían a bailar a las calles los guerreros con las mujeres públicas. También salían hombres afeminados vestidos de mujer.

XV. Día dedicado a Huitzilopochtli

El primer día de este mes se cantaba. Mujeres y niños acompañaban los cantares narrativos con sonajas que recordaban el constante aleteo de pájaros. (Huitzilopochtli se representaba como el colibrí siniestro.) Todos los habitantes de la ciudad participaban en los bailes de la culebra que se referían a la fertilidad. Los guiaban parejas de esclavos.

XVI. Fiesta dedicada al agua

El ritual era sencillo. Los sacerdotes de Tláloc iban a las casas que tenían voto, a repartir figuras de tzoalli. Los acompañaban jovencitos que tocaban una flauta. En estos días se acostumbraba arrojar niños a los remolinos.

XVII. Mes dedicado a la tierra

Los jóvenes hacían combates simbólicos con bolsas de heno y con ellas también golpeaban a las mujeres.

XVIII. Borracheras de niños. Fiesta del dios del fuego

En todos los hogares se hacían en tzoalli imágenes del dios, a las que adornaban con plumas y joyas. A media noche se apagaban los fuegos de las cocinas, y se renovaban. Se cocinaban tamales agrios que se comían con pedazos de tzoalli.

La fiesta principal comenzaba con una danza del rey y la nobleza, que se imitaba en toda la ciudad. Los niños danzaban en los hombros de los adultos, y todos podían beber. Estos mitotes populares estaban dirigidos por sacerdotes.

Señalé anteriormente que nos falta información sobre la manera como las fiestas se celebraban en los calpullis. Por desgracia, de las costumbres del hogar no podemos inferir las de los barrios de la ciudad. Hay muchas preguntas sin respuesta: ¿Cómo eran las celebraciones de los artesanos y mercaderes? ¿Qué danzas bailaban en sus adoratorios particulares?, etc. Responderlas será materia de otro trabajo.

Respecto al tipo de danza que el pueblo acostumbraba, debemos señalar que no era la de los nobles. Normalmente en los meses VI y XVIII, señalados por el calendario para que hubiera danzas, se trataba de mitotiliztli, es decir, mitotes.

Motolinía nos legó una excelente descripción de estas danzas.[41]

1) Llegaban los bailadores al sitio en que iban a bailar. Dos mujeres acompañadas de atabales comenzaban el cantar.

2) Cuando terminaban, tres o cuatro indios hacían unos silbos muy vivos (con las manos) y entonces comenzaban a sonar los atabales. Primero tocaban suave y poco a poco iban haciendo un *crescendo* que anunciaba la entrada del siguiente canto.

3) Dos maestros lo iniciaban lento y tremolado (es decir, cambiando de volumen), y se refería a la fiesta, se trataba de la parte variable del mitote. El coro, que había iniciado el baile, iba repitiendo los

---

[41] Motolinía, Toribio. Cf. *Memoriales o libro de las cosas de Nueva España y de los naturales de ella*, UNAM, México, 1971.

versos. Cada diálogo se repetía tres o cuatro veces. Esta sección estaba a cargo de maestros sacerdotes que cantaban un texto relacionado con la fiesta.

4) Cuando terminaba esta parte el atabal cambiaba de tono (es decir, había un puente de percusiones en que se cambiaba la altura del canto). El baile continuaba y empezaba entonces otro canto que no se refería a esta fiesta en particular sino que formaba parte el mitote. Éste era un poco más alto y más vivo. A través de varios cantares la danza se aceleraba, el tono subía y el ritmo aumentaba de velocidad.

5) Se bailaba de esta forma, aumentando la viveza de la danza y la altura del tono del canto, más o menos por una hora.

20. 21. 22. Canto, danza e instrumental simbólico que se acostumbraba en cada celebración

De 20 fiestas que el calendario marcaba en el año, nosotros tenemos noticia de 28 danzas. Seguramente hubieron más. Conocemos también 28 tipos de canto.

Ahora bien, la danza-canto y la música, que en nuestra cultura se consideran artes distintas con características bien definidas, entre los aztecas eran consideradas como una sola expresión artístico-religiosa, con tres vertientes que poco a poco se iban separando. Un caso notable lo tenemos en el cuarto mes, de penitencia, en que no había canto ni danza, pero las visitas a las sementeras se acompañaban de un conjunto de instrumentos: caracoles, bocinas, atabales y flautas.

En el decimoprimer mes no había cantares. La danza, que no sabemos quién la ejecutaba (los guerreros, los brujos o algunos sacerdotes), se llamaba nematlaxo. Sólo se acompañaba de un huehuetl.

Hay que señalar por otra parte que los cantos dramatizados anuncian un teatro incipiente. Ahora bien, la muestra más notable del interés de este pueblo por desarrollar la música la tenemos en los famosos cantos atabálicos (cf. Cantares mexicanos, foja 28, líneas 7 ss.). En ellos se encuentran indicaciones con sílabas que designan cómo debía ser el acompañamiento de estos cantos y danzas. Por ejemplo el siguiente: quititi, quititi quiti, quiti, tocoto, tocoti, toco, totocati. El texto que acompaña esta indicación dice: "sólo con este ritmo se va dando la vuelta".

Estos señalamientos con sílabas y vocales, de los cantos atabálicos, han sido objeto de varias interpretaciones. La más conocida, de Vicente T. Mendoza, dice que las vocales se refieren a la altura de las notas y las consonantes al ritmo. Investigadores como Stanford consideran que este sistema es fonético y que probablemente designa

los tonos de teponaztli.[42] En fin, como nos hace falta un estudio con
nuevos datos paleografiados que aporten más información, debemos ahora limitarnos a decir que la importancia notable de estos
cantos radica en que muestran la necesidad que ya tenían los mexicas de precisar, por un lado, y diferenciar, por el otro, el movimiento de los danzantes y el acompañamiento.

De lo anterior, y del número notable de cantares que conocemos,
resulta casi obligada la siguiente pregunta: ¿de dónde provenía la
riqueza melódica de los cantos aztecas? Pues bien, los cantores
acostumbraban trabajar sobre fórmulas melódicas sencillas que
junto con la dinámica, el conjunto de instrumentos que las acompañaban y el sentido del texto, hacían los distintos tipos de canto:
guerrero, religioso, festivo, etc. Pero la variedad también provenía
de que cada pueblo de Mesoamérica desarrollaba un canto y danza con características particulares. Así era como el tlatoani se reunía
con los músicos y designaba el canto que se iba a entonar, junto con
el vestuario que se usaría para la danza, y el grupo de instrumentos
con que se iba a acompañar:

> Si se iba a cantar un canto de Huexotzingo, se ataviaban como gente de
> aquel lugar y del mismo modo hablaban. Igual si se trataba de la costa,
> de Cuextlán, etcétera.[43]

A continuación incluimos un cuadro que nos permite conocer el
tipo de danza, canto e instrumental que acompañaba cada fiesta del
calendario.

---

[42] Stanford. E. Thomas, "El concepto indígena de la música, el canto y la danza",
en *La música de México, op. cit.*, p. 65 *passim*, vol. I.
[43] Garibay, Ángel María, *op. cit.*

Fiesta	Advocación	Canto	Danza	Instrumental
I	Agua	Procesional Lastimero		Caracol marino Sartales de concha Flautas y sonajas
I cícl.	Sol	Épicos y narrativos		
II	Xipe Totec	Alabanzas, Himnos	Danza del Desollado. Motzón Tecomaitotia (señores y guerreros alrededor de la piedra gladiatoria)	
III	Agua	Himnos		
IV	Tierra			En las sementeras las visitas se acompañaban de: bocinas, atabales, flautas.
V	Diez días a Tezcatlipoca	Himnos Cantos relacionados con la procreación	Culebreadas Circulares Trenzadas	Flauta de Tezcatlipoca Se consideraba atributo de Xochiquetzal Cascabeles de oro Sahumerios de barro
	Diez días a Huitzilopochtli	Himnos	Mococoloa Penitenciales Tlanahua Toxcachocholoa	
VI	Tláloc	Himnos penitenciales Invocaciones	En el juego de pelota	Sonaja en forma de tabla que se llevaba en la mano
VII	Agua	Alegría De gracias	Con guirnaldas de flores y especies	
VII (fp)	Agua salada	Fúnebres y penitenciales	Circulares	Cascabeles de oro Caracolillos
VIII	Tierra Xilonen	Dramatizados Eróticos Relativos a la fertilidad	Secuencia diaria de bailes De fertilidad Culebreadas	Teponaztli femenino Sonaja báculo

Fiesta	Advocación	Canto	Danza	Instrumental
IX	Huitzilo-pochtli	Nuevos cantos Alabanzas Cantos imitando al colibrí	Bailes cule-breados	Tañedores junto a un altar: momoztli
X	Fuego	Penitenciales Himnos Alabanzas Enigmas y conjuros	Penitencial Del sacrificio Mixta Danza contra las heladas	Sonajas de mano Cascabeles de oro Huhuetl, corne-tas y caracoles
XI	Limpieza Guerra y purificación		Nematlaxco, baile sin cantares Penitencial	
XI (fp)	Toci	Muy agudo Procesional y solemne Cantos esotéri-cos Conjuros	De los cuatro pasos: doncellas y cuicanime Del murciélago	Teponaztli con resonador: teco-matl Sonajas rituales Sonajas bastón en forma de ser-piente
XII	Llegada de los dioses	Penitencial Himnos Enigmas y conjuros Alabanzas	Jornadas agota-doras de danza Combates dramatizados Del murciélago	Incensarios sonajas
XIII (fp)	Fiesta de mon-tes y serranías		Los sacerdotes bailaban con palos y jícaras para pedir remedio y limosna	Silbatos de ba-rro o caracoles
XIV	Gran cacería		Danza circular: 2 hombres 6 mujeres 2 niños Relacionada con la cacería	
XV	Huitzilo-pochtli	Tlaxotecayotl Danza y canto en honor de Huitzilopochtli Cantares narra-tivos	Culebreadas	Sonajas que imitaban pájaros Cascabeles Teponaztli de piedra sobre el que mataban cautivos

XVI	Agua			Sacerdotes de Tláloc tocaban: Caracoles y trompetas (mar y viento) Sonajas de mano y bastón (ruido de lluvia y agua) Concha de tortuga Sahumerios con cuentas
XVII	Tierra	Récula (movimiento hacia atrás)		Caracoles como sonajas
XVIII	Fuego	Narrativo	Netelcuitotiliztli (señores y caballeros) Alrededor del dios de tzoalli	

MÚSICA, EVANGELIZACIÓN Y CONQUISTA

Llovió y relampagueó y tronó aquella tarde y hasta la media noche mucha más agua que otras veces. —Y después que se hubo preso Quatemuz, quedamos tan sordos todos los soldados como si de antes estuviera un hombre encima de un campanario y tañesen muchas campanas, y en aquel instante cesasen de tañerlas y esto digo al propósito porque todos los noventa y tres días que sobre esta ciudad estuvimos, de noche y de día daban tantos gritos y voces unos capitanes mexicanos apercibiendo los escuadrones y guerreros que habían de batallar en las calzadas; otros llamando a los de las canoas que habían de guerrar con los bergantines y con nosotros en los puentes; otros en hincar palizadas y abrir y ahondar las aberturas de agua y puentes y en hacer albarradas; otros en aderezar vara y flecha y las mujeres en hacer piedras rollizas para tirar con las hondas; pues desde los adoratorios y torres de ídolos los malditos atambores, cornetas y atabales dolorosos nunca paraban de sonar. —Y de esta manera, de noche y de día teníamos los unos a los otros y después de preso Guatemoz cesaron las voces y todo el ruido [...].

BERNAL DÍAZ DEL CASTILLO

I. LA CONQUISTA MUSICAL DE MÉXICO

TENOCHTITLÁN no murió de muerte natural sino violentamente, por la espada. Único final digno de una ciudad guerrera. Todo se conjuró en unos cuantos meses. Amigos y enemigos se levantaron en armas ayudando a los teules blancos a destruirla. Por 90 días, sin agua y sin pan, los aztecas combatieron sobre sus muertos. Y sólo fueron vencidos cuando un escopetazo abatió a los últimos defensores y el emperador Cuauhtémoc fue hecho prisionero, junto con los niños y las mujeres que parecían espectros por el hambre.[1] Al finalizar la batalla el olor y la destrucción de la isla eran insoportables. Por esto los españoles se establecieron en Texcoco y Cuernavaca, pensando que desde ahí podrían controlar a todos los pueblos vencidos. Pero al paso de los días se dieron cuenta que Tenochtitlán continuaba como el centro de la vida indígena. Ahí se reunían los guerreros y sacerdotes a orar y desde sus ruinas planeaban nuevas batallas. Entonces Cortés, siempre hábil político, decidió convertirla en un nuevo corazón administrativo, religioso, político y cultural, ahora como capital de la Nueva España. Ordenó que se limpiara de cadáveres, se alineara y repartió los principales predios. El lugar que ocupaban los cues y el palacio de Moctezuma Ilhuicamina los destinó para la catedral, los edificios administrativos y su propio palacio. Los demás terrenos se los dio a sus soldados y a las autoridades mexicanas que continuaron teniendo un peso importante dentro de las comunidades indígenas. "A don Pedro Moctezuma, hijo del difunto emperador, le dio un gran terruño y a Cuauhtémoc una villa entera."[2]

Los españoles construyeron sus residencias alrededor del centro de la ciudad; los indígenas se establecieron fuera del lineamiento, "a otra parte del agua".[3] Así se aseguró su sometimiento, mano de obra y servicio. El gobierno virreinal también controló lo más rápidamente posible a las autoridades tradicionales indígenas. A los guerreros los obligó a formar parte del ejército que realizó la expedición a las Hibueras, en donde murieron tantos indígenas. A los funcionarios les respetó sus privilegios siempre y cuando aceptaran la autoridad española y el penoso papel de intermediarios. A los sacerdotes se les impidió celebrar y educar. Por último, a los clanes, cal-

[1] Benítez, Fernando, *La ruta de Hernán Cortés*, FCE, México, 1950.
[2] Gibson, Charles, *Los aztecas bajo el dominio español*, Siglo XXI, México, p. 168.
[3] Gage, Thomas, *Nueva relación que contiene los viajes de Thomas Gage a la Nueva España*, Xóchitl, México, 1947.

pullis y familias que acostumbraban vivir alrededor de los campos de siembra, se les redujo jurídicamente a cabeceras individuales, que por 1560 fueron la base de los cabildos indígenas. De esta manera se aseguró el contacto entre ambos pueblos. A los conquistadores no les interesó transformar, sino acomodar a la sociedad indígena para obtener beneficios materiales de ella.

Sin embargo, respondiendo a las inquietudes religiosas y filosóficas de la España culta del Renacimiento, Cortés se ocupó de que los indígenas recibieran una educación cristiana. Desde la fundación de la Nueva España, pidió franciscanos a la Corona para que "ayudaran a la conversión y santa doctrina de los naturales y predicasen santa fe". También escribió a fray Francisco de los Ángeles, general de los franciscanos, para que "los religiosos que enviase fueran de santa vida".

En 1523 llegaron a México los primeros misioneros, entre los que estaba fray Pedro de Gante. Un año después arribaron 12 más. Cuando Cortés lo supo, mandó "que todos los pueblos, así de indios como de españoles, les barriesen los caminos,... les saliesen a recibir y les repicasen las campanas". Él mismo, junto con sus soldados "y Guatemuz y los demás caciques",[4] fueron a su encuentro. Los religiosos intentaron besar la mano del vencedor, pero fue él quien se arrodilló y besó sus hábitos, acto que imitaron todos los españoles presentes. Así, los religiosos recibieron desde un principio un trato especial en Nueva España que vino a ser la confirmación de los privilegios que el Papa les había concedido años antes.

El 9 de mayo de 1522, Adriano VI había dirigido al emperador Carlos V su bula *Exponi Nobis Fecisti*, llamada la Omnímoda. En ella, transfería a las órdenes su propia autoridad apostólica en todo lo que los frailes juzgasen necesario para la conversión de los indios, si no hubiese obispo, o si lo había que se hallara a dos leguas de camino. Más tarde, Paulo III lo confirmó en un breve del 15 de febrero de 1535, y autorizó las facultades de los religiosos aún dentro del límite de dos jornadas cuando se tuviera el consentimiento de los obispos.[5] Es decir, a los misioneros se les dio total libertad de acción siempre que respetaran la autoridad central y no realizaran actos que requerían consagración episcopal. Con estos privilegios, los frailes se sintieron nuevos apóstoles en el territorio recién conquistado. La nueva grey era su "propiedad", por lo que procuraron aislarla del conquistador para hacer de ella algo semejante a la "Primera Iglesia" o a la "Ciudad de Dios".[6]

[4] Díaz del Castillo, Bernal, *op. cit.*, p. 450.

[5] García Icazbalceta, Joaquín, *Don Fray Juan de Zumárraga*, vols. I-IV, Porrúa, México, 1947. Vol. I, p. 152 *passim*.

[6] Phelan, John, *El reino milenario de los franciscanos en el Nuevo Mundo*, UNAM, México, 1972, pp. 112, 56, 72.

Los superiores de las órdenes comprendieron su importante papel en esta labor misional y seleccionaron a los frailes que enviaron a la Nueva España. Junto a ellos llegaron también representantes del clero secular que generalmente no participaban de sus ideales religiosos. Así, desde el principio, sembraron los elementos que provocarían conflictos y celos dentro de la misma Iglesia: el clero regular y el obispo, y el clero regular y el secular. La historia de la Iglesia en la Nueva España en el siglo XVI se presenta como una lucha continua entre estos elementos.[7]

1519-1524

Los primeros 12 franciscanos que llegaron a nuestro territorio en 1524 fueron recibidos en la ciudad de México. Motolinía, fray Toribio de Benavente y fray Martín de Valencia se establecieron en ella, mientras el resto decidió repartirse. Algunos decidieron trabajar en Texcoco, ciudad en la que habitaba la mayoría de la población en espera de que las obras de limpia de la capital estuvieran concluidas. Los demás se fueron a Tlaxcala y Huejotzingo, y de ahí avanzaron hacia Puebla.[8]

En Texcoco los misioneros se enfrentaron al problema que implicaba aproximarse a su grey. Cuenta Torquemada que al principio, para aprender la lengua indígena, los frailes jugaban con los niños y por medio de señales y tomando notas fueron conociendo las palabras indígenas y su significado. Pronto escribieron los primeros diccionarios que hicieron posible la comunicación entre conquistadores y conquistados.

Después, los frailes intentaron influir en las familias de los principales a través de los niños, que eran sus amigos.Lógicamente no lograron ninguna respuesta, por lo que desesperados de contemplar las prácticas paganas de la gente, decidieron un día, para demostrar su fuerza, derribar los cues:

> Estábase la idolatría tan entera como antes, hasta que el primer día del año de 1525, que aquel año fué en domingo, en Texcoco, a donde había los más y los mayores teocallis o templos del demonio y más llenos de ídolos y muy servidos de papas y ministros; la dicha noche, tres frailes, desde las diez de la noche hasta que amaneció, espantaron y ahuyentaron a todos los que estaban en las casas y salas de los demonios; y aquel día, después de misa, se les hizo una plática, condenando mucho los

---

[7] Cuando el primer obispo de México, Juan de Zumárraga, llegó a nuestro país en 1527, se enfrentó a muchos problemas para mantener la paz entre las órdenes monásticas e imponer disciplina en el clero secular "que vivía muy expuesto al contagio de la codicia y la relajación". García Icazbalceta, Joaquín, *op. cit.*, vol. I, p. 148.

[8] Motolinía, Toribio, *Historia de los indios de la Nueva España*, Ed. Salvador Chávez Hayhoe, México, 1941.

homicidios y mandándoles de parte de Dios y del Rey no hiciesen la tal obra, sino que los castigarían según que Dios mandaba que los tales fuesen castigados.[8bis]

La violencia no convenció a la gente, pero les atemorizó lo suficiente como para aceptar que los religiosos educaran a sus hijos. Los frailes formaron internados en los que los niños vivían y aprendían distintas artes y oficios, tal como se venía haciendo en España a raíz de la reconquista. Así inició fray Pedro de Gante su famosa escuela, que al trasladarse a la ciudad de México, en 1526-1527, se llamó San José de los Naturales.[9]

Mientras tanto, en la capital de la Nueva España, los franciscanos inauguraron en 1525 el "templo o iglesia de San Francisco". Para solemnizar en ella la llegada de la Eucaristía, se

buscaron todas la maneras posibles de fiestas, así en ayuntamiento de gentes, sacerdotes, españoles seglares e indios de toda la tierra comarcana; como de atavíos, arcos triunfales y danzas.[10]

Esta celebración fue la primera que se realizó en México al estilo español, y en la que los indígenas tuvieron oportunidad de vivir una fiesta cristiana.

La primera iglesia de San Francisco estaba situada junto a las "casas del Marqués en el centro de México", pero para 1526-1527, se trasladó al lugar que hasta la fecha ocupa, a un extremo de la Alameda Central. Dice Torquemada que "aquel (primer) lugar estaba muy metido en la ciudad [...] y como los indios estaban a trasmano, los frailes lo dejaron y pasaron al nuevo recinto".[11]

Los religiosos que vivieron en México recibieron durante un tiempo el apoyo de Cortés, sin ningún contratiempo hasta que éste partió a las Hibueras y la primera audiencia decidió limitar los privilegios de las órdenes en beneficio propio. Entonces los frailes decidieron intervenir en el gobierno, tal como se quejarían las autoridades de la Nueva España,

no sólo en las cosas tocantes a los descargos de conciencia, sino en usar de jurisdicción civil y criminal [...] y en las justicias que eran tocantes a la preminencia episcopal.[12]

[8bis] *Ibid., op. cit.*, p. 28.

[9] García Icazbalceta, Joaquín, *Bibliografía del siglo XVI*, Librería de Andrade y Morales, sucesores, México, 1886. Cf. también: Saldívar, Gabriel, *Historia de la música en México*, SEP, México, 1935, p. 95.

[10] Mendieta, Gerónimo, *Historia eclesiástica indiana*, pp. 36-37.

[11] Torquemada, Juan de, *Monarquía Indiana*, Ed. Salvador Chávez Hayhoe, vol. III, pp. 36-37.

[12] Motolinía, Toribio, *op. cit.* Cita del primer libro de Cabildo de México, 28 de julio de 1525.

Surgió así el primer conflicto entre el poder civil y el religioso, y entre las mismas órdenes, ya que los dominicos, establecidos en la Nueva España poco después de los franciscanos, apoyaron a la Audiencia.

Al mismo tiempo que enfrentaban estos problemas, los franciscanos fueron encontrando la manera de acercarse a los indígenas de la capital.

Desde el primer año que esta tierra llegamos —cuenta Motolinía—[13] los indios de México y Tlatelolco se comenzaron a yuntar, los de un barrio y feligresía un día y los de otro barrio otro día, y allí iban los frailes a enseñar y bautizar a los niños: y desde poco tiempo los domingos y fiestas se ayuntaban todos, cada barrio en su cabecera, adonde tenían sus salas antiguas.[14]

Sin embargo, los resultados eran mínimos, porque fray Toribio agrega:

anduvieron los mexicanos cinco años muy fríos [hasta 1529]. —Busca una explicación y continúa—: O por el embarazo de los españoles y obras de México, o porque los viejos de los Mexicanos tenían poco calor. —Ciertamente la razón estaba en otro lugar. Los indígenas se negaban a aceptar su derrota y continuaban luchando—: Era esta tierra un traslado del infierno; ver los moradores de noche, dar voces unos llamando al demonio, otros borrachos, otros cantando y bailando. Tañían atabales, bocinas, cornetas y caracoles grandes, en especial en las fiestas de sus demonios [...]. Aunque en lo público no se hacían los sacrificios acostumbrados en que solían matar hombres, en lo secreto, por los cerros y lugares escondidos y apartados, y también de noche en los templos de los demonios que aún todavía estaban de pie, no dejaban de hacer sacrificios; y los diabólicos templos se estaban servidos y guardados con sus ceremonias antiguas y aún en confirmación de ésto, los mismos religiosos a veces oían de noche la grita de los bailes, cantares y borracheras en que andaban.[15]

En vista de esta situación, e influidos por los religiosos que trabajaban en Texcoco, los franciscanos de México subieron un día de mercado al Templo Mayor, lo quemaron y destruyeron los ídolos:

Lo primero que hicieron los frailes fué poner fuego al Templo Mayor, que era en quien todos los ciudadanos tenían puestos sus ojos, y cuando [los indígenas] lo vieron arder, que era un día de mercado, comenzaron a hacer grande sentimiento y a derramar lágrimas y dar grandes voces, a alertarse todo el pueblo [...]. Muchos indios siguieron acudiendo a él de

---

[13] *Ibid.*, p. 111.
[14] *Ibid.*, p. 24.
[15] *Ibidem.*

noche, pero con este hecho perdieron la esperanza que les había quedado de verse libres de los españoles.[16]

Más adelante, y ayudados por los niños indígenas que educaban,
los frailes siguieron destruyendo ídolos, aun en las casas de los indígenas.[17] Los niños se movían con toda libertad incluso siguiendo
las rutas de los mercaderes. Llegaron a apedrear a un sacerdote indígena en Tlaxcala: "en ésto murieron muchos de aquellos ministros muy bravos y querían poner las manos en los muchachos, sino
que no se atrevieran [...] antes estaban como espantados en ver tan
grande atrevimiento".[18] Sin embargo, el combate que realizaron
contra la idolatría no incluía por ahora la música. En 1526, un "Memorial sobre asuntos de buen gobierno que un desconocido hizo
por orden del Emperador", decía en materia de música: "que no
prohíban a los indios y sus bailes y placeres, si no fueren a sus ídolos", dando así la pauta legal para que la práctica musical de los indígenas pudiera encauzarse hacia la nueva religión. Esto, junto al
impulso que los frailes dieron a las formas externas de la liturgia y
del culto, que permitía la intervención de todo el pueblo en las ceremonias católicas, atrajo definitivamente a los indígenas:

Poco a poco —escribió Pedro de Gante al rey— se destruyeron y
quitaron muchas idolatrías; a los menos los señores y principales iban
alumbrándose algún poco y conociendo al Señor [...]. Empero la gente común estaba como animales sin razón. Mas, los empecé a conocer
—continúa la carta—, y comprendí que toda su adoración de ellos a sus
dioses era cantar y bailar delante de ellos, y como yo ví ésto, y que todos
sus cantares eran dedicados a sus dioses, compuse metros muy
solemnes sobre la Ley de Dios y la fe.[19]

Motolinía describe este hecho de la siguiente manera:

Los religiosos buscaron mil modos y maneras para atraer a los indios en
conocimiento de un solo Dios verdadero, y para apartarlos del error de
los ídolos diéronles muchas maneras de doctrina. Al principio, para les
dar sabor enseñáronles el Per signum crucis, el Pater Noster, Ave María,

---

[16] Torquemada, Juan de, *op. cit.*, vol. III, pp. 48 y 49, Ed. Salvador Chávez Hayhoe.
[17] Kobayashi, *op. cit.*, p. 183.
[18] Torquemada, Juan de, *op. cit.*, p. 61.
   Los domingos y fiestas de guardar, salían los frailes muy preparados a predicar
   hasta 20 leguas a la redonda. Cuando era fiesta o dedicación de los demonios,
   enviaban a los niños más hábiles para los estorbar; y cuando algún señor hacía
   fiesta secretamente, Gante mandaba llamar a los organizadores a capítulos y los
   reñía y amonestaba.
[19] Carta de fray Pedro de Gante al rey Felipe II, en vol. II, Códice Franciscano de la
Nueva colección de documentos para la historia de México, de Joaquín García Icazbalceta,
p. 206.

Credo, Salve, todo cantando de un tono muy llano y gracioso. Sacáronles en su propia lengua de Anahuac los mandamientos en metros y los artículos de la fe, y los sacramentos cantados, y aún hoy [1540] —agrega Motolinía—, los cantan en muchas partes de la Nueva España.

A partir de la navidad de 1529, fray Pedro de Gante decidió organizar grandes fiestas que demostraran a los naturales el gusto que ellos también tenían por las danzas y la música:

Dos meses poco más o menos antes de la Natividad de Cristo [1528] diles libreas para bailar con ellas, porque así se usaba entre ellos. —Después, continúa—: Cuando se acercó la Pascua, hice llamar a todos los convidados de toda la tierra de veinte leguas alrededor de México, para que viniesen a la fiesta de la Natividad de Cristo Nuestro Redentor, y así se reunieron tantos que no cabían en el patio [de la iglesia de San Francisco] que es de gran cantidad, y cada provincia tenía hecha su tienda adonde se recogían los principales y unos venían de siete y ocho leguas, en hamacas, enfermos, y otros de dieciseis por agua, los cuales oyeron la noche de la Natividad: Los Angeles, hoy nació el Redentor del Mundo [...]; así estando ellos aquella noche de Navidad en el patio de Nuestro Padre san Francisco [...] alzaron una cruz de doscientos metros de alto.

El resultado de ciertas formas atractivas de culto externo, entre ellas la música, trajo como consecuencia inmediata que no sólo los niños y sus familias se acercaran a los frailes, sino que lo hiciera toda la población:

Fué tanta la prisa que se dieron por deprender la doctrina y los nuevos cantos y como la gente era mucha, estábanse a montoncillos, así en los patios de las iglesias y ermitas como por sus barrios, tres y cuatro horas cantando y aprendiendo oraciones, y era tanta la prisa que por doquiera que fuesen, de día o de noche, por todas partes se oía cantar y decir toda la doctrina cristiana, de lo cual los españoles se maravillaban mucho de ver el fervor con que le decían, y la gana con que lo deprendían y la prisa que se daban a lo deprender. Y no sólo deprendieron aquellas oraciones, sino otras muchas que saben y enseñan a otros con la doctrina cristiana y en esto y en otras cosas ayudan mucho.[20]

Al entusiasmo de los indígenas, los religiosos respondieron con un ambicioso plan: formarían un clero indígena modelo, cabeza de la nueva Iglesia. Por lo tanto, empezaron a enseñar a los niños de las escuelas romance y latín; a escribir "letras grandes y griegas, a pautar y apuntar así canto llano como canto de órgano, a encuadernar, a iluminar" [...].

Los indígenas se aproximaron a la música europea de dos mane-

[20] Motolinía, Toribio, *op. cit.*, vol. II, p. 34.

ras: el pueblo la utilizó para orar y cantar en las fiestas, pero sin estudiarla. Y tal como había sucedido antes de la conquista, los niños más próximos a los religiosos, generalmente hijos de principales, aprendieron a cantar, escribir y componer, y a tocar instrumentos. Mucho ayudaron en esto los "ministriles" que llegaron de Castilla y se repartieron, a petición de los frailes, por los principales pueblos.

Fue así como desde el siglo XVI los españoles acomodaron los lenguajes artísticos indígenas a las necesidades coloniales. No sólo la música y la danza como parte de la liturgia y la enseñanza, sino la pintura que se practicó en los murales de los conventos, la escultura y el tallado de piedra en las portadas, arcos, capillas pozas y patios, la actuación en el teatro de evangelización; por último, los estandartes con flores, los trajes y "atavíos" en las procesiones de grandes festividades.

EDUCACIÓN Y MÚSICA

Las escuelas anexas a los monasterios

Desde los primeros años de la Colonia, el medio de contacto más efectivo de las frailes con los indígenas fue la educación de los niños. Pensaban, con razón, que aquellos que todavía no habían recibido ninguna instrucción, fácilmente aceptarían una nueva religión y nuevas formas de ver la vida. Por esto, fray Pedro de Gante trasladó su famosa escuela de Texcoco a la ciudad de México.

> Los religiosos ordenaron a los señores y principales mexicas que junto a su monasterio edificasen un aposento bajo en que oviese una pieza muy grande a manera de sala, donde se enseñasen y durmiesen sus hijos de los mismos principales.[21]

Los franciscanos adoptaron las diferencias sociales establecidas por los propios indígenas: mientras los hijos de nobles y principales se educaban con ellos en los monasterios, a los hijos de plebeyos simplemente se les enseñaba en los atrios: los frailes los reunían, dice Ricard, "después de misa".[22] Sahagún[23] y el Códice Franciscano[24] simplemente dicen que a diario "en el patio de la iglesia o atrio y allí les enseñaban en grupos, organizados según lo que iban sabiendo; los rezos que eran cantados y la doctrina cristiana".

[21] Mendieta, Gerónimo, op. cit., vol. II, p. 59.

[22] Ricard, Robert, La conquista espiritual de México, Jus, 1947, p. 209.

[23] Sahagún, Bernardino, Historia general de las cosas de la Nueva España, vol. III, p. 163.

[24] García Icazbalceta, Códice Franciscano en Nueva colección de documentos para la historia de México, Ed. Salvador Chávez Hayhoe, p. 56.

Juntábanse gran copia de ellos —dice Sahagún—,[25] y después de haberse enseñado un rato, iba un fraile con ellos o dos, y así se derrocaron en poco tiempo todos los cúes. Pasado este primer momento y durante los siguientes años, a los niños que ya sabían la doctrina se les enviaba a sus casas a aprender el oficio de sus padres.[26]

La educación dada por los franciscanos se restringió así a un pequeño número de indígenas, y aunque algunos nobles enviaron a sus esclavos en lugar de sus hijos, los frailes se empeñaron en hacer de ellos una élite que sirviera de ejemplo y guía al resto de la comunidad.

Los frailes convivían con los indígenas para enseñarles una nueva forma de vida:

Dormían en la casa que para ellos estaba edificada junto a la nuestra, donde los enseñábamos a levantarse a media noche, y los enseñábamos a decir los maitines de Nuestra Señora y luego de mañana las horas y aún les enseñábamos que de noche se azotasen [...].[27]

Aunque los frailes no adoptaron conscientemente muchas de las costumbres y prácticas que los indígenas habían observado por años, en las escuelas funcionaron horarios similares a los de los templos paganos. Por las disposiciones en materia de educación de la junta eclesiástica de 1538, sabemos que los niños ingresaban en los internados siendo menores de siete años, y que muchos permanecían más de siete en el monasterio. La junta sugirió que se les permitiera a los de 13 o 14 salir a trabajar o a enseñar, pues los frailes los mantenían a su servicio y no les daban oportunidad de vivir en su comunidad. El segundo artículo de las disposiciones de 1538, prohibió a los frailes castigar a los indios con "cepos, prisiones y azotes" y sugirió el uso de la libre coerción,[28] porque fue materia de discusión el uso de la fuerza para convertir a los infieles. Motolinía, Mendieta y muchos otros franciscanos aceptaron el uso de la violencia, pero limitada a destruir los templos paganos y los ídolos. Otros religiosos, cuando eran desobedecidos, castigaban corporalmente a los ofensores, práctica que provocó muchísimas quejas.[29]

Paulatinamente, los frailes fueron seleccionando a los alumnos más destacados para que desempeñasen los distintos oficios que requería la vida del monasterio, la catequización y el culto de la Iglesia:

[25] Sahagún, Bernardino, op. cit., vol. III, p. 163.
[26] García Icazbalceta, Joaquín, op. cit., p. 56.
[27] Sahagún, Bernardino, op. cit., p. 161.
[28] García Icazbalceta, Joaquín, Don Fray Juan de Zumárraga, Porrúa, México, 1947, vol. I, p. 170.
[29] Phelan, John, op. cit., p. 15 passim.

De los que ya sabían leer y escribir, se seleccionaron algunos para cantores de la iglesia y así de niños aprendieron a cantar; otros aprenden la confesión y ceremonia de ayudar a misa para servir de sacristanes; estos mismos niños —prosigue el *Códice Franciscano*—, suelen ser porteros y hortelanos y hacen los demás oficios de los monasterios. De esta manera, aunque los frailes son pocos, no se hace sentir la falta, ya que los indígenas hacen con tanta fidelidad los oficios [...] y por muy principales que sean, no se desdeñan, antes se precian de servir en las iglesias y monasterios en cualquiera oficios, cuanto quiera que sean bajos como son el cocinar y el barrer.[30]

Entre 1525, fecha en que los franciscanos se establecieron en la ciudad de México, y 1560, año en que enviaron a petición del rey el informe sobre su labor realizada, se formó un grupo de naturales con conocimientos, nuevas costumbres y nuevas expectativas, que se fue convirtiendo en el grupo dirigente de la comunidad indígena colonial.

Como ya vimos, la sociedad indígena prehispánica estaba dirigida por tres estratos: los guerreros, los sacerdotes y los gobernadores. Los primeros fueron derrotados, siguieron trabajando dentro del ejército español y murieron en gran número en las nuevas expediciones de conquista. Los sacerdotes fueron perseguidos y anulados, y sólo permaneció el estrato dirigente de tecutli o dignatario, respetado por los españoles en la medida en que sirvió de intermediario entre conquistadores y conquistados:

Cuando se ganó la Nueva España, se quedó en ella esta manera [la tradicional] de gobierno entre los naturales [...] y sólo Moctezuma había perdido su reino o señorío, y puéstose en la Corona Real de Castilla, y algunos de sus pueblos encomendándose a españoles [...]. Y los Tlezcuco y Tlacuba poseían, mandaban y gobernaban sus señoríos y gozaban de ellos, aunque estaban de cabeza de VM o de encomenderos, aunque no les quedasen tantas tierras y vasallos como primero tenían, y les acudían con las sementeras y los tributos [...] y eran obedecidos y temidos.[31]

Los conquistadores no se interesaron especialmente por modificar el núcleo de la comunidad de naturales que quedó después de la Conquista (sólo querían mano de obra); fueron los frailes los que la afectaron. Y no sólo en lo político, a partir de 1550, cuando la organización de los cabildos ordenada por la Corona descansó en los niños educados en los monasterios.[32] La vida diaria, los aconteceres

[30] García Icazbalceta, Joaquín, Códice Franciscano en *Nuevos documentos para la historia de México*, vol. II, p. 57.

[31] Zorita, Alonso, "Breve y Sumaria Relación de los Señores de la Nueva España", en *Nueva colección de documentos para la historia de México*, vol. III, p. 92.

[32] Gibson, Charles, *Los aztecas bajo el dominio español*, Siglo XXI, México, p. 169.

cotidianos, se entrelazaron con la vida de los monasterios y con el calendario litúrgico católico. Los frailes favorecieron la creación de nuevos estratos y cuerpos sociales, como los cantores y las cofradías. El medio para lograr los cambios en la comunidad fueron las escuelas de niños construidas a un lado de los monasterios.

La repercusión y la respuesta obtenida por los frailes entre los indígenas, no sólo entre los niños educados por ellos, sino por todos los artistas que hicieron posible la belleza de los monasterios y la riqueza de las fiestas, fue tal que nos sorprende la reacción de los franciscanos ante las propuestas que les planteó la junta eclesiástica de 1539. Ésta deliberó que "para ayudar a los curas, se ordenaran de las cuatro órdenes menores de la Iglesia algunos mestizos e indios de los más hábiles que para eso se hallaren en las escuelas, colegios, o monasterios, que supieran leer y escribir, y latín si fuere posible, y que fueran intérpretes; ya que eran cristianos y se les debían fiar los santos sacramentos".[33]

Los religiosos contestaron que a pesar de que ellos también lo deseaban, era imposible por la sensualidad de los naturales: como no se ejercitaban en los trabajos corporales como solían y como demanda la condición de su briosa sensualidad.

Y también comían mejor de lo que acostumbraban de su república antigua, porque ejercitábamos con ella las blanduras y piedad que entre nosotros se usa, comenzaron a tener brios sensuales y a entender en cosas de lascivia.[34]

Así, después de sólo 40 años, los religiosos dejaron de organizar las escuelas como internados.

Los echaron de sus casas [en 1576] —continúa Sahagún—, para que se fuesen a dormir a las casas de sus padres y desde entonces, venían a la mañana, sólo a aprender a leer y escribir.

En cuanto al ingreso de los niños indígenas a la vida del monasterio, los franciscanos no sólo se negaron a impartirles las órdenes menores: se negaron a admitirlos como donados, por más virtuosos y probados que fuesen,

alargándose cuando más y muy raras veces a permitirles que anduviesen en los monasterios con una túnica parda y un cordón, como criados y aún eso no era aprobado por muchos. —Así lo dicen Mendieta y Sahagún—: que al principio se les dió hábito a dos pero hallose por experien-

---

[33] García Icazbalceta, Joaquín, *Don Fray Juan de Zumárraga, op. cit.*, vol. I, p. 167.
[34] Sahagún, Bernardino, *op. cit.*, vol. III, p. 161.

cia que no eran suficientes para tal estado y así se les quitaron los hábitos y nunca más se recibió indio alguno en la religión.[35]

Por lo tanto, la actividad de estos niños que no podrían ser sacerdotes se enfocó en los primeros años "a destruir los ritos idolátricos, las borracheras y los areitos que de noche se hacían a la honra de los ídolos".[36] En los siguientes años, se les utilizó para que a su vez enseñaran la doctrina, a leer y escribir a otros niños[37] y para que ayudaran al trabajo en los monasterios y a desarrollar lo que Ricard llamó el esplendor del culto.

Sobre la posibilidad de que los indígenas recibieran las órdenes sacerdotales, los franciscanos escribieron en 1560:

Aunque la administración de este sacramento pertenece a sólo los obispos y no a los demás sacerdotes, bien es que se diga aquí y se entienda como los indios no reciben este orden del sacerdocio ni ningún otro orden de lo que la Iglesia da, ni serán aptos para que se les den en nuestro tiempo.[38]

Las verdaderas razones del rechazo a la ordenación de sacerdotes están en el Imperial Colegio de Santiago Tlatelolco, como veremos más adelante.

Educación de las niñas

Las niñas indígenas también recibían formación en los atrios de los monasterios, hasta que la reina Isabel, preocupada por su educación, envió a mujeres devotas para que

recogieran a las hijas de los principales y les enseñasen la vida cristiana, a bordar y a tejer en casas de retiro.[39] Les enseñan —dice Torquemada— labores mujeriles, la doctrina cristiana y el oficio de Nuestra Señora, el romano, el cual dicen cantando y devotamente en aquellos sus monasterios como lo usan las monjas y frailes.[40]

Sabemos que no estudiaban música: en Huejotzingo, por ejemplo, las exalumnas de estas casas continuaban aun casadas asistiendo en las mañanas "a decir sus horas en Nuestra Señora, muy ento-

---

[35] Mendieta, Gerónimo, *Historia eclesiástica indiana*, vols. II y IV, capítulos 22-23; Sahagún, Bernardino, *op. cit.*, Libro X, cap. 27. Cita de García Icazbalceta, *op. cit.*, vol. I, p. 167.

[36] Sahagún, Bernardino, *op. cit.*, vol. III, p. 163.

[37] Ricard, Robert, *op. cit.*, p. 211.

[38] García Icazbalceta, Joaquín, *Códice Franciscano, op. cit.*, p. 97.

[39] Motolinía, Toribio, *op. cit.*, p. 259.

[40] Torquemada, Juan de, *op. cit.*, vol. III, p. 210.

nadas y muy en orden, aunque —dice Motolinía— ninguna de ellas no sabía el punto del canto". Tampoco hay seguridad de que les enseñaran a leer y escribir.[41]

La verdad es que los centros de educación para niñas fueron perdiendo poco a poco su razón de ser. Según Motolinía, la causa fue la conversión de las familias, que se volvieron a ocupar de la educación de sus hijas.[42] Ricard dice que se debió a que las encargadas eran mujeres sin votos que no se preocupaban debidamente de las niñas, situación que no varió a pesar de la carta en que Zumárraga solicitó al rey en 1537 el envío de monjas.[43] Por último, al reconocerse que las mujeres indígenas no tenían vocación para la vida en clausura, el interés por fomentar casas para que estudiaran desapareció.

Se presentaron otros problemas. En los primeros años de la Colonia, la Corona se interesó por unir a las niñas egresadas de las casas de retiro con los jóvenes que eran educados por los frailes, con el fin de que se formaran pueblos modelos:

> Los pueblos que vuestra [majestad] manda que se hagan de las mozas —escribió la Audiencia a España en 1532—,[44] se han comenzado a hacer e se continuará con mucho cuidado, lo cual tenemos por muy provechoso e importante, ansi al servicio de Dios e de vuestra magestad como a la seguridad y aumento de la tierra.[45]

A pesar de lo dicho por la Audiencia, este proyecto no se realizó. Los matrimonios nunca funcionaron porque los indios, "ni los que se crían en los conventos rehusaban de casar con las doctrinadas". La razón dada por los jóvenes era que las mujeres educadas en las casas de retiro se "criaban ociosas y a los maridos los tenían en poco y negándose ellas a mantenerlos a ellos según era la costumbre".[46]

Había otros usos que los indígenas tampoco querían dejar, por ejemplo la poligamia practicada por los nobles. Los caciques la defendían diciendo que era la única manera que tenían de ganar otra renta, que lo que las mujeres lo ganaban con su labor "para se mantener y en satisfacción de sus trabajos, ellos lo pagaban con sus mismos cuerpos" y que no podían dejar esta ley en que fueron criados.[47]

Así, los fines originales con que los religiosos educaron a los niños indígenas (es decir, la formación de un clero indígena o de familias

---

[41] Ricard, Robert, *op. cit.*, Berkeley Calif., University of California Press, 1966, p. 210.

[42] Motolinía, Toribio, *op. cit.*, p. 259.

[43] Ricard, Robert, *op. cit.*, p. 212.

[44] Según su natural no eran para monjas. Torquemada, Juan de, *op. cit.*, vol. III, p. 108.

[45] García Icazbalceta, Joaquín, *Don Fray Juan de Zumárraga, op. cit.*, vol. IV, p. 167.

[46] Torquemada, Juan de, *op. cit.*, vol. II, p. 108.

[47] Kobayashi, *op. cit.*, p. 205.

cristianas modelo), no pudieron realizarse. Las mujeres, al igual que los niños, volvieron a sus hogares para ser educados.[48]

Sin embargo, todos continuaron asistiendo diariamente a los atrios de las iglesias, en donde aprendían lectura, escritura, doctrina y música. Terminada esta enseñanza participaban como adultos en las grandes fiestas de la Iglesia, las cofradías y el cabildo. Porque el papel educador de los frailes o curas de indios nunca terminó, como tampoco se extinguió su influencia sobre la vida indígena. Lo que varió fue el contenido y el fin de sus enseñanzas, materia de los siguientes apartados.

Hubo otras instituciones como el Colegio de Nuestra Señora de la Caridad, fundado para huérfanas de padre español y madre india. Pero la falta de escuelas para criollas hizo que éstas fueran ingresando aquí, y por ello cambió la razón original de la fundación, de la que un oidor se quejó en 1572 por su mala administración.[49]

EL ESPLENDOR DEL CULTO

No hay duda de que la música fue el medio para atraer a los indígenas a la nueva religión y que las escuelas anexas a los monasterios fueron el camino más útil para iniciar su conversión. En ellas, los frailes aprendieron lengua indígena y fomentaron el desarrollo de la música que tan útil les había sido en los primeros años de evangelización:

> Los primeros que supieron y salieron con la lengua Nahuatl, fueron Fray Luis de Fuensalida y Fray Francisco Jiménez, el cual compuso artes en ella y con esta inteligencia, y con ayuda de los más hábiles de sus discípulos, que estaban ya muy bien informados de las cosas de la fé, tradujeron lo principal de la doctrina cristiana en el lenguaje mexicano y pasáronlo en un canto llano muy gracioso para que los oyentes lo tomasen así mejor de memoria.[50]

Sahagún cooperó en esta labor escribiendo una salmodia y un cancionero,

> que hizo para que los indios cantasen en sus bailes cosas de edificación de la vida de Nuestro Salvador y de sus santos, con celo de que olvidasen sus dañosas antiguallas.[51]

Los resultados musicales de esta educación no se hicieron esperar.

[48] Torquemada, Juan de, *op. cit.*, vol. III, p. 108.
[49] Kobayashi, *op. cit.*, p. 205 cita a García Icazbalceta: *Zumárraga*, vol. III, p. 239.
[50] Cuevas, Mariano, *Historia de la Iglesia en México*, Ed. Revista Católica, El Paso, Texas, vol. I, pp. 401 y 402.
[51] *Op. cit.*, vol. I, p. 183.

Los indígenas lograron conservar su tradición musical, sus procesiones, la danza, los atavíos y aprendieron los cantos de la Iglesia. Así, además de escribir, comenzaron luego a "pautar y apuntar canto llano como canto de órgano, y de ambos cantos hicieron muy buenos libros y salterios de letra gruesa para los coros de los frailes y para sus coros con sus letras muy grandes, muy iluminadas, que ellos mismos encuadernaban".[52]

Los indígenas no sólo cantaban y transcribían, sino que escribían música. Pocos años después que aprendieron el canto, comenzaron ellos a componer de su ingenio villancicos en canto de órgano y otras obras, que mostradas a diestros cantores españoles decían ser de juicios escogidos y no poder ser de indios.[53]

No fueron los religiosos sino ministriles de Castilla quienes enseñaron a los indígenas a construir y tocar los instrumentos de uso en Europa:

[...] e yo vi a firmar a estos ministriles españoles —dice Motolinía—, de lo que estos naturales deprendieron en dos meses no lo deprendían en España españoles en dos años, porque en dos meses cantaban muchas magnificats, motetes, etcétera.[54]

Los indígenas demostraron tal capacidad, que los frailes los organizaron en capillas. En ellas, al igual que en Europa, un grupo de cantores y ministriles se hallaba bajo el mando o dirección de un maestro de capilla, responsable de la música durante las celebraciones litúrgicas de la Iglesia. Los indígenas interpretaban un repertorio amplio y actualizado, similar al que se escuchaba en España desde el siglo xv. Estos cantores, dice Torquemada, entre los que había "muy diestros",[55] se iban remudando cada año en el oficio de maestros y capitanes. Por cada capilla había cinco o seis, aunque su número generalmente era mayor.[56] Aunque tenían flacas voces "había muchos en que escoger" y así se formaron buenas capillas con "contrabajos, altos, tenores y tiples, que podían competir con los escogidos de las iglesias catedrales".

El desarrollo de la música fue tan grande, y su uso tan común entre los naturales, que le hizo escribir a Mendieta:

No hay pueblo de cien vecinos que no tenga cantores que oficien las misas y vísperas en canto de órgano, con sus instrumentos de música. Ni hay aldeas, apenas por pequeñas que sean, que dejen de tener siquiera

[52] García Icazbalceta, Joaquín, *op. cit.*, vol. IV, p. 116.
[53] Torquemada, Juan de, *op. cit.*, vol. III, p. 213.
[54] Motolinía, Toribio, *Memoriales*, p. 243 *passim*.
[55] Torquemada, Juan de, *op. cit.*, vol. III, p. 214.
[56] Saldívar, Gabriel, *Historia de la música en México*, SEP, México, 1935; cf. el capítulo sobre la música en Nueva España en el siglo xvi.

tres o cuatro indios que canten cada día en su iglesia las horas de Nuestra Señora [...]. No hay género de música en la iglesia de Dios que los indios no la tengan y usen en todos los pueblos principales, y aun en los no principales, y ellos mismos lo labran todo [los instrumentos], que ya no hay que traerlo de España como solían.[57]

Frente a este entusiasmo y capacidad de los indígenas, los frailes fomentaron lo más posible las expresiones del culto externo en sus monasterios e iglesias. Para ello, como ya dijimos, aprovecharon la fiesta indígena: procesiones, cantos y bailes,[58] teatro y música, que unieron al rito cristiano. Esta situación, debida a las costumbres indígenas y al deseo de los religiosos de atraer a los naturales utilizando cualquier medio, alarmó a los obispos. En 1538 hicieron una declaración prohibiendo "las danzas y fiestas de indios en las iglesias, lo mismo que los palos altos puestos en los atrios para el juego que llamaban el volador".[59] Los religiosos se justificaron a través de muchos medios:

Toda esta armonía —escribieron en 1560—, es grandísimo provecho entre los indígenas para su cristiandad, y muy necesario el ornato y aparato de las iglesias para levantarles el espíritu y moverlos a las cosas de Dios. Porque su natural es tibio y olvidadizo de las cosas interiores, ha menester ser ayudado con la apariencia exterior.[60]

Incluso Zumárraga escribió al respecto al rey, el 17 de abril de 1540:

Porque el canto de órgano suple las faltas de los absentes, y la experiencia muestra cuando se edifican en ello los naturales que son muy dados a la música. Y los religiosos que oyen sus confesiones nos lo dicen, que más que por las predicaciones, se convierten por la música. Y los vemos venir de partes remotas por oir y trabajar por la aprender y salir con ello.[61]

Así, en su afán por hacer atractiva la religión, los frailes decidieron continuar con las ceremonias. No sólo cantaban en ellas cantores, sino que los hacían acompañarse por verdaderas orquestas con "flautas, clarines, cornetines, trompetas, jabelas o flautas moriscas, chirimías, dulzaínas, sacabuches, rabeles, vihuelas de arco y atabales".[62]

---

[57] Mendieta, Gerónimo, *op. cit.*, vol. III,. p. 64.

[58] Durán, Diego, *op. cit.*, vol. II.

[59] García Icazbalceta, Joaquín, *op. cit.*, vol. I, p. 170.

[60] García Icazbalceta, Joaquín, Códice Franciscano, *op. cit.*, p. 58.

[61] Cuevas, Mariano, *Documentos inéditos del siglo XVI*, Porrúa, México, 1975, p. 99.

[62] Ricard, Robert, *op. cit.*, p. 330. Estos datos también aparecen en: García Icazbalceta, Joaquín, Códice Franciscano, en *op. cit.*, p. 65; Motolinía, Toribio, *op. cit.*; Jiménez Rueda, Julio, *Historia de la cultura de México*, Cultura, México, 1960, vol. II, p. 256.

Igual que a los obispos, a la Corona le preocupó este esplendor del culto. A la península habían llegado muchas cartas denunciando el carácter independentista de las órdenes que no enseñaban el castellano a los naturales, y su afán por fomentar la música entre ellos. Llegó a la Nueva España, en 1561, una cédula real "que disponía y mandaba se proveyera el exceso de música que había en los monasterios":

> Al Rey, Presidente y Oidores de la nuestra Real Audiencia que reside en la ciudad de Nueva España: A nos se ha hecho relación que hay muy grande exceso y superfluidad en esta tierra y gran gasto en la aferencia de instrumentos, músicos y cantores que comunmente hay en los monasterios.[63]

El rey se mostró preocupado por la "superfluidad" que representaba el uso de tantos instrumentos. Porque el gusto que los indígenas tenían por la música y el impulso que los religiosos le daban, mostraba originalidad y una concepción de la ceremonia que la Iglesia y el rey no podían aceptar: el siglo XVI se convirtió con Felipe II en el siglo de la Reforma y la Inquisición. Del temor a los cismas.

Sobre esta situación, el Concilio Provincial Mexicano I de 1555 ya había dicho lo siguiente:

> Mandamos y ordenamos que de hoy más, no se tañan trompetas en las iglesias en los divinos oficios, ni se compren muchos de los que han comprado, los cuales solamente servirán en las procesiones que se hacen fuera de las iglesias y no en otro oficio eclesiástico. Y en cuanto a las chirimías y flautas mandamos que en ningún pueblo las haya, si no es la cabecera; los cuales servirán a los pueblos sujetos en los días de fiesta de sus sacramentos. Y las vigüelas de arco y los otros diferentes instrumentos queremos que del todo sean extirpados y exhortamos a todos los religiosos y ministros trabajen que en cada pueblo haya órgano, porque cesen los estruendos y estrépitos de los otros instrumentos, y se use en esta nueva iglesia el órgano que es instrumento eclesiástico.[64]

La introducción de los órganos en los pueblos indios no se llevó a cabo por dos razones: la dificultad para construirlos (incluso el de la catedral metropolitana se importó de Europa) y su costo elevado.[65] Sin embargo la Iglesia insistió en que fuera incorporado, porque se consideraba que un instrumento de viento era puro y favorecía la elevación del alma mucho más que el ejecutado directamente con el aliento o el ejercicio de las manos, ya que ambos tenían reminiscencias corporales.

[63] Encinas, Diego, *Cedulario indiano*, Cultura Hispánica, 1946, vol. IV, p. 48.
[64] *Concilios Provinciales I y II Celebrados en la Muy Leal y Muy Noble Ciudad de México*, Ed. Francisco Antonio Lorenzana, 1565, vol. I, p. 140.
[65] Estrada, Jesús, *Música y músicos en la época virreinal*; cf. capítulo sobre el órgano de la catedral metropolitana.

Lo que sí se intentó fue sacar a los instrumentos del templo. Ésta es una lucha que aún hoy los párrocos de los pueblos indígenas entablan: música y procesiones fuera del templo; canto "a capella" o con acompañamiento de órgano [aunque sea muy pequeño] dentro del templo.[66]

La Corona se refiere (en la Cédula que mencionamos arriba) también al gasto que implicaba el uso de tantos instrumentos; pero esto no era totalmente cierto. En las crónicas hay continuas referencias a la capacidad y rapidez con que los indios los construían. Al escribir sobre el excesivo gasto, la Corona probablemente pensó en el derroche que se hacía en las fiestas y procesiones, problema que efectivamente nunca pudo resolverse.

(Y aún hoy es importante. Un porcentaje altísimo de las ganancias extra de la familia indígena, sobre todo las que empiezan a enriquecerse, son destinadas por obligación a las fiestas religiosas del pueblo.)

"La música —continúa la Cédula Real de 1561— va creciendo no sólo en los pueblos grandes, sino en los pequeños y de ellos se siguen grandes males y vicios",

> porque los oficiales dello y las tañedores de los dichos instrumentos, como se crían de niños en los monasterios deprendiendo a cantar y tañer los dichos instrumentos, son grandes holgazanes y desde niños conocen todas las mujeres del pueblo, y destruyen las mujeres casadas y doncellas, y hacen otros vicios anexos a la ociosidad en que se han criado.

Este último párrafo describe uno de los resultados de la educación impartida por los frailes. A los niños formados por ellos, que no podrían ser sacerdotes ni organizar pueblos independientes, les quedaba una alternativa: volver a su comunidad para trabajar en ella con todo el peso de la conquista (encomienda, minas, tributo y trabajo forzado), o permanecer en los monasterios, o alrededor de ellos, trabajando como servidores o como músicos. Así buscaban la protección de los frailes, que les eximía del tributo y de asistir a los repartimientos.

> Y lo mismo de los cantores —sigue la carta— que en la mayoría de los pueblos pretendan revelarse de la obediencia de sus cabezas y tomar por principio y medio las dichas trompetas y músicas.

A los cantores los estudiaremos con detenimiento; baste señalar, por ahora, que el lugar que empezaron a ocupar en su comunidad provenía de los mismos derechos que como músicos, maestros y organizadores de las fiestas, les concedieron los frailes:

[66] Cf. las costumbres de los tarahumaras o raramuris o cualquier otro grupo indígena de Guatemala.

Y conviene —concluye el rey—, que vosotros y los prelados y provinciales os juntéis y platiquéis y déis orden en la reformación de lo susodicho, porque importa mucho al servicio de Dios y quietud de los pueblos
y ocupación de los indios; para evitar los grandes pecados que los suso-
dichos cometen.

Es importante notar que el monarca simplemente sugirió a la Audiencia investigar y disponer la manera de moderar los excesos, no
de terminar con el uso de la música. Porque, como ya hemos dicho,
el desarrollo de las ceremonias con cantos, danzas, sonidos de instrumentos y procesiones, hizo sentir a la mayoría de los españoles
que el trabajo de evangelización había dado fruto.

Además, como los reunidos en los concilios y juntas eran básicamente miembros del clero secular,[67] en realidad sus declaraciones
significaban una crítica al método educativo de los frailes. Sin embargo, no se logró limitar la práctica musical entre los indígenas. Lo
que pasó es que en algunos lugares su desarrollo dejó de alentarse
por la decadencia de las órdenes religiosas, asunto que abordaremos
en la última parte de este trabajo.

Lo importante es notar que de 1524, fecha en que se establecieron
los primeros religiosos en la Nueva España, a 1560, año en que llega a la ciudad de México la Cédula Real sobre la música en los monasterios, surgió alrededor de los frailes y monasterios un grupo
encargado de dar vida a las ceremonias en los pueblos indígenas.
Éste se hallaba formado por los religiosos (que eran al principio los
maestros, organizadores, directores), los indios ministriles y cantores, y, como veremos después, por el cabildo y las cofradías que
continuaron con esta tradición durante los tres siglos de colonia.

Con el fin de profundizar en el trabajo emprendido por los religiosos, analizaremos a continuación los dos grandes proyectos educativos de los franciscanos: San José de los Naturales y el Imperial
Colegio de Indios de Santiago Tlatelolco.

SAN JOSÉ DE LOS NATURALES

En San José de los Naturales podemos ver con claridad los métodos
de trabajo de los franciscanos y los resultados de su esfuerzo. En el
palacio que fuera de Netzahualpilli, rey de Texcoco, fundó su escuela, en 1523-1524, fray Pedro de Gante. Tres años después la
trasladó al convento de San Francisco de México, en donde fue conocida con el nombre de la capilla que allí tenían los indígenas: San
José de los Naturales. Sobre ella Torquemada escribió lo siguiente:

---

[67] Llaguno, José, *La personalidad jurídica del indio y el Tercer Concilio Provincial Mexicano. 1585*, México, Porrúa, 1963. Decretos del Tercer Concilio.

El primero y único seminario que hubo en la Nueva España para todo género de oficios y ejercicios, no sólo de los que pertenecen al servicio de la iglesia, más también de los que sirven para el uso de personas seglares, fué la capilla que llaman de San Joseph, contigua a la Iglesia y monasterio de San Francisco de esta ciudad de México, donde residió muchos años, teniéndole a su cargo el muy siervo de Dios y famoso lego Fray Pedro de Gante, primero y principal maestro e industrioso adiestrador de los indios. El cual no contentándose con tener grande escuela de niños que se enseñaban en la Doctrina Cristiana y a leer y escribir y cantar, procuró que los mozos grandecillos se aplicasen a aprender los oficios y artes de españoles que sus padres y abuelos no supieron y se perfeccionasen en los que antes usaban. Para ésto tuvo en el término de la capilla, algunos aposentos y piezas dedicadas para tal efecto, donde los tenían recogidos y los hacían ejercitar primeramente en los oficios comunes como de sastre, zapateros, carpinteros, herreros, pintores y otros. Y yo vi —termina Torquemada [1600]— en la dicha capilla, la fragua donde trabajaban los herreros, y en otra sala grande algunas cajas donde estaban los vasos de los colores de los pintores; aunque ya no ha quedado rastro de nada [...].[68]

Con base en esta cita debemos aclarar lo siguiente: la escuela no pretendió ser seminario, es decir, en ella no se daba formación a futuros sacerdotes, porque no se iba a ordenar a los indígenas. Torquemada la llama seminario porque al principio los frailes planearon que todas las escuelas anexas a los monasterios fueran internados. Ya sabemos por qué se dejó de hacer. Lo que nunca se descuidó fue la preparación de jóvenes para dar servicio a la iglesia. A los de San José también se les enseñaron artes y oficios. Ésta es la razón de que el alumnado no fuera exclusivamente indio, sino también negro y mestizo.[69]

En una carta fechada en 1558, Gante describió a Felipe II el colegio y los resultados obtenidos con él:

En el patio de San Francisco tengo mi escuela la cual he conservado hasta ahora [...] y así por ser cosa tan notoria vino a verla el virrey, oidores y prelados. [En ella] enséñanse diversidades de libros y a cantar y tañer diversos géneros de músicas [...] della salen jueces de los pueblos, alcaldes, regidores y los que ayudan a los frailes y enseñan a otros la doctrina y predicación.[70]

Gante no se refiere a los artesanos, sino a los niños educados con mayor cuidado. No serían sacerdotes pero sí hombres útiles a la iglesia para dar realce a las ceremonias y ayudar a la vida de los monasterios.

[68] Torquemada, Juan de, *op. cit.*, Ed. Salvador Chávez Hayhoe, vol. III, p. 211. Mendieta, Gerónimo, *op. cit.* (obra escrita entre 1571 y 1596), vol. III, pp. 87-89.
[69] Kobayashi, *op. cit.*, p. 267, nota 732.
[70] García Icazbalceta, Joaquín, *Códice Franciscano*, en *op. cit.*, p. 207.

Por el duplicado de la carta anterior, que Gante envió poco después de la primera, tenemos más datos sobre la situación de los egresados de la escuela:

> Por la información del provecho que al servicio de dios y Vuestra Majestad resulta de esta Capilla, para los muchachos della se hizo una limosna la cual mandaron fuese de penas de cámara,* y éstas son tan pocas, que se ha pasado un año que no se les ha dado nada, y corre éste sin esperanza de lo haber. Que Vuestra Majestad mande que la limosna que se les dé sea de caja, para que estos pobres permanezcan aquí y tengan qué comer, porque son pobres y trabajan mucho en hacer los oficios divinos [cantar en ellos] y enterrar los muertos, y en cosas que son menester al servicio de Nuestro Señor, trayendo los niños a la escuela y enseñándoles para que sepan leer, escribir y cantar y la doctrina cristiana; y éstos son casados con mujeres e hijos, y si no se les hace esa merced, no se pueden sustentar ni vivir.[71]

Gante describió aquí la situación del grupo de indígenas que los religiosos habían educado y formado, y que decidieron dedicar su vida al servicio del monasterio: no tenían de qué mantenerse. Los frailes no pagaban sus servicios, el pueblo tampoco, y ellos buscaron medios de sustento en su comunidad, a veces forzándola para ello.

La vida de San José de los Naturales dependió básicamente de una sola persona: fray Pedro de Gante. Conforme envejeció y el siglo XVI fue avanzando, la importancia de la escuela y de la capilla de San José de los Naturales disminuyó. A pesar de que en ella se construyó en 1560 el famoso "Túmulo Imperial a las obsequias del Emperador Carlos V", [72] la capilla,

> a quien siempre fueron sujetos en lo espiritual de doctrina, predicación y administración de los sacramentos, todos los barrios de los indios de la Ciudad, entre 1571 y 1592 [fechas de obra de Mendieta],[73] perdió barrios como el de San Pablo que se encargó a los frailes de San Agustín, a título de hacer un colegio. Y algunos años después, el Virrey Villamarique dió otra cabecera o barrio de San Sebastián, a los padres del Carmen a contemplación de un confesor que era comisario de ellos.

Cuando San José dejó de ser el centro de la vida indígena de la ciudad, a principios del siglo XVII, los franciscanos construyeron una iglesia en la zona actual de Santa María la Redonda.

* Penas de cámara: dinero que se recolectaba de las multas.

[71] Op. cit., pp. 214-215.

[72] Cervantes de Salazar, México en 1554. Túmulo Imperial de la Gran Ciudad de México, Porrúa, México, 1978, pp. 172 passim.

[73] García Icazbalceta, Joaquín, "Carta de Religiosos del siglo XVI" en Nueva colección de documentos para la historia de México, vol. I, Ed. Salvador Chávez Hayhoe, México, 1941, p. 24.

Los franciscanos se han quedado —escribió Torquemada en 1606—, con uno sólo [barrio] que se llama de San Juan; de mucha copia de gente que todas esotras cabeceras o barrios juntos, y es donde reside de continuo el gobernador de los indios y reconocen los otros barrios.[74]

A San José se le descuidó de tal manera que por los años setenta la "capilla amenazaba ruina", y después de una reparación realizada de 1587 a 1591, a mediados del siguiente siglo se hallaba "nuevamente en estado ruinoso".[75]

EL IMPERIAL COLEGIO DE INDIOS DE SANTIAGO TLATELOLCO

Los indígenas se asentaron con sus repúblicas y gobiernos en San Juan Tenochtitlán con sus barrios (es decir, rodeando la ciudad por el oriente, el sur y el norte) y en Santiago Tlatelolco (al norte). Cada una de estas antiguas unidades vinieron a ser las "parcialidades" de indios de la ciudad de México que permanecieron hasta el siglo XIX.

Al otro barrio —cuenta Motolinía—[76] llaman Tlatelolco que quiere decir isleta, porque allí estaba un pedazo de tierra más alto y más seco que los otros. Todo este barrio está poblado de indios y son muchas las casas y muchos los moradores. En cada ciudad de estos barrios [Tlatelolco] hay una muy gran plaza donde se hace mercado e feria cada día y se ayuntan muy gran multitud de gente a comprar y vender [...]. [Aquí la principal iglesia es Santiago] ca es una de tres naves, y la misma que se dice a los indios cada día se hinche de gente, y por la mañana que abren la puerta ya los indios están esperando porque como no tiene mucho que ataviarse, ni afeitarse, en esclareciendo tiran para la iglesia. Aquí en Santiago está el Colegio de Indios y frailes menores con ellos enseñándoles cristiandad y ciencia.

El Imperial Colegio de Indios de la Santa Cruz de Santiago Tlatelolco, que funcionaba como cualquier colegio anexo al monasterio desde 1540 o antes,[77] se había fundado a raíz de una Real Cédula que en 1543 recibió don Antonio de Mendoza. Por su contenido sabemos que a través de fray Jacobo de Testera, comisario general de la orden de los franciscanos, los indios habían enviado al rey una petición:

---

[74] Mendieta, Gerónimo, *op. cit.*, pp. 87 y 88, vol. III.
[75] Torquemada, Juan de, *op. cit.*, Salvador Chávez Hayhoe, vol. III, p. 228.
[76] Motolinía, Toribio, *Memoriales*, p. 205.
[77] Cuevas, Mariano, *Documentos inéditos del siglo XVI*, p. 107. Carta de Zumárraga al Emperador.

[...] viendo la necesidad que tenían de aposentos los dos religiosos [para administrar los sacramentos y leer a los que estudiaban] y ofrecían a hacer una casa cerca de la dicha iglesia.[78]

El virrey se entusiasmó con la idea de la fundación del colegio, pues había podido:

apreciar por virtud de la observación directa, el gran aprovechamiento que tenían los indios en la clase de gramática, que les [leía] en la Escuela de San José de los Naturales [...] Fray Arnaldo de Bascacio.[79]

Así mandó que fabricaran a su costa, en el patio de Tlatelolco, "a la parte del medio día", salas altas y bajas con un claustro pequeño, y les dio ciertas estancias y hacienda "para que con la renta de ellas se sustentasen los colegiales indios que se habían de enseñar".[80]

El día que se inauguró este edificio, con la asistencia del virrey y del primer obispo Zumárraga, se celebró en el convento de san Francisco "una ceremonia solemnísima de misa y sermón", precedida por un banquete en el refectorio de los frailes. Los niños que habían de ingresar a la escuela ya estaban listos y tomaron parte en la procesión, además de 400 parvulillos que marcharon cantando y rezando, cubiertos con opas, capas y tocados con bonetes.[81]

Los alumnos del colegio eran hijos de caciques y nobles seleccionados por los religiosos en los pueblos donde servían, de entre quienes les parecían más hábiles.[82] Los 100 mayores entre 10 y 12 años estudiarían gramática y latín. Los 400 parvulillos, rezos, lecturas, escritura y música.

La vida en el colegio no difería mucho de la de un monasterio. Aunque no existía "constitución alguna escrita" para él, "todo se regía por lo que observaban entre sí los frailes catedráticos": rezaban en las tardes los maitines de Nuestra Señora y las demás horas a su tiempo; concurrían todas las mañanas a misa, vistiendo la comunidad de estudiantes sus opas; después se iban a sus lecciones. Dormían sobre tarimas con esteras y frazadas, y poseían una caja donde guardaban ropas y libros. Los dormitorios permanecían iluminados toda la noche y la vigilancia la hacían algunos indios

---

[78] Ocaranza, Fernando, *El Imperial Colegio de Indios de la Santa Cruz de Santiago Tlatelolco*, ed. del autor Francisco Ocaranza, México, 1934, p. 32.

[79] *Ibid.*, Información que también aparece en Mendieta, Gerónimo, *op. cit.*, vol. III, p. 66, y en Sahagún, Bernardino, *Historia general de las cosas de la Nueva España*, vol. III, p. 165.

[80] Mendieta, Gerónimo, *op. cit.*, vol. III, p. 66.

[81] Ocaranza, Fernando, *op. cit.*, p. 23.

[82] Torquemada, Juan de, *op. cit.*, Salvador Chávez Hayhoe, vol. III, p. 113.

viejos. Cuando había fiesta, los alumnos cantaban el *Te Deum laudamus* y se hallaban en la misa mayor.[83]

Los religiosos trabajaron con los indígenas durante dos o tres años. Luego los alumnos vinieron a entender todas las materias del arte de la gramática, hablar latín y aun a hacer versos heroicos.[84]

El colegio tenía una imprenta en la que, según consta, se imprimieron muchos papeles y libros; "en ella trabajaban los indios". También había una biblioteca. Los alumnos ayudaron a escribir diccionarios de lengua mexicana, hicieron traducciones del latín al romance y de éste al mexicano. También se sabe que recopilaron mucha información para fray Bernardino de Sahagún y que le ayudaron a escribir su *Historia General*.

Aunque la música no recibió un trato especial en el Imperial Colegio, fuera de los cantos que se entonaban en oraciones y celebraciones eucarísticas, gracias a las traducciones que se hicieron de autos sacramentales españoles a lengua mexicana,[85] en los que se cantaban tonadillas de la época, los indígenas se fueron acostumbrando a la música popular española. Así, el trabajo realizado por los frailes y sus alumnos ayudó a que se difundieran las formas populares de la cultura española y que éstas influyeran en las costumbres indígenas. Este fenómeno, más el desarrollo de medios de expresión de los mestizos y criollos, son el origen remoto de las formas musicales mexicanas.[86]

A mediados del siglo XVI los religiosos ya habían formado alumnos aventajados como don Antonio Valeriano, indio de Atzcapotzalco que gobernó por muchos años a los indios de México "con gran prudencia, lealtad y rectitud". Fue uno de los mejores latinistas y retóricos que hubo en la capital de la Nueva España: "Hablaba la lengua latina con tal propiedad y elegancia que parecía un Cicerón o Quintilliano", y sirvió de maestro en su mismo colegio.[87]

Otros egresados también sirvieron para enseñar a religiosos que se hallaban enteramente empleados en el cuidado espiritual de los indios:[88]

Salieron tan buenos latinos —informaron los franciscanos al rey— que han leído la Gramática muchos años; han enseñado su lengua a quienes

[83] Ocaranza, Fernando, *op. cit.*, p. 23.
[84] Sahagún, Bernardino, *op. cit.*, vol. III, p. 165.
[85] Ocaranza, Fernando, *op. cit.*, pp. 23 y 27.
[86] Castellanos, Pablo, *Curso de historia de la música*, mimeógrafo. Conservatorio Nacional de Música, p. 86. Cf. Saldívar, Gabriel, *op. cit.*, el capítulo sobre la música popular en Nueva España en el siglo XVIII.
[87] Ocaranza, Francisco, *op. cit.*, p. 28.
[88] García Icazbalceta, Joaquín, *Don Fray Juan de Zumárraga*, vol. I, p. 295.

la han aprendido, han traducido sus libros, servido de intérpretes en las audiencias, y se han desarrollado hábilmente como jueces y gobernadores de su república.[89]

Los egresados del Colegio de Tlatelolco sí desempeñaron puestos que correspondían a las órdenes menores de la Iglesia, y no sólo sirvieron a su comunidad, sino a los futuros sacerdotes españoles o criollos. También fueron maestros: impartían cátedra en el mismo colegio y a veces en otros conventos. Sabemos que Torquemada llamó a Antonio Valeriano "maestro mío".[90]

Estos resultados casi nos impiden creer que el colegio no haya sobrevivido:

Tras diez años de labor, y viendo los religiosos los resultados de su trabajo, dispusieron ceder el colegio íntegramente a los indígenas. Consideraron que ya les habían enseñado toda la disciplina y costumbres que en el colegio se habían de guardar, y ya que había entre ellos quien leyese y quienes al parecer fueron hábiles para regir al colegio, hiciéronles sus ordenaciones y eligiéronse rector y dejáronles que leyesen y se rigiesen a ellos solos por más de veinte años.[91]

Los indígenas no supieron manejar el colegio adecuadamente. Transcurridos los 20 años, los frailes volvieron a organizarlo, dándole nuevas ordenanzas pero sin gran éxito, porque para 1576 "casi no estaba nadie en el colegio, muertos y enfermos casi todos".[92] En realidad el colegio sobrevivió hasta la muerte de Sahagún, en 1590, en que se convirtió en un centro de doctrina. Pero efectivamente, desde antes se vio muy afectado por las siete pestes que azotaron la capital de la Nueva España.[93]

Sin embargo, el problema de la supervivencia de la escuela no giró alrededor de las epidemias, sino en torno de la verdadera finalidad del colegio. Los resultados que los religiosos habían obtenido en este proyecto, igual que en el de las escuelas anexas a los monasterios, no los satisfacían porque su meta era la creación de un clero indígena y al paso de los años se dieron cuenta que los indios eran inteligentes y entusiastas, pero por temperamento no se inclinaban hacia el celibato y la disciplina rígida.[94]

---

[89] *Ibid*. Códice Franciscano en *op. cit.*, p. 62.

[90] García Icazbalceta, Joaquín, *Don Fray Juan de Zumárraga*, vol. I, p. 299. También Kobayashi, *op. cit.*, pp. 250-253.

[91] Ocaranza, Francisco, *op. cit.*, p. 28.

[92] Sahagún, Bernardino, *Historia General de las Cosas de la Nueva España*, vol. III, p. 167.

[93] Segun estudios realizados por distintos investigadores, y que John Phelan cita en su libro (p. 131), la población indígena del centro y sur de México disminuyó de aproximadamente 6 300 000 habitantes en 1548 a 1 076 000 para 1605. Las más severas pérdidas fueron en 1576-1579 y 1595-1596, debido a epidemias.

[94] Phelan, John, *op. cit.*, p. 92.

En 1576, Sahagún se quejó de la afición de los naturales al alcohol:

Por este vicio son tenidos por indignos e inhábiles para el sacerdocio, y también porque la continencia o castidad que es necesaria a los sacerdotes, no son hábiles para guardarla en especial los borrachos.

Desde 1540, Zumárraga había señalado ese mismo hecho:

[...] los estudiantes indios, los mejores gramáticos, tienden más al matrimonio que a la continencia [tendient ad nunptias potius quan ad continentia].

Y aconsejaba emplear las derramas económicas del colegio en un hospital, ya que daría más fruto.[95]

Sobre la incapacidad de los indios para aspirar al sacerdocio, escribieron muchos españoles del siglo XVI.

Todas las críticas se construyeron alrededor de la racionalidad de los indios. Muchos aceptaron que eran nobles pero salvajes e inferiores, "como los niños a los adultos". La principal queja fue la siguiente: que les faltaba "policia y buenas costumbres" a la europea.

Por su parte, los dominicos opinaron que la incapacidad de los indios para enseñar la fe cristiana implicaba a fortiori su incapacidad para el sacerdocio.[96] ¡Ni siquiera conocían los resultados de la educación que los franciscanos sí habían obtenido!

Los franciscanos, que creían en la capacidad del indio y estaban a favor de su educación, también le quitaron su apoyo al colegio. Se consolaron pensando que los naturales no necesitaban el sacerdocio "ya que sus cualidades naturales les permitían llegar a una gran perfección".[97] Ademas, los tradicionales oponentes al colegio (algunos miembros de las órdenes mendicantes, la mayoría de los españoles y el clero secular) redoblaron sus ataques esgrimiendo que la generación de indios letrados e ilustres podía poner en peligro la temprana dominación,[98] y que sus conocimientos eran totalmente inútiles,[99] ya que fuera del colegio no tenían dónde aplicarlos.

La verdad es que el colegio fue mal aceptado desde 1539. Ese año, el cacique don Carlos de Texcoco, un indio que había estudiado en Tlatelolco, fue acusado de inducir a su pueblo para que abandonara la práctica cristiana y volviera a sus ritos paganos. El mismo Zumárraga se encargó de juzgarlo. Desde entonces, y durante los años en que el Imperial Colegio funcionó, sus oponentes se escudaron en

[95] Sahagún, Bernardino, op. cit., vol. III, pp. 15-19 y 60.
[96] Cuevas, Mariano, Documentos inéditos, p. 107.
[97] Ibid., p. 229.
[98] Phelan, John, op. cit., p. 90 passim.
[99] Ocaranza, Francisco, op. cit., p. 28.

este hecho y siguieron afirmando que enseñar latín a los indígenas "les abría el camino a la herejía".[100]

Los ataques contra el colegio redundaron en una falta de interés por solucionar sus problemas económicos, graves desde que en 1540 Zumárraga dejó de apoyarlo.[101] Por esta razón, los franciscanos habían tenido que conseguir fondos de la Corona y del virrey, que dejaron de recibir desde 1558. Así, el colegio dependió casi absolutamente de las limosnas de los indios,[102] y de las estancias y ganados que el virrey Mendoza había concedido a la escuela antes de partir a Perú. En la segunda mitad del siglo XVI, la falta de recursos del colegio se agravó por la mala administración de los mayordomos. Sus abusos fueron tan obvios que incluso algunos franciscanos los culparon del fin del colegio.[103]

La realidad es que todos los factores mencionados, pero especialmente la muerte de fray Bernardino de Sahagún, el reinado de Felipe II, y el triunfo del clero secular, provocaron el fin del gran entusiasmo de los primeros misioneros y la decadencia del imperial colegio.

Desde que murió el Emperador [Carlos V] —escribió Torquemada— ninguna cosa se le ha dado [al colegio], ni ningún favor se le ha mostrado; antes por el contrario, se hace sentir su disfavor […]. Y el beneficio que se les hacía a los indios es aplicarlo a españoles [¿Jesuítas?], porque parece que tienen por mal empleado todo el bien que se hace a los indios y por tiempo perdido el que se gasta con ellos. Y los que cada día los tratamos en la conciencia y fuera de ella, tenemos otra muy diferente opinión, y es que si Dios nos sufre a los españoles en esta tierra y la conserva en paz y en tranquilidad es por el ejercicio que hay de la doctrina y aprovechamiento espiritual de los indios; y que faltando ésto todo faltaría o se acabaría; por que fuera de esta negociación de las ánimas, todo lo demás es codicia pestilencial y miseria del mundo.[104]

Si la nueva generación de frailes hubiera tenido empeño y celo por educar a los indios, probablemente hubiera luchado por reedificar la escuela y solucionar sus problemas económicos. Pero no lo hizo porque, efectivamente, en la Nueva España del siglo XVI no tenían cabida los naturales latinistas. Como tampoco la habían tenido los sacerdotes indígenas.

---

[100] García Icazbalceta, Joaquín, op. cit., vol. I, p. 297.
[101] Mendieta, Gerónimo, op. cit., vol. III, pp. 66-67. Cf. también Ricard, Robert, op. cit., p. 225, y García Icazbalceta, Joaquín, op. cit., vol. I.
[102] Cuevas, Mariano, Historia de la Iglesia en México, vol. I, pp. 390-391.
[103] Mendieta, Gerónimo, op. cit., vol. III, p. 76.
[104] Ocaranza, Francisco, op. cit., p. 110, y pp. 102-103, en donde cita a Juan de Torquemada, vol. III, p. 113.

LA EVANGELIZACIÓN Y LA COMUNIDAD INDÍGENA

Los frailes trabajaron en la sociedad indígena a dos niveles: el primero, que hemos estudiado, separando a los niños y educándolos principalmente en las escuelas anexas al monasterio, en los atrios y en dos colegios: San José y Santiago Tlatelolco. El segundo: intentando la conversión de los adultos. Para lograrla apoyaron la organización de la encomienda, pues ésta facilitaba el trato con los indígenas que tenían la costumbre de vivir dispersos:

> Nos parece que todos los indígenas se deben repartir y encomendar por el bien de las ánimas. Porque las ciudades que quedasen sin repartimiento, nunca serán pobladas por cristianos […] Y […] no habiendo pueblo cristiano, no hay oficio divino, ni cantores, ni ceremonias en las iglesias, ni ven ni entienden lo que la Santa Iglesia representa por todo el año.[105]

La Corona envió a la Nueva España varias cédulas con el fin de definir cómo se iban a establecer los religiosos en las encomiendas: básicamente para adoctrinar y administrar los sacramentos. Por su parte, los encomenderos debían mantener a los religiosos; si no, tenían que invertir ese dinero en el edificio y los ornamentos de la iglesia del pueblo.[106]

El sustento de los curas de indios implicó un problema para el gobierno colonial, ya que los encomenderos evadían el pago de los frailes, que en realidad vivían de los indígenas. Esta costumbre hubiera funcionado, pero los naturales se negaban a dar ese trato a los clérigos, que tampoco recibían dinero de los encomenderos:

> Es muy justo que en el modo de pagarles [a los curas seculares] haya uniformidad —escribieron los obispos al rey—, porque a los religiosos lo dan y pagan los indios que doctrinan, de lo que a Vuestra Majestad o a su encomendero tributan, con cuya carta de recibo hacen pago. Y con los clérigos, no sólo no les pagan así, mas les es necesario acudir con certificado a Vuestra Real caja de esta ciudad, donde se detienen muchos días y hacen ausencias de sus beneficios y doctrinas, no con pocos dispendio de los naturales y consumen en la cobranza la tercia parte de sus salarios.[107]

[105] García Icazbalceta, Joaquín, *Colección de documentos para la Historia de México*, vols. I y II, Porrúa, México. Vol. I. Carta de fray Martín de Valencia al Emperador. Año de 1526.

[106] Encinas, Diego, *op. cit.*, vol. II, p. 219.

[107] Llaguno, José, *op. cit.*, p. 301. Carta al Rey del Concilio Provincial Mexicano; cf. también, García Icazbalceta, Joaquín, *Don Fray Juan de Zumárraga*, vols. I al IV, y García Pimentel, *Descripción del Arzobispado de México hecha en 1560*, José Joaquín Terrazas e Hijos editores, México, 1987.

La dificultad con que topaban los curas para asegurar su manutención los llevó a exigirla a los indígenas, cometiendo muchos excesos. Los capellanes y vicarios exigían servicio personal, comida y además bienes, sin dar paga alguna. El rechazo a sus peticiones era motivo de maltrato. Un ejemplo entre muchos:

> Don Martín Enríquez[...]. Hago saber a vos Juan de Vera, alcalde mayor de la provincia de Chiautla, que los naturales del pueblo de Coamustitlán me hicieron relación que habiéndoseles dado por mí un mandamiento sobre que no hilasen contra su voluntad a los clérigos del dicho partido algodón ni les diesen tamemes ni servicio personal, ha sucedido que Blandianes, clérigo beneficiado que se ha proveído en el dicho pueblo, les mandó hilar cierta cantidad y ellos escusándose que no lo podían hacer le mostraron el dicho mandamiento y el dicho clérigo lo rompió y aporreó sobre ellos.[108]

La desventajosa situación de los curas de indios frente a los frailes, se acentuó cuando la Corona decidió suplantar a los encomenderos por corregidores. "Los religiosos señalarían, corregidor, alguacil ó clérigo para ocupar el puesto."[109] Pero por falta de personas aptas, los mismos frailes fueron corregidores en los lugares donde había monasterio; donde no, señalaron al encargado.[110] Lógicamente, los encomenderos y demás españoles se indignaron por este hecho que aumentaba considerablemente el poder de los religiosos y su control sobre la población indígena. La primera Audiencia envió a España un delegado suplicando:

> no se dan indios personales a obispos o iglesias, porque teniéndolos, vendrían a ser los más poderosos contra la jurisdicción real como al presente sin tenerlos se muestran.[111]

Efectivamente, los religiosos nunca tuvieron tanto poder como en 1550, no solamente porque eran corregidores, sino porque todavía el virrey, la Corona y la Audiencia apoyaban su labor. Además, los frailes habían logrado que la mayoría de los indígenas se bautizara y acudiera ordenadamente a la iglesia. En la siguiente cita se distingue cómo los frailes aprovecharon costumbres indígenas para organizar el culto en la nueva iglesia:

---

[108] Zavala, Silvio y Castelo, María, *Fuentes para la historia del trabajo en Nueva España*, FCE, México, 1939, vols. I al IX. Archivo General de la Nación. General de Parte I (50 vols.), vol. I, pp. 21 y 22.
[109] García, Pimentel, *op. cit.*
[110] García Icazbalceta, Joaquín, *Don Fray Juan de Zumárraga*, vol. II, p. 285.
[111] *Ibid., op. cit.*, vol. I, p. 71.

El día anterior, ya fuera domingo u otro día importante, los centenarios y veintenarios daban vuelta cada cual por todo el barrio que tenían a su cargo, muñendo la gente y apercibiéndola que se acostase con tiempo, porque era día de madrugar e ir con alabanzas al templo y casas de Dios a pagarle el servicio que se debía. Después de maitines a las dos o tres de la mañana, tornaban estos mismos a dar vuelta por sus barrios, despertando a la gente y llamándola con grandes voces, que saliesen a juntarse en el lugar que para ello tenía diputado el barrio para ver y reconocer si estaban todos. Juntos en el lugar por lo menos a las cuatro tomando de allí el camino de la iglesia, puestos en orden a manera de procesión los hombres en una hilera y las mujeres en otra, guardándolos un indio que iba delante con un estandarte o banderas que cada barrio tenía en tafetán colorado con cierta insignia de algún santo, que tomaban por abogado en el dicho barrio; iban cantando a veces himnos de la fiesta o santo que se celebraba o de Nuestra Señora y a veces la doctrina cristiana, que todos la tenían puesta en canto y así llegaban a la iglesia.

Cuando llegaban al patio, hacían oración al Santísimo Sacramento arrodillados ante la puerta de la iglesia. Y aunque no hiciese mucho frío, hacían muchas hogueras para ser tan de mañana donde se calentaban los principales. La gente se iba asentando y allí los contaban por unas tablas donde los tenían escritos y los que faltaban íbanlos señalando para darles su penitencia que era media docena de azotes en la espalda. Contados todos, levantábanse de ahí e íbanse a asentar delante de la capilla donde se había de decir misa y se había de predicar, poniéndose los hombres todos a la parte del evangelio y las mujeres a la de la epístola. Y antes que se predicase el sermón poníanse dos niños o mozas o viejas en pie [según lo que cada ministro tenía ordenado en su distrito] de espaldas al altar y el rostro al pueblo y comenzaban a decir la doctrina cristiana en voz alta y respondíales el pueblo palabra por palabra [...] luego salía el predicador y puesto en el púlpito [...] les echaba las fiestas o ayunos que había entre semana y luego les predicaba una hora [...] y acabado el sermón comenzaba la misa y después de dicha, se iban todos a sus casas entre ocho y nueve.[112]

De nuevo, gracias a Motolinía sabemos que en las fiestas más importantes como Pascua o Semana Santa, los indígenas hacían celebraciones especiales en las que mezclaban sus costumbres:

Celebran las fiestas y Pascuas del Señor y de Nuestra Señora y de las advocaciones principales de sus pueblos con mucho regocijo y solemnidad. Adornan sus iglesias muy pulidamente con los paramentos que pueden haber y lo que les falta de tapicería suplen con muchos ramos, flores, espadañas, juncias que hechan por el suelo, yerbabuena que en esta tierra se ha multiplicado cosa increíble y por donde tiene que pasar la procesión hacen muchos arcos triunfales hechos de rosas con muchas la-

112 Torquemada, Juan, de, *op. cit.*, Salvador Chávez Hayhoe, vol. III, p. 28, quien lo toma de Mendieta, Gerónimo, *op. cit.*, vol. III, pp. 156 y 157.

bores y lazos de las mismas flores; y hacen muchas piñas de flores, cosa muy dever y por ésto hacen todos en esta tierra mucho por tener jardines con rosas y no las teniendo ha acontecido enviar por ellas diez o doce leguas a los pueblos de tierra caliente, que, casi siempre las hay y son de muy suave olor. Los indios señores principales, ataviados y vestidos de sus camisas blancas y mantas labradas con plumajes y con piñas de rosas en las manos, bailan y dicen cantares en su lengua de las fiestas que se celebran, que los frailes se los han traducido *y los maestros de sus cantares* los han puesto a su modo de manera de metro, que son graciosos y bien entonados; y éstos bailes y cantos comienzan a media noche en muchas partes y tienen muchas lumbres en sus patios, que en esta tierra los patios son muy grandes y muy gentiles, porque la gente es mucha y no caben en las iglesias y por eso tienen su capilla fuera en los patios porque todos oigan misa todos los domingos y fiestas y en la iglesia sirven parte entre semana; y después cantan mucha parte del día sin seles hacer mucho trabajo ni pesadumbre. Todo el camino que tiene que andar la procesión tienen enramado de una parte y de otra, aunque haya de ir un tiro o dos de ballesta y el suelo cubierto de espadaña y de juncia y de árboles y rosas e muchas maneras y a techos puestos sus altares muy bien aderezados.[113]

Hay que destacar que para estas festividades los religiosos habían traducido al náhuatl las letras de los salmos, oraciones y pasajes de la Biblia referentes a la fiesta que se celebraba, y los "maestros de sus cantares", compositores indígenas, muchos de los cuales estaban íntimamente ligados a la religión nahua y les ponían música. Probablemente estos cantares diferían de las melodías que los frailes y los niños educados en los monasterios acostumbraban dentro de la iglesia. Así convivieron por un tiempo los bailes tradicionales de los naturales, los cantares sobre temas bíblicos entonados con melodías indígenas y música europea con instrumentos europeos. Durán afirma que la actividad de los músicos aztecas no terminó con la conquista, porque en ellos descansó en gran medida la organización de los bailes y las fiestas cristianas.[114]

Gracias al trabajo de los frailes, el pequeño núcleo formado por los niños indígenas convertidos en cantores, acólitos y ayudantes, se fue ampliando. Al cabo de 40 años, la mayoría de la población acudía a su llamado. Participaba en las fiestas, llegaba a la iglesia cantando y frecuentaba los sacramentos.

Con entusiasmo los frailes sintieron que aquella comunidad modelo con que habían soñado era una realidad. Por ello lucharon contra todo aquello que implicaba una disminución de su poder o una intromisión en sus dominios. Por eso tampoco enseñaron a los indígenas

---

[113] Motolinía, Toribio, *Historia de los Indios de la Nueva España*, pp. 78 a 81, *op. cit.*
[114] Durán, Diego, *op. cit.*, vol. II, p. 218.

el castellano: para mantenerlos alejados del resto de los españoles y ser únicamente ellos los intérpretes.

Pero tal mundo utópico se fue desmoronando con la mezcla y el contacto entre los indígenas y españoles laicos. Y como a éstos no les importaba la evangelización, Zumárraga escribió:

> Acaece que los españoles convierten a los indios a ritos gentilicios o cultos de idolatría, por el interés que dellos esperan. Y es esta la cosa que nos desmaya a los religiosos que entienden en esta obra, viendo que lo que ellos por su parte trabajan, es deshecho por otra.[115]

La Corona envió entonces al virrey una cédula en la que se le sugirió prohibir a los españoles vivir entre los indios si no eran capaces de dar un buen ejemplo.

Uno de los principales males era el vagabundeo. En 1558 el rey envió una cédula para que proveyera "como los españoles, indígenas y mestizos vagabundos se junten y hagan pueblos"... y para educarlos se enviaran a frailes de san Francisco.[116]

El virrey intervino legalmente castigando al culpable que viviera y diera mal ejemplo, permitiendo que los indígenas arrestaran a los culpables y los entregaran a las autoridades españolas (la política de separación fue presionada por los caciques de México) y prohibiendo la residencia de españoles entre los naturales.[117]

Pero todo fue inútil. Entre 1585 y 1595 Mendieta escribió:

> Se hicieron desde principios de la Colonia, dos yerros bien dañosos para la cristiandad: el uno fué no juntar generalmente a todos los indios en pueblos formados, ciudades, villas, y aldeas puestos por su traza de calles y solares [...]. El segundo fue no hacer luego pueblos formados de españoles, donde vivieran por sí. El mayor mal que se puede pegar a los indios en ruines y depravadas costumbres, antes sera de gente soez y baja que de gente noble y bien morigerada, y como los españoles, además de ser muchos los que se meten entre los indios, faltos de cristiandad y aplicación moral, juntamente con ésto siempre tienen en su compañía negros, mulatos y mestizos de diversos géneros y mixtura, no es menos sino que de su cotidiana comunicación y trato se les pegue a los indios la principal seña de vicios, así en palabras como en obras, en atrevimiento y desvergüenzas, en malicias y ruindades.[118]

Lentamente los indígenas perdieron el entusiasmo. Estaban satisfechos con el lucimiento de las fiestas y las músicas; sin embargo, a

---

[115] García Icazbalceta, Joaquín, *op. cit.*, vol. IV, pp. 137 y 138. Institución para los procuradores ante el concilio universal.

[116] Gibson, Charles, *op. cit.*, p. 147.

[117] Encinas, Diego de, *op. cit.*, vol. IV, p. 340. Cédula al virrey de la Nueva España, 1581. (Cf. cédulas de 1578 y 1563.)

[118] Mendieta, Gerónimo, *op. cit.*, vol. III, p. 154.

partir de 1560-1570, si los frailes querían que los indígenas se reunie-
ran, tenían que recurrir a la autoridad del virrey, debido a que los
encargados indígenas ya no querían hacerlo:

> Los que recogen a la gente para la doctrina disimulan con quien se lo
> paga y los convida, por que hay mas tibiesa que solía para acudir a ellos;
> además —se queja Mendieta—, muchos de los indios se hacen haraga-
> nes que no pueden aprovecharse de ellos su República, dando en jugar y
> guitarrear, que éste es un artículo de la doctrina que en la escuela de los
> españoles han aprendido. ¿Quién nunca imaginara que no sólo los in-
> dios, sino también las indias mujeres habían de jugar a los naipes y saber
> tañer guitarras? Del juego pocas serán, pero de hacer y tañer guitarras
> en pueblos grandes, entiendo, son más de las que serían menester.[119]

Aunque los religiosos dejaron de obtener de los indígenas la misma respuesta entusiasta para aprender la doctrina, no por ello
dejaron de influir en la comunidad. Continuaron organizando sus
fiestas y representaciones, vehículo de contacto entre ambas culturas. Además siguieron educando a los niños, lo que permitió la
supervivencia del grupo central de contacto entre frailes y naturales, del cual emanaba la influencia sobre la población.

Al paso de los años, las etapas de la evangelización y sus resultados convergieron: los niños en los atrios, los egresados ayudando en
el monasterio, en el lucimiento de las fiestas o en la catequización;
otros jóvenes educados por los religiosos se convirtieron en principales o en autoridades del cabildo: otros u otras en mayordomos de
las cofradías; y en el centro de todas las actividades siguió estando
el monasterio.

[119] *Ibid.*, vol. III, p. 161.

II. LA COMUNIDAD INDÍGENA Y LA MÚSICA

A TRAVÉS de las escuelas anexas a los monasterios (el Imperial Colegio de Indios de Santiago Tlatelolco y San José de los Naturales), los religiosos intentaron formar un grupo selecto de jóvenes indígenas que estarían a la cabeza de la comunidad modelo que soñaban, pero la naturaleza de los indígenas y las condiciones de la vida colonial impidieron la ordenación de los naturales y, por lo tanto, la realización de este proyecto.

Sin embargo, el efecto de la Iglesia colonial sobre la comunidad indígena no disminuyó. Por ello, ahora concentraremos nuestra atención en los indígenas educados por los religiosos, sobre todo en los educados musicalmente. Veremos que unos integraron la estructura del trabajo colonial delimitado por los gremios, que otros decidieron unir sus destinos a los de los frailes y permanecer trabajando en los monasterios. Estudiaremos a los sacristanes y a los cantores; la relación que hubo entre las autoridades del cabildo indígena y la política educativa de los religiosos; y, por último, el efecto global de la evangelización sobre la comunidad indígena, analizando las cofradías y las fiestas cristianas que se organizaban de acuerdo con el calendario litúrgico.

LOS MÚSICOS INDÍGENAS Y LOS GREMIOS

En las escuelas anexas a los monasterios, los naturales aprendieron música y se convirtieron en "músicos de canto llano y de canto de órgano"; pero, como ya dijimos, sólo bajo la vigilancia de ministriles venidos de España llegaron a tocar y a construir los instrumentos conocidos en Europa.[1]

Los primeros instrumentos de música que hicieron y usaron los indígenas —dice Mendieta—[2] fueron flautas, luego chirimías,[3] después orlos y tras ellos vihuelas de arco [...] cornetas y bajones.

[1] Stevenson, Robert, *Music in Aztec and Inca Territory*, University of California Press, Berkeley, Los Angeles, p. 56. Cita a Foster, quien a su vez cita a fray Martín de Valencia, *Historia de los Indios*.

[2] Mendieta, Gerónimo, *op. cit.*, vol. III, p. 64.

[3] El conjunto de chirimías, tocado por indígenas, dio servicio a la catedral de México. (Jesús Estrada.)

A los religiosos les interesó especialmente que los indígenas aprendieran a tocar la flauta, porque con ésta se acompañaba el canto. Se usaban "para oficiar y tocar en armonía":

En lugar de órgano —dice Motolinía—,[4] tienen música de flautas concertadas, que parecen propiamente órganos de palo porque son muchas flautas.

De los instrumentos utilizados por la Iglesia europea de entonces, el órgano de aire fue el único que los indígenas no construyeron:

Construyen todos los instrumentos y labran lo que es menester para ellos, y los mismos indios los tañen en nuestros conventos —dice Motolinía—, pero [por no tener caudal] no toman el cargo de hacer órganos sino los maestros españoles. Pero son ellos [los naturales] los que labran todo lo que es menester.[5]

Y por esto, la decisión (tomada desde el primer concilio provincial mexicano en 1535) de suplantar el gran número de instrumentos que los naturales usaban en las ceremonias por el órgano, nunca se llevó a cabo.

Los indígenas no sólo construían los instrumentos: los embellecían. Varios cronistas de la época subrayaron la capacidad manual de los naturales, quienes "con sólo estar mirando a los españoles, sin poner la mano en ello", quedaban maestros.[6]

Cuando vieron las flautas, chirimías, las sacabuches, sin que maestro ninguno se los enseñase perfectamente los hicieron y otros instrumentos musicales: un sacabuche hacen de un candelero [...].[7]

Frente a otros conocimientos que los indígenas aprendieron de los religiosos y que no incorporaron a su vida diaria (el latín o el canto de los maitines por ejemplo), la producción de instrumentos mantuvo su importancia durante toda la colonia. Mendieta escribió en 1596:

Una cosa puedo afirmar con verdad, que en todos los reinos de la cristiandad [fuera de las Indias], no hay tanta copia de flautas, chirimías,

---

[4] Motolinía, Toribio, *op. cit.*, p. 243.

[5] Torquemada, Juan de, *op. cit.*, Salvador Chávez Hayhoe, vol. III, p. 64. Aunque al paso de los años la chirimía se convirtió en un instrumento indígena muy común (incluso en 1573 los maestros del Colegio de Infantes del Coro de la Catedral de México enseñaban solamente este instrumento a los naturales), no fue de la preferencia de los primeros franciscanos: "También han hecho Chirimías —dice Motolinía— aunque no les saben dar el tono que han de tener". Motolinía, Toribio, *op. cit.*, p. 241.

[6] Las Casas, Bartolomé de las, *op. cit.*, p. 327.

[7] Motolinía, Toribio, *Historia de los Indios de la Nueva España*, p. 91.

sacabuches, orlos, trompetas y atabales [...]. Los demás instrumentos que sirven para solaz y regocijo de las personas seglares [...] los indios los hacen todos y los tañen: rabeles, guitarras, cítaras, vihuelas, arpas y monocordios.[8]

¿Qué lugar ocuparon los artesanos indígenas fabricantes de instrumentos en la organización del trabajo colonial?

Sabemos que en la Nueva España se introdujo a partir del siglo XVI la organización gremial establecida en Europa desde la Edad Media.

Esta organización estaba supeditada a ordenanzas en las que se detallaba desde la vida de los oficiales, maestros y aprendices, hasta la fabricación de las obras. También funcionaba una jerarquía de trabajadores que iba de los aprendices a los veedores, a pesar de que los primeros maestros españoles se negaron a aceptar a los naturales como miembros de la organización gremial y sólo los emplearon como esclavos por temor a su habilidad y a la futura competencia:[9]

Años más tarde, estuvieron ayudados por los indios en sus talleres u obradores, ya que no se bastaban a sí mismos en el ejercicio de su industria o arte para satisfacer la demanda siempre creciente "de bienes".[10]

La prohibición de la esclavitud y el apoyo del virrey Antonio de Mendoza facilitaron el ingreso formal de los indígenas a la oficialía:

Yo he procurado —escribió el virrey Mendoza a su sucesor—, que haya oficiales, e asi viene de haber gran cantidad dellos [...]. Y siempre he proveído que particularmente examinen los indios y españoles en aquellas cosas que saben bien, e de aquellas les den título e permitan que tengan tiendas porque haya más oficiales y no haya tanta carestía.[11]

---

[8] Mendieta, Gerónimo, *op. cit.*, vol. III, p. 64.

[9] Del Paso y Troncoso, Francisco, *Epistolario de la Nueva España*, Porrúa, México, 1939, vols. I al XVI, pp. 35 a 44 del vol. II. Carta al Emperador de la Audiencia de México, 30 de marzo de 1531: "La gente [en la Ciudad de México] y en sus comarcas, no entienden en otra cosa sino en andar ociosos de donde suceden sus borracheras y de ahí insultos y crímenes que no se pueden decir... e uno de los principales intentos que tenemos [...] es enseñarles a vivir políticamente y como sean aprovechados de sus trabajos, y para esto conviene que sean discípulos primero e aún ya nos hemos puesto en pedir a los señores indios de esta Ciudad que nos den mancebos hábiles para los poner con oficiales castellanos que hay aquí de todos los oficios por apenticis, como se hace en esos rumbos, dándoles a entender ganarán como los cristianos. Pero no hemos hallado hasta agora oficiales que quieren recibir, porque deben de entender que si ellos los tienen en su compañia con facilidad serán maestros y asi por su interes como porque ya hayan de tener indios, querenlos tener de aquellos que habieran por esclavos e de aquellos hay cantidad con los dichos oficiales porque se han de servir dellos perpetuamente. De que estemos mas descargados de negocios meteremos la mano por los dichos oficiales para que reciban los dichos indios para el dicho efecto".

[10] Carrera Stampa, Manuel, *Los gremios mexicanos*, Ediapsa, México, 1954, p. 253.

[11] *Ibid.*, pp. 235 y 236. Cita la Instrucción de Mendoza a su sucesor. Vol. I, p. 35.

El número de indígenas dentro de los talleres llegó a ser tan importante que se acostumbró dedicarles un capítulo de las ordenanzas:

Que ningún indio pueda vender piezas de pintura ni de bulto sino fuere examinado sabiendo el oficio con perfección.[12] Que los indios puedan ser oficiales y maestros [del gremio de herradores y albeytores].[13] Que no se admita de aprendiz [al gremio de algodoneros] negro ni mulato, sino que ha de ser español o indio mestizo o castizo.[14]

Obviamente, los gremios aplicaron distintos criterios a los trabajadores indígenas. Las ordenanzas de aprenzadores (estampado de tela), por ejemplo, prohibían examinar a indios, mestizos, negros o mulatos.[15]

La diferencia de criterio dependió de las circunstancias comerciales de cada gremio. Por ejemplo: todos los oficios relacionados con las telas que no fueran de algodón estuvieron sujetos a limitaciones, porque la corona favoreció el monopolio de su comercio y permitió el control sobre su venta al mayoreo y su transporte en gran escala. En realidad los indígenas fueron mayoría en las organizaciones que se dedicaban a producir bienes más sencillos y de consumo popular.

A pesar del trabajo que los indígenas desarrollaban con los maestros, los españoles les siguieron exigiendo servicios a través del repartimiento:

[En 1566] indios naturales oficiales de la parte de Santiago Tlatelolco [...]: carpinteros, albañiles, encaladores, canteros, sastres, candeleros y otros, se quejaron de los comerciantes indígenas, quienes debían acudir una semana por cada tres que ellos cumplían en el repartimiento.[16]

Además era muy usual que se solicitaran indígenas oficiales para una obra y se emplearan en otra "haciéndoles mal trato" y sin pa-

---

[12] Ordenanzas de doradores y pintores. La necesidad de examen para vender piezas de pintura se refería especialmente a las imágenes de los santos: "Que ningún indio pueda hacer pintura ni imagen alguna de santos sin haber "aprendido el oficio" y "como no hagan pintura ni bultos de santos, se les permite que pinten en tablas flores, frutas, animales, pájaros y romanos [...] y otras qualquiera cosa para evitar la irreverencia que causan las malas pinturas de los santos". Estrada, Genaro, *Ordenanzas de gremios de la Nueva España*, Secretaría de Industria, Comercio y Trabajo, México, 1921, pp. 21 y 85-86.

[13] Carrera Stampa, Manuel, *op. cit.*, Ordenanzas de Herradores y Albeytores, 1709.

[14] Estrada, Genaro, *op. cit.*, pp. 177, 75 y 76.

[15] Zavala, Silvio y Castelo, María, *Fuentes para la historia del trabajo en Nueva España*, vol. I, pp. 66-67. Indígenas oficiales de laborar e hilar seda en mazo se quejan de que algunas personas, por su particular interés, les impiden el uso de dicho oficio".

[16] *Ibid.*, vol. I, pp. 94-95.

garles su jornal.[17] O que los forzaran a realizar un trabajo que ellos no querían hacer.[18]

Por eso, aunque los indígenas ingresaron a los gremios y llegaron a ser maestros,[19] muchos de ellos vendían clandestinamente su producto porque así evadían el pago del tributo y el repartimiento. Otros simplemente formaron una organización independiente de los gremios coloniales, la cual no pudo ser controlada por el gobierno español:

> Tienen sus jefes que llaman veedores, y en sus respectivas oficinas u obradores algún número de operarios, y no obstante hay muchos de ellos que trabajan en sus casas o chozas situadas en los arrabales y escondrijos. Y vienen o envían a sus mujeres, y venden sus obras, y a estos los llaman rinconeros desconocidos aún de los veedores [de los gremios]. Otros oficios —escribieron los oficiales de la Real Hacienda—, no están formados en cuerpos y de ellos unos se ejercen congregándose algún número de trabajadores en cierto lugar [como los albañiles], y otros se ejercitan con absoluta independencia como son los aguadores, cargadores, vendimieros baratilleros y sirvientes.[20]

Dos hechos nos hacen pensar que los artesanos indígenas constructores de instrumentos pertenecían a este grupo de trabajadores independientes: por un lado, las características del gremio de violeros, y, por otro, la situación de los mismos músicos españoles.

Las ordenanzas del gremio de carpinteros, entalladores, ensambladores y violeros, fueron expedidas por el cabildo de México el 30 de agosto de 1568 y confirmadas por el virrey el 26 de octubre del mismo año. Sobre los violeros dicen lo siguiente:

> Que el oficial Violero se examine y sepa hacer un claviorgano y clavicinvalo, un monocordio, un laud, una bigüela de arco, una arpa, una bigüela grande de piezas y otras bigüelas menores y sino supiere se examine de lo que supiere. Y sólo eso use y el examen se haga con un oficial de oficio, el alcalde y veedores de Carpintero: pena al oficial llamado sino viniere de diez pesos. Que el oficial que no fuere examinado no tenga tienda so la dicha pena; y también se ha de examinar de una bigüela con labor de talla de incomes, y esta se vea hacer, y el que no supere algo de ésto, no sea examinado ni pueda poner tienda.[21]

[17] Ibid., vol. II, pp. 13 y 113; vol. II, p. 305; vol. IV, p. 477; vol. IV, pp. 414-415; vol. III, p. 78.

[18] Ibid., vol. II, pp. 305 y 310.

[19] Carrera Stampa, Manuel, op. cit., p. 225.

[20] Ibid., p. 217, cita a Fonseca y a Urrutia, Historia General de la Real Hacienda, vol. I, p. 448, que cita el ramo de Artesanos y Gremios del AGN. v. 382, leg. 3, exp. 31, fs. 64-65; y v. 383, leg. 3, exp. 32.

[21] Cf. Estrada, Genaro, op. cit. Las Ordenanzas del Gremio Carpinteros, Entalladores, Ensambladores y Violeros.

Éste es el único caso que encontramos en las ordenanzas,[22] en que no se exige a los oficiales un conocimiento profundo y total del trabajo que deben realizar; incluso se les permite examinarse "de lo que supiesen". Tampoco se especifica nada sobre los indios artesanos, a pesar de que el número de naturales dedicado a fabricar instrumentos era elevado.

Una idea de la poca importancia de este gremio nos la sugiere el que sus miembros sólo construían ciertos instrumentos que de ninguna manera satisfacían las necesidades musicales de la Nueva España. Recordemos que los constructores españoles de toda clase de instrumentos eran los "ministriles", que enseñaron a los indígenas a tocar:

Y llegaron tantos —dice Motolinía—, que les pedimos separarse entre los distintos pueblos de indios, en donde podrían recibir un pago por sus lecciones en vez de convertirse en carga para una comunidad.[23]

Estos ministriles no ingresaron a los gremios; trabajaban independientemente enseñando y vendiendo flautas, chirimías, etc. Sólo esta situación, y el que los músicos indígenas aprendieran a construir instrumentos, nos explica la variada y enorme producción de "músicas" en los pueblos donde habitaban los naturales.

Es claro que no todos los tañedores que llegaron a la Nueva España trabajaron entre los naturales. Sabemos que con Cortés,[24] y luego con Narváez, llegaron muchos músicos que se establecieron en la ciudad de México, como "Benito Bejel, que estableció una escuela de danzar", y "Ortiz, que tenía una escuela de danzas, en que además se daban lecciones de vihuelas".[25]

Por las actas del cabildo del 8 de febrero de 1527, sabemos que las tiendas de los tañedores estaban en tres medios solares hacia la plazoleta nueva, antigua calle del Empedradillo, hoy Guatemala. Estas tiendas eran establecimientos independientes, no controlados por los gremios sino por los reglamentos de la ciudad.

El hecho de que los músicos, tanto españoles como indígenas, fueran a su vez fabricantes de instrumentos, les permitió una libertad que los demás oficios no tuvieron. Como no se les consideró agremiados, se pudieron mover libremente, y esto nos explica el hecho de que la primera huelga de que se tiene conocimiento en la Nueva España fuera la de unos músicos. Como no recibieron paga por un

[22] Cf. Estrada, Genaro, *op. cit.*
[23] Stevenson, Robert, *op. cit.*, p. 56, cita a Motolinía.
[24] Díaz del Castillo, Bernal, *op. cit.*, p. 547.
[25] Orta Velázquez, Guillermo, *Breve historia de la música en México*, Manuel Porrúa, México, 1970, p. 164.

servicio anterior, se negaron a tocar en la procesión que se organizó para celebrar la llegada de la Inquisición a la Nueva España.[26]

La riqueza musical de las fiestas que organizaban los naturales, aún después de la decadencia de las órdenes, y el hecho de que esta práctica no pudiera limitarse, se explica en gran medida por la independencia que adquirieron los músicos indígenas. Gracias a que se podían contratar libremente y a que fabricaban sus propios instrumentos, se convirtieron en maestros y enseñaron a otros jóvenes el arte de la ejecución y la fabricación. Así, al igual que las cofradías y los danzantes, los grupos de músicos indígenas se continuaron organizando a lo largo de los tres siglos de colonia. Su medio de subsistencia estuvo asegurado por las fiestas religiosas, las procesiones, las conmemoraciones civiles y los festejos particulares de cada comunidad. En gran medida se debe a ellos la conservación de la tradición musical en los pueblos de indios.

EL TRABAJO INDÍGENA EN LOS MONASTERIOS

En el apartado dedicado a las escuelas anexas a los monasterios vimos cómo los frailes intervinieron para que fueran los hijos de los principales quienes recibieran la educación más esmerada, y cómo a los hijos de gente común solamente se les catequizaba en los atrios.

De entre estos últimos, los religiosos obtuvieron su personal de servicio: jardineros, cocineros, cargadores, etcétera.

> Hay otros muchos de los hijos de gente común y baja, que los enseñan en los patios, porque los tienen puestos en costumbre de luego de mañana cada día oir misa y luego enseñarles un rato; y con éstos vanse a servir y ayudar a sus padres y de éstos salen muchos que sirven en las iglesias.[27]

Ahora bien, dentro de la jerarquía de la Iglesia se reconocen, desde la Edad Media, dos tipos de órdenes: las mayores (el diaconado y el subdiaconado), que solamente se otorgan a los sacerdotes, y las cuatro órdenes menores que no requieren votos de castidad ni ceremonia alguna para obtenerse y pueden ser impartidas a cualquier persona. Tal es el caso de los acólitos, exorcistas, lectores y porteros.[28]

Durante el concilio de Trento se notificó la existencia de los dos tipos de órdenes y se especificaron las obligaciones de las menores.

[26] Moreno, Salvador, "Huelga de Trompetas", en *Diálogos*, no. 48, pp. 9 y 10, El Colegio de México, México, 1972.

[27] Motolinía, Toribio, *Historia de los Indios de la Nueva España*, p. 155.

[28] *Cf. The Catholic Enciclopedia*, Ro. Appleton & Co., N. Y., vols. I al XVI.

Los acólitos se encargarían de prender las velas y preparar el vino y agua, y asistir al sacerdote durante la misa. Los exorcistas se encargarían de ahuyentar a los demonios por medio de oraciones y lecturas sagradas. Los lectores harían las lecturas en la iglesia y el monasterio, y, por último, los porteros cuidarían la entrada al templo cuando no hubiera ceremonias.

La Iglesia colonial se negó a ordenar sacerdotes indígenas, y tampoco aceptó que se les impartieran las órdenes menores. Sin embargo, hubo naturales que desempeñaron estos cargos. Los porteros estaban "encargados de guardar los ornamentos y cosas del culto divino y eran también depositarios de las llaves" del templo.[29] Los acólitos "servían en los altares".[30] Por obvias razones no había indígenas que se dedicaran al exorcismo; pero en cuanto a los lectores, sabemos que éste fue el trabajo que desempeñaron los alumnos del colegio de Tlatelolco.

El reducido número de miembros de las órdenes llevó a los frailes a delegar también parte de sus obligaciones de catequización, y los enterramientos estuvieron a cargo de los sacristanes y los cantores.

En realidad, en los pueblos de visita se dejaba la vida religiosa en manos de indígenas. La siguiente cita subraya este hecho:

> Se pide al Concilio [III] que los curas dejen de encargar a *sacristanes* u otras personas, algunas cosas que ellos no se dignan hacer o por falta de interés o por falta de aprecio a los indios. [Se insiste en la importancia de que el cura personalmente examine a indios, mulatos y negros adultos para ver si saben las oraciones] [...] lo cual dejan con frecuencia en manos de los sacristanes.[31]
>
> Para poner fin a un abuso que en estas tierras se ha introducido, de no hallarse los curas de los indios a los enterramientos dellos, dejando hacer este oficio a los *tepantlecas* o *cantores*; este Santo Concilio ordena y manda, que todos los curas seculares y regulares vayan por sus personas y hagan el oficio de los difuntos cuando se enterrase algún indio, saliendo con sobrepelliz y cruz a recibir al difunto.[32]

Entre la primera nota que presentamos arriba (fragmento de un memorial enviado al tercer concilio provincial mexicano) y la segunda, que es la resolución que éste dio al problema, hay que destacar que los indígenas encargados de suplir a los religiosos, primero fueron los sacristanes y luego los cantores. Esta distinción es importante porque refleja un hecho real: conforme el tiempo fue pasando,

---

[29] García Icazbalceta, Joaquín, "Cartas de religiosos del siglo XVI", en *Nueva colección de documentos para la historia de México,* vol. I, p. 67.

[30] García Icazbalceta, Joaquín, *Don Fray Juan de Zumárraga,* vol. III, p. 152.

[31] Llaguno, José, *op. cit.,* Memorial sobre los Curas de Indios de Joan Urbina de Zárate.

[32] Llaguno, José, *op. cit.,* p. 278.

los religiosos se fueron dando cuenta que su sueño de formar una iglesia ideal con sacerdotes autóctonos, no era viable. Esto redundó en su falta de interés por continuar impartiendo una educación esmerada. Ya vimos cómo se descuidó a Santiago Tlatelolco y a San José de los Naturales. En los pueblos, los frailes dejaron de formar a indígenas que, como los sacristanes, podían convertirse en sacerdotes. Así, sobre todo a partir de la segunda mitad del siglo XVI, los cantores, cuya ocupación no se consideraba orden menor sino oficio, fueron desempeñando labores que antes correspondían a otros indígenas, como la catequización y los enterramientos. Los cantores nunca fueron atacados porque su trabajo artístico era un medio de atracción y conservación de la fe. Por otro lado, el hecho de que la cantoría fuera un oficio y no implicara un acceso indígena a la Iglesia colonial, resolvió a los frailes y curas un problema: no había ya que explicar, ni tratar con pretendientes a las órdenes menores o al sacerdocio.

En suma, los frailes lograron tener contacto con la comunidad indígena a través de los niños. Jugando con ellos despertaron la confianza de los padres que les permitieron educar a sus hijos. Al paso del tiempo, fue con estos jóvenes indígenas convertidos con quienes los frailes derribaron cúes, destruyeron ídolos y fundaron las primeras escuelas anexas a los monasterios en las que debía educarse el incipiente clero indígena: Los religiosos fundaron dos grandes centros para los naturales: San José de los Naturales y Santiago Tlatelolco, que perdieron su razón de ser cuando la Iglesia colonial impidió la ordenación de los naturales.

Pero en los pueblos de indios y en la capital, los religiosos continuaron catequizando a los niños. Les siguieron enseñando lectura, escritura y música y de ellos continuaron obteniendo personal para el sostenimiento y conservación de los monasterios. Así, aunque nunca se abrieron las puertas de la Iglesia a los indios, éstos continuaron viviendo alrededor de ella, acudiendo a las ceremonias y participando en la vida de los monasterios. Con el tiempo, quienes ayudaron a los frailes en su labor fueron los cantores a quienes a continuación estudiaremos con más detenimiento.

LOS CANTORES

Los cantores se formaron en las escuelas anexas a los monasterios. Pero en los primeros años, mientras la primera generación de jóvenes crecía y se preparaba, los religiosos aceptaron en sus capillas a músicos nahuas, e incluso les permitieron poner melodías a los textos y oraciones que ellos les tradujeron:

Artículo 33. Que los naturales de esta Nueva España no hagan areitos de noche y que los hicieren de día no sea estando en misa, la cual han de oir todos los indios de tal pueblo, estantes y habitantes de él, ni ellos traigan ni divisas que representen sus cosas pasadas ni canten los cantares que solían y acostumbraban en sus tiempos cantar, sino los que le son fueren enseñados por los religiosos y otros que no sean deshonestos so pena de 100 azotes por cada vez que fueren o pasesen contra el tenor de lo susodicho, o cualquier cosa o parte de ello.[33]

Así, aunque pronto los niños educados por los religiosos empezaron a ocupar puestos de cantores y ministriles, fue inevitable que en las ceremonias se introdujeran formas paganas de culto entre la música europea enseñada por los frailes a sus cantores. Los cantores se reunían cada día, acabada la misa, para proveer lo que se había de cantar a las vísperas, si eran solemnes, y en la misa del día siguiente,[34]

porque aunque se diga rezada en Ferias y días simples —dice Mendieta—, siempre cantan un motete, en canto de órgano, después de alzado el Altísimo Sacramento.[35]

Se necesita supervisar esta actividad, dicen los franciscanos, porque:

No salen con el canto sino es ejercitándolo cada día, y porque en dejándolo de continuar luego lo olvidan, y fuera de la escuela nunca lo ejercitan.[36]

Sin embargo, el interés de los frailes y el esfuerzo de los indígenas pronto dio fruto:

Se cantan las misas y oficios divinos por la mayor parte en todas las iglesias que tienen monasterios, en canto llano y en canto de órgano con buena consonancia, y en algunos pueblos particulares adonde hay más curiosidad y posibilidad, se hacen los oficios de la iglesia con tanta solemnidad y aparato de música como en muchas iglesias catedrales de España.[37]

---

[33] *Boletín del Archivo General de la Nación*, vol. XI, núm. 2. Tomado por Edmundo O'Gorman de T. 1141 del Ramo de Tierras de la Real Audiencia de México, "Diligencias Practicadas a Pedimento de los Naturales en 1546".
[34] Torquemada, Juan de, *op. cit.*, Salvador Chávez Hayhoe, vol. III, p. 111.
[35] Mendieta, Gerónimo, *op. cit.*, vol. III, pp. 70-71.
[36] García Icazbalceta, Joaquín, Códice Franciscano en *Nuevos documentos para la historia de México*, vol. II, p. 57.
[37] *Ibid.*, p. 58.

Los cantores estaban organizados en dos capillas de 15 o 16 indígenas que trabajaban una semana sí, otra no.[38]

Además de tener a su cargo la música en las ceremonias de la iglesia, los cantores cumplían con otras obligaciones: supervisaban el funcionamiento de las escuelas, decían las horas canónicas, y algunas veces celebraban misas en seco. También enseñaban el canto a los que no lo sabían, así como "lo que tañen los ministriles e instrumentos de música". En los pueblos de visita en que no había un fraile o cura de planta:

> El maestro de capilla [o cantor principal] tenía cargo de que todos los niños y niñas fueran cada día a deprender la doctrina porque ansí les era mandado —escribió el cura de Güegüetoca en 1560—, y él y los cantores dicen las Horas de Nuestra Señora cada día y cuando hay alguna fiesta se dicen las vísperas de tal día con toda devoción y hacer tañer a la noche por las ánimas del purgatorio para que recen, y los demás que no pueden venir a misa tiene cargo el alguacil de la iglesia de hacerlos juntar en ella y que digan la doctrina.[39]

En los pueblos más importantes estas labores estaban diferenciadas más aún, y los cantores ayudaban a los tequitlatos (encargados del orden) y a los tlapixques (indios de confianza):[40]

> En los pueblos en los que el fraile no puede estar de planta, tiene encargados quienes lo suplen en sus labores y vigilan que todo funcione normalmente: los tequitlatos son los encargados del orden: —que se bautiza a los recién nacidos; que los niños acudan a la confirmación, que se confiesen los adultos, que los matrimonios se realizan dentro de la iglesia, que se devuelva a su pueblo de origen a los jóvenes que hubieran huído. Acusan a los borrachos, vigilan que no haya hechicerías y que todos sepan la doctrina cristiana. Los tlapixques, que son indios de confianza que saben leer y escribir, se encargan de guardar y limpiar los ornamentos de la iglesia; de guardar las limosnas y ofrendas y escribir en un libro a los que se bautizan, confiesan, casan y mueren, de juntar a los niños y enseñarles la doctrina; de avisar los días de amparar, ayuno y fiestas de guardar; de bautizar en caso de necesidad a niños enfermos en artículo de muerte, de enterrar a los difuntos. Y para ésto tienen su instrucción que les dan los religiosos de lo que han de cantar o rezar. Aunque en ninguna iglesia por pequeño que sea el lugar faltan a lo menos media docena de indios que sepan cantar, los cuales ayudan a los susodichos que tienen el cargo, y aún ordinariamente cantan en todas las iglesias

[38] *Ibid.*, p. 58.
[39] García Pimentel, *op. cit.*, p. 260.
[40] García Icazbalceta, Joaquín, *op. cit.*, p. 71.

vísperas de Nuestra Señora las tardes y primas con las demás horas por la mañana.

De todos los oficios que los naturales desempeñaron cerca de los religiosos, el que más gente atrajo fue la cantoría. Ya explicamos que esto se debió a los pocos caminos que la Iglesia novohispana ofreció a los indígenas. También, a que los frailes los protegían para que evadieran el tributo, sobre todo en los pueblos más alejados de la capital. Sin embargo, la situación de los cantores no era de ninguna manera desahogada.

Ya apuntamos que los cantores se organizaban en dos capillas que se remudaban cada semana. Los mismos franciscanos explican que así se hacía porque tenían que trabajar en otra cosa para mantener su casa y pagar tributo.[41]

El pago del tributo o la exención del mismo dependió del sistema de recaudación que desde los primeros años se organizó en la Colonia. Para no violentar a la población indígena se intentó aplicarlo de la misma antigua forma mexica, y sabemos que entre sus costumbres estaba el que los músicos no lo pagaran, como tampoco los ayudantes de los templos. Sin embargo, las exenciones dadas a los indígenas allegados a la vida del monasterio dependieron de los frailes, ya que ellos protegían a sus servidores, incluyendo a los cantores. Muchas veces las autoridades apoyaron estas exenciones:

Ordenanzas sobre tributos en Nueva España, confirmadas por el Virrey. En la Ciudad de Tepeapulco, que no tributen los señores del pueblo y sus sujetos, ni veinte principales ni alcaldes, ni fiscales, ni escribano, ni los cantores, ni los que sirven en el monasterio, ni el tequitlato [intérprete], ni los mancebos por casar que no llegaron a los veinte años, ni los viudos, ni solteros sin tierra.[42]

El informe de los franciscanos, escrito en 1560, sugiere que tales privilegios podían terminar cuando los cantores se casaban y retornaban a vivir en la comunidad. Como adultos, debían pagar un tributo que en la ciudad de México fue, hasta el último tercio del siglo XVI, con base en el trabajo en construcción y limpieza.

Por eso creemos que los cantores en realidad gozaban de la exención de tributo cuando eran jóvenes, al igual que todos los indígenas no casados. Entonces los indígenas comenzaron a casarse a edad muy avanzada:

[41] *Ibid.*, p. 58.
[42] Valderrama, Jerónimo, *Cartas del Lic. Valderrama y otros documentos sobre su visita al gobierno de Nueva España. 1563-1565*, José Porrúa e Hijos, México, 1961, p. 193 (documentos adjuntos).

En vista de que los jóvenes por casarse están exentos de tributo y servicios; les ha dado por no casarse muchos hasta los veintiocho años. Por lo tanto os ordeno les impongáis más cargas para que ayuden a los que sí las tienen y se casan de menor edad.[43]

La verdad es que la falta de mano de obra indígena, por causa de las continuas pestes, más la voracidad fiscal de la Corona, sobre todo de Felipe II, hicieron que aun a quienes en teoría no debían pagar el tributo, se les exigiera. El pretexto fue que dicha exención no cambiaría la situación de los cantores y servidores de los monasterios, si los frailes aceptaban pagar a los indígenas un sueldo por su trabajo.[44]

En 1585, el tercer concilio provincial mexicano envió al rey una carta describiendo la situación de los cantores, repitiendo la solicitud de ayuda económica que antes habían hecho los franciscanos:

Vuestra Majestad se sirva, como medio tan necesario, ordenar y proveer no falte, sino que haya doctrina y escuela dello que crien ministros a los cuales mande V.M. que sean reservados totalmente de cualquier tequio, repartimiento y ocupaciones en que sean compelidos y repartidos y por paga y estipendios sean reservados de su tributo, o que de la caja de comunidad y sobras de tributo se pague y de suficiente estipendio a los cantores de voces e instrumentos, y los demás necesarios al servicio de las iglesias y ornatos del culto divino.[45]

La ayuda fue confirmada, pero el gran número de indígenas dedicados a la cantoría hizo que a partir de la segunda mitad del siglo XVI,[46] se estipulara el número de cantores que debía tener cada pueblo.

En su estudio, Gabriel Saldívar presenta una larga lista de pueblos con el número de cantores y su suelo asignado:

Tacuba tenía 20 cantores, al igual que Xocotitlán y Guacachula; Xilotepec tenía 24 cantores, y el más importante de esta lista, Toluca, tenía 30 cantores, 10 trompeteros y dos maestros de capilla. En los demás pueblos, casi 90, el número de cantores fluctuaba entre cuatro y 16. En relación al sueldo, la mayoría recibía uno y medio o dos pesos, o una o dos fanegas de maíz.

No todo el salario se devengaba en dinero, porque se tomaba de la sobra de tributos y, aun después de la tasación de 1577,[47] el tributo

---

[43] Encinas, Diego de, *Cedulario Indiano*, vol. IV, p. 322. Cédula de 1578.

[44] Valderrama, Jerónimo, *op. cit.*, p. 199. "Memoria a los Religiosos."

[45] Llaguno, José, *op. cit.*, p. 310. Carta al Rey del III Concilio Provincial Mexicano.

[46] Chávez Orozco, Luis, *Índice de Indios del Archivo General de Nación*, vol. I. exp. 95, 115, 116, 138, 165, 166, 167, etcétera.

[47] Saldívar, Gabriel, *Historia de la música en México*. Por desgracia, el maestro Saldívar olvida citar sus fuentes, aunque no es difícil reconocer que algunas provienen

variaba según lo que cada pueblo producía y la corona necesitaba. Si la aportación era en grano, igual lo era el salario de los cantores.

LOS CANTORES Y EL CABILDO INDÍGENA

El cabildo fue el cuerpo de gobierno que los españoles introdujeron en los pueblos para que los mismos indios se gobernasen. Estos organismos funcionaban con autonomía porque eran independientes de las justicias y gobernadores de las ciudades y villas españolas y porque la Corona había decidido que, hasta determinado nivel, los naturales dependiesen de una esfera de gobierno distinta a la de los conquistadores. Así, "se dio a la rectoría de los naturales, en los sectores provincial y general, una modalidad distinta a la dada a los españoles: los corregidores de indios y procedimientos peculiares como el Juzgado de indios, extintos de la rigidez, formulismo y lentitud de las españolas".[48]

La esfera regida por los españoles estaba dividida en tres secciones:

1) La general o central hispana a cuyo frente se encontraba el rey y el Consejo de Indias.

2) La general o central novohispánica, a cuyo frente estaba el virrey o el presidente de la Audiencia o los gobernadores de los distritos; y,

3) La distrital o provincial, a cuyo frente se hallaban los corregidores y alcaldes mayores.

El corregimiento fue una institución que buscó llenar el hueco dejado por los encomenderos. La implantó la segunda Audiencia a partir de una instrucción recibida en 1530, y en 1580 se extendió su jurisdicción a los pueblos encomendados y a los españoles residentes en los distritos de aquéllos.

Los alcaldes mayores fueron establecidos para la administración de justicia, principalmente en los puertos y las minas. Eran fundamentalmente jueces o justicias, pero a partir del nombramiento hecho por De Mendoza en 1542, se les daba el cargo a los alcaldes mayores para que además tuviesen en su distrito la jurisdicción civil y criminal y para que velasen por el buen tratamiento de los naturales.

Las funciones de los corregidores o alcaldes (pues llegaron a identificarse los cargos), no tuvieron límites muy definidos. Podían intervenir en todo lo que les estuviese encomendado o no les estuviese expresamente prohibido. Recaudaban tributos, administraban y em-

---

del Archivo General de la Nación. Tampoco especifica el año en que se fijó el número de cantores.

[48] Miranda, José, *El tributo indígena en la Nueva España durante el siglo xvi,* El Colegio de México, 1952, p. 15.

pleaban los bienes de la comunidad indígena. También se encargaban de la moral pública y privada, la contratación del transporte, en
fin, "casi todo de una manera u otra". Era lógico que intervinieran
para poner y quitar oficiales de la república de indios y aprobar medidas de su interés.

En los distintos pueblos, los jefes de distrito o provincia pusieron
ayudantes que ellos conocían, nominados tenientes de corregidores
o alcaldes mayores.

> Estos funcionarios tuvieron una gran importancia en Nueva España, pues
> ellos fueron el reflejo de la autoridad española en los pueblos pequeños
> —que eran la mayoría— y por consiguiente los agentes del poder central
> que tuvieron un mayor o más estrecho contacto con los indios.[49]

El poder central de la Nueva España estaba en manos del virrey,
quien tenía cuatro facultades: de reglamentación y ordenamenta-
ción; de gracia, de licencia y de gobierno y protección. La primera
fue muy importante, "debido al poco desarrollo de la legislación
central". Durante toda la Colonia, los virreyes emitieron ordenanzas
que en gran medida legislaron la vida indígena. Las facultades de
gracia y licencia tuvieron gran amplitud: desde mercedes de tierras
hasta el otorgamiento de licencias insignificantes. Pero las capacidades del virrey, referentes al gobierno y la protección, fueron las
más vagas y de alcance peor delimitado. De hecho interferían en
las obligaciones de corregidores y alcaldes, pues los indígenas podían
acudir indistintamente a cualquiera de ellos para solucionar sus
problemas.

La Corona instituyó otro cargo para evitar los continuos abusos de
los españoles: el protector de indios, aunque la defensa de los naturales estaba encomendada por las leyes a todas las autoridades:
virreyes, gobernadores, Audiencia, corregidores y alcaldes mayores.

Quien estrenó el nuevo cargo fue Zumárraga, primer obispo de
México. Podía nombrar delegados, hacer visitas, practicar pesqui-
sas, recopilar información (aun contra los corregidores y alcaldes mayores, aunque el castigo lo imponía la Audiencia). Prender personas que dañaran corporalmente o privaran de su libertad a los indios
(el fallo dependía de la Audiencia), e imponer penas pecuniarias.
Pero el trabajo del obispo se vio limitado por la primera Audiencia,
y la segunda llegó a la Nueva España con el mandato de combatir lo
que Zumárraga combatía. El conflicto que provocó esta falta de li-

---

[49] Miranda, José, y Zavala, Silvio, *Instituciones indígenas en la Colonia en la política
indigenista en México*, INI y SEP, núm. 20, México, 1973, vol. I, pp. 100-150. Los datos
sobre la organización del gobierno colonial de la Nueva España provienen de esta
fuente, a menos que se especifique lo contrario.

mitación en los cargos, llevó a la Corona a suprimir al protector de indios en 1533.

En 1589 se instituyó de nuevo el cargo, bajo la dependencia del virrey o de los gobernadores. Su función quedó reducida a conocer y averiguar cómo eran tratados los indios para informar al virrey o a los gobernadores, y a través de ellos al Consejo de Indias.

Otra institución en contacto continuo con los naturales fue el Juzgado General de Indios, que nació con la facultad gubernativa de los primeros virreyes: proteger a los indios y resolver sus "agravios, pleitos y diferencias". El virrey De Mendoza escribió que acostumbraba recibir a los indios: "El orden que en ello había tenido era que los lunes y jueves en las mañanas los que venían a negociar, y apercibíanlos en las cosas que podía despachar en seguida. Si eran asuntos de su incumbencia, los proveía luego, y si de justicia, remitíalos a uno de los oidores para que los tratase y averiguase con sus compañeros".

Esta costumbre instituida por Antonio de Mendoza fue continuada por sus sucesores, cosa que provocó confusión porque los indígenas en teoría debían utilizar la vía judicial adecuada para resolver sus problemas; es decir, debían acudir a las justicias provinciales, corregidor y alcalde mayor, y al tribunal central o Audiencia. Enterado el monarca de lo que ocurría, y deseoso de "hacer cesar las dichas dificultades y diferencias entre los dichos virreyes y la Audiencia en razón de cosas de corte de primera instancia" y sin dejar de beneficiar a los indios, procurando "encaminar el breve y buen despacho de los negocios tocantes a los indios", convirtió en derecho lo que venía teniendo una existencia de hecho. Dispuso por real cédula de 1591, que en adelante el virrey pudiese conocer en primera instancia de los pleitos que se ofrecieren entre los indios unos con otros, y también de aquellos entre los españoles e indios en que éstos fuesen reos.

Al recibir esta facultad, el virrey nombró un asesor, "para que le asistiera en las cosas y negocios de justicia y le diese su parecer para que con él fallase conforme derecho". Así, en 1605 y 1606, por cédulas reales, se reconoció como "muy conveniente y necesario el Juzgado General de Indios de México, para el buen gobierno y breve despacho de sus negocios".

La competencia en primera instancia del Juzgado General, no anulaba o excluía la de los corregidores o alcaldes mayores; los indios podían acudir en principio a cualquiera de los dos. A la Audiencia correspondía la segunda instancia y el conocimiento en primera y segunda instancia de las causas y pleitos de los caciques. En los asuntos de mayor entidad se inmiscuía el Consejo de Indias, cuyo acceso quedó restringido conforme pasó el tiempo.

La segunda esfera del gobierno colonial fue la local, regida por autoridades indígenas. En los primeros años, y debido al desconocimiento de la lengua y costumbres de los naturales, los españoles decidieron gobernar a través de la nobleza indígena tradicional. Conservaron así a los caciques y principales como autoridades subordinadas a los españoles, a quienes se les confiaron en un principio funciones gubernativas, judiciales, fiscales, etc. Eran a la vez gobernadores, jueces, recaudadores de los tributos y gestores del servicio personal. En esas funciones los auxiliaban los principales, a cuyo cargo estaban los barrios y las estancias que dependían de la cabecera en que residía el cacique.

La sucesión del título de cacique implicó muchos problemas, porque se exigía a los indígenas comprobar su derecho a base de documentos y testigos. La costumbre fue la herencia directa o colateral, con preferencia en los varones o en los más aptos. Pero al romperse esta línea, los caciques se eligieron por varios métodos,[50] entre ellos la elección. A los indígenas que llegaron a ocupar el puesto por elección o imposición, sin provenir de familia noble, se les llamó principalejos,[51] y recibieron numerosas críticas[52] por los excesos que cometieron en sus comunidades.

Con la introducción del cabildo los caciques conservaron su influencia, ya que generalmente los nuevos cargos para este cuerpo fueron ocupados por la nobleza indígena. Aunque se conocen varios casos de macehuales que lucharon por acceder a los puestos de gobierno.[53]

Además, los caciques preservaron sus privilegios: percibían tributos, mantenían sus antiguos patrimonios territoriales y recibían mercedes de tierras individuales como los españoles. Gozaron de fuero especial: "su tribunal era la Audiencia y no podían ser aprehendidos por los jueces ordinarios salvo por delito grave, y enviando inmediatamente información a dicho cargo judicial". Estaban exentos de tributo y servicio personal, y podían apelar directamente a las autoridades y al monarca.

Sin embargo, no siempre se respetó a las autoridades indígenas. Véase el informe que los franciscanos enviaron al rey en 1560:

En cuanto a los gobernadores, alcaldes y principales, alguaciles, tepsiques y mandones que de ordinario se ocupan de este ministerio, sean re-

[50] Cf. Gibson, Charles, *op. cit.*, cap. VII.
[51] *Ibid.*, p. 104.
[52] Cf. Zorita, Alonso de, "Breve y sumaria Relación de los Señores de la Nueva España", en *Nueva colección de documentos para la historia de México*, de García Icazbalceta.
[53] Chávez Orozco, Luis, *Las instituciones democráticas de los indígenas mexicanos en la época colonial*, Instituto Indigenista Interamericano, México, 1943.

servados del dicho repartimiento, pues por ser mucho el trabajo que en este padecen, no sólo se deben reservar, pero dar órden como se les pague su trabajo pues en justicia se les debe.[54]

Efectivamente, el rey mandó que de las obras de tributos se les pagara a las autoridades indígenas.

Lógicamente, la introducción del cabildo limitó las funciones tradicionales del cacique y afectó la vida de los pueblos:

> El pueblo señoría gobernado por su cacique o señor, se transformó en el pueblo concejo —o sujeto a persona—, gobernado por un organismo colectivo emanado de él, llamado cabildo o ayuntamiento.[55]

Un determinado grupo de poblaciones dependía de un cabildo y formaba un concejo. La cabecera era el centro político con los barrios, pequeños poblados (llamados también arrabales) que continuamente estaban en conflicto con las autoridades del cabildo, con las estancias o pueblos apartados, y los grupos esparcidos o indios rancheados.

Los miembros del cabildo eran elegidos por votación, con excepción del cacique si su linaje continuaba. (Para demostrar que así lo hacían, los indígenas escribieron —dibujaron— títulos y memorias durante la Colonia.) Había dos formas de elecciones: la reducida, en la que sólo votaban los nobles, gobernantes viejos y actuales, ancianos, etc.; y otra en la que todos los vecinos participaban. Debían ser aprobadas por el gobernador, corregidor o alcalde del distrito, pero su confirmación dependía del virrey. Debido a los muchos abusos, se prohibió que durante las elecciones intervinieran los corregidores, alcaldes y doctrineros (curas o frailes).

Los principales miembros del cabildo eran los gobernantes, alcaldes ordinarios, regidores y alguaciles mayores. Pero otros miembros también formaban parte de él, en los pequeños concejos, como los mayordomos, escribanos y alguaciles de doctrina. Sus funciones eran básicamente las siguientes: el gobernador solucionaba los problemas de gobierno y las judiciales; de él dependía la presencia del cabildo. Los alcaldes desempeñaban labores judiciales. Los regidores se hacían cargo de la administración, ornato, limpieza y mercados. Los alguaciles se encargaban de la policía:

---

[54] García Icazbalceta, Joaquín, "Carta de Religiosos del siglo XVI", en *Nueva colección de documentos para la Historia de México*, p. 167.

[55] Miranda, José, y Zavala, Silvio, *op. cit.*, p. 146 *passim*, salvo que se especifique lo contrario.

Las cargas de alguaciles que antes de la conquista se heredaban, para 1570, se siguen heredando. Antiguamente estos hombres eran los encargados de vigilar y guardar los barrios, así lo seguían haciendo y se les elegía cada año. Los que dejaban este puesto eran los encargados de llevar la gente a misa y los niños a la doctrina y se les llamaba con su nombre antiguo de Tepixque.[56]

Por último, los mayordomos se encargaban de la economía. Manejaban los fondos públicos y llevaban por escrito las cuentas.

Además de estos miembros, el cabildo contaba con diversos "empleados", según la importancia del pueblo y el número de habitantes: escribanos, alguaciles especiales (encargados del tianguis), fiscales de doctrina (uno por cada 100 habitantes) tequitlatos (para ayudar al cobro del tributo y las cargas, también uno por cada 100 habitantes), capitanes o mandones (encargados de la organización del servicio personal), músicos y cantores (encargados de la iglesia y las fiestas), y hasta relojeros.[57]

Para aspirar a los cargos judiciales y administrativos, los indígenas debían cumplir ciertos requisitos: ser principal y hombre digno, originario de la comunidad y apto en lengua castellana y nativa. Sin embargo, los cantores o músicos tenían que conocer el oficio.[58]

Es importante subrayar que los cantores formaban parte del cabildo como organismo de gobierno, pero que sus funciones (artísticas, educativas, organizativas) se desarrollaban fuera del campo legal y administrativo. Además, no eran elegidos por votación.

En el caso de México se conoce un expediente de 1675 que enumera las autoridades indígenas del cabildo de la ciudad: gobernador, alcalde, dos regidores, alcalde de ordinario, cuatro alcaldes, tres regidores mayores, un alguacil mayor y dos escribanos. A título de ejemplo, las autoridades de San Miguel el Grande: gobernador, alcalde ordinario, alcalde, alguacil mayor, fiscal de la doctrina de la santa iglesia parroquial, alguacil mayor fiscal de la doctrina del partido de la Erre (sic).[59]

En relación a los cantores, en el ramo de indios del Archivo General de la Nación, volumen I, hay varios expedientes dedicados a tasar su sueldo y fijar su número en cada pueblo. Ya explicamos que muchos indígenas querían ser cantores por la libertad que implicaba este oficio, y por el prestigio que se ganaba en la comunidad. Vimos que ni el sueldo, ni la evasión de tributos explican el

---

56 Durán, Diego, *op. cit.*, vol. II, p. 185.

57 Miranda, José, y Zavala, Silvio, *op. cit.*, p. 148 *passim.*

58 García Icazbalceta, Joaquín, *Don Fray Juan de Zumárraga*, vol. II, p. 297. Gibson, Charles, *op. cit.*, p. 187 y lámina VIII.

59 Chávez Orozco, Luis, *op. cit.*, pp. 21-22.

que la cantoría ejerciera tal atracción, pues incluso se conocen casos en que los cantores sembraban sementeras, cuyo producto se destinaba a las cajas de la comunidad,[60] y otros en que cumplían con el servicio personal y el trabajo.[61]

Pero a través de las funciones que estos indígenas desempeñaron, como suplentes de los frailes y curas en las oraciones y los entierros, fueron adquiriendo poder. Incluso en las celebraciones de difuntos oraban y cantaban frente a las autoridades del cabildo. Así, la cantoría se convirtió en el medio para que muchos indígenas jóvenes, plebeyos muchos de ello, adquirieran un lugar en la comunidad y honorariamente formaran parte del cabildo. Esta situación no varió en los tres siglos de dominación española. El cura de Santiago Tlatelolco escribió en el siglo XVIII:

> Los indígenas, cuando tienen hijos de siete y ocho años los alquilan a los españoles; en cuyas casas con el comercio de criados y esclavos, fácilmente se depravan en las costumbres, porque aprenden de esta vil gente los vicios y de sus amos no aprenden las virtudes. Porque regularmente se descuidan en la enseñanza de los que tienen conducticios. Y al contrario se tiene por experiencia que los indios cantores son los que viven con más política cristiandad y virtud, no sólo por el comercio inmediato que tienen sirviendo en la iglesia con los eclesiásticos y religiosos, sino también porque éstos los enseñan a rezar, a leer y escribir y con estas habilidades y doctrinas se singularizan estos de los otros.[62]

[60] Zavala, Silvio, y Castelo, María, *Fuentes para la historia del trabajo en Nueva España*, vol. II, p. 327.
Don Martín Enríquez erc. Por cuanto los indios cantores de la iglesia del pueblo de Tlalnepantla, de la parte de Teocalhuican, me han hecho relación que el salario que han de haber por tales cantores conforme a la tasación que de ello tienen del año pasado de mil y quinientos y setenta y ocho no se les ha dado ni pagado hasta ahora, no embargante que lo han pedido muchas veces, de que recibe agravio y me pidieron se la mandase pagar y por mi visto y por la presente mando al juez gobernador del dicho pueblo de Tlalnepantla, que luego que este mi mandato le sea mostrado, dé orden que de cualesquiera maravedis y bienes de la dicha comunidad se den y paguen a los dichos cantores de la dicha arte de Teocalhuican lo que les deben del dicho salario del año pasado de setenta y ocho, conforme a la tasación que de ello tienen, sin que en ello haya remisión alguna, atento que labran las diez brazas de sementera pertenecientes a su conformidad conforme el auto de esta real audiencia, que dándoselos y pagándoselos con este mandamiento y su carta de pago, mando se os reciban en cuenta y de cargo al mayordomo o a la persona a cuyo cargo fuere la dicha paga. Hecho en México, a tres dias del mes de septiembre de mil y quinientos y ochenta años. Don Martín Enríquez, por mandado de su excelencia Martín López de Gaona". (Archivo General de la Nación, México. General de Parte II. 228 v.)
[61] *Ibid.*, vol. II, p. 283.
[62] Ocaranza, Francisco, *op. cit.*, p. 39. Razones por las que el cura de Santiago Tlatelolco pensaba debía reabrirse el Imperial Colegio de Indios de Santiago Tlatelolco.

Ahora bien, los cantores, el cabildo y los frailes o curas, trabajaban en la organización de las fiestas de los santos patronos y de la comunidad. Los fondos para realizarlas provenían de las cajas de comunidad, "los bienes de comunidad o cajas de comunidad, eran haciendas de la comunidad indígena con fuentes de ingresos (sementeras y tributos hasta 1561, en que se fija una cuota) y fondos procedentes de esas fuentes que se aplicaban a las necesidades colectivas",[63] que hasta mediados del siglo XVI eran manejadas por los religiosos, alcaldes, regidores y encomenderos. A partir de entonces, se intentó controlar sus egresos dando a tres distintas personas las llaves de la caja. Sin embargo, el mayor gasto siempre se realizó en las fiestas y la iglesia.

Aun en 1767, los gastos de la caja de San Andrés Calpa fueron los siguientes.

Pueblo de San Andrés Calpa: fiesta titular de dicho pueblo en los derechos de Semana Santa; fiesta de Corpus; cera y pólvora para ella; reparos en las casas reales y las de los curas del dicho pueblo de su santa iglesia parroquial; cañerías y pila de la plaza; 20 pesos al hospital Real de esa corte; derechos de pleito; aceite para la lámpara del Santísimo Sacramento de la Iglesia; comida en las fiestas.[64]

Todo el pueblo participaba en estas celebraciones: las cofradías y sus músicos, los grupos de danzantes,[65] el cabildo, las mujeres que preparaban la comida, etcétera.[66]

[63] Miranda, José, y Zavala, Silvio, op. cit., p. 154.

[64] Chávez Orozco, Luis, op. cit., p. 28. Cf. también Encinas, Diego de, op. cit., vol. IV, p. 355, El Caso Tepeaca, y Miranda, José, El tributo indígena en la Nueva España durante el siglo XVI, pp. 15 y 16.

[65] Cf. Durán, Diego, op. cit., vol. II.

[66] Mendieta, Gerónimo, op. cit., vol. III, pp. 83 a 85:

Los días de fiesta, hacen del camino tres calles, la de enmedio más ancha por do van las cruces, andas y ministros de la iglesia [...] y por las calles de los lados, por la una van los hombres y por las otras las mujeres. Y estas se dividen o con arbolillos hincados en el suelo o con una arquería de arcos pequeños [...] cubiertos de ramas y flores de diversas maneras y colores. De trecho a trecho hacen sus arcos triunfales y en las cuatro esquinas que hacen el circuito o vuelta de la procesión, levantan como cuatro capillas muy entoldadas y adornadas de imágenes y de verjas de flores con su altar en cada uno, a do el sacerdote diga una oración y después de dicha, por vía de descanso y entretenimiento sale una danza de niños bien ataviados al son de algunas coplas devotas, que juntamente con los ministriles cantan los cantores. Otra capilla como estas se hace a la salida del patio, enfrente de la puerta de la iglesia, que es el primer paradero o descanso de la procesión, en la cual van otras danzas y bailes que cauzan regocijo, aún que no mezcladas, sino aparte, a do no quiten la devoción del canto y la decencia de las cruces y andas, que en los pueblos grandes son muchas. Porque demás de las que tiene, traen las de las aldeas o pueblos sujetos, a lo menos para las procesiones de Corpus Christi y de la fiesta del santo cuya vocación tiene la iglesia principal. Y entonces salen todos los oficios cada uno con su invención en sus carros. Y en alguna parte hay

Los españoles llegaron a sentir que estas celebraciones, organizadas con tanto entusiasmo por los indígenas, eran la prueba más palpable de que su labor evangélica había tenido éxito. Además, los indígenas dejaron de realizar actos públicos que merecieran castigo "continuando sus costumbres secretamente"; por ello el paganismo dejó de combatirse efectivamente.[67]

Quien se encargó de señalar con más detenimiento los elementos indígenas que sobrevivían en las fiestas fue, a finales del siglo XVI, Diego Durán:

> Y digo que continúan las costumbres antiguas, porque antes cada barrio tenía su ermita y Dios particular, como abogado de aquel barrio, y el día de la fiesta de aquel ídolo se convidaban unos a otros para la celebración de él. Y comían y gastaban los del barrio cuanto tenían para que no faltase y cayesen en falta; a la letra se hace hoy sin faltar punto en las solemnidades. También piden que las fiestas se muevan a distinto día, buscando que coincidan las del santo y del ídolo o nacimiento del mandoncillo, y así la solemnizan juntos. Y es cierto que no miento, que he oído en semejantes días cantar en el areito unos cantares de Dios y del santo, y otros mezclados de sus metáforas y antiguallas que el demonio se las enseñó y sólo él las entiende.[68]

El gobierno colonial y la iglesia novohispana intentaron frenar este fenómeno por medio de decretos y prohibiciones,[69] pero no tuvieron éxito porque las personas encargadas de aplicarlos eran los mismos religiosos que habían fomentado el desarrollo de las formas externas del culto.

El trabajo de evangelización, conversión y educación realizado por los religiosos, desembocó básicamente en la conservación de la

> representaciones de pasos de la escritura Sagrada que todo ayuda para edificación del pueblo y aumento de la solemnidad de la fiesta. En cuyo principio (que es la hora de las primeras vísperas) se comienzan a levantar los espíritus con el ruido de la mucha música de trompetas y atabales y campanas chicas y grandes y medianas y chirimías y otros instrumentos que se tañen encima de las bóvedas o azoteas de la iglesia, levantadas en lo alto banderas y pendones de seda, que tremolando dan contento a la vista, cercada por el almenaje o coronación la iglesia, con pinturas de letreros [...] labradas de flores de muchos colores. Las vísperas de los tales días, siempre se cantan en canto de órgano, diferenciando los instrumentos musicales, con la solemnidad que se pueden cantar en una iglesia catedral [...] Acabadas las vísperas vuelven a replicar y tañer en las azoteas y terrados de la iglesia brevemente [...] y lo hacen más largo a las completas y al tiempo el Ave María. Acabados los maitines, a las dos o tres de la mañana, ya están aparejados en el patio de la iglesia los que han de comenzar el baile a su modo antiguo, con cánticos aplicados a la misma fiesta [...]. En todo el día no cesa, hasta que ya tarde lo van a concluir en el palacio de los señores o principales.

[67] Sahagún, Bernardino, *op. cit.*, vol. III, p. 164.

[68] Durán, Diego, *op. cit.*, vol. II, p. 235.

[69] Cf. Llaguno, José, *op. cit.*, p. 286.

fiesta indígena. Los naturales que no podían ser sacerdotes, ni ingresar formalmente a las órdenes menores, ni recibir una educación tan profunda como la impartida alguna vez en Santiago Tlatelolco, se dedicaron a desarrollar los cantos, la música instrumental, las procesiones, las andas, los bailes, los estandartes, los disfraces, en fin, todos los elementos que permitieran expresar su religiosidad. Y los cantores se convirtieron en el elemento indispensable para estas actividades. De ahí el interés de tantos por estudiar música y formar parte del núcleo iglesia-indígenas, que hacía posible la práctica musical en las comunidades.

LAS COFRADÍAS DE INDIOS

Este capítulo ha indagado y luego analizado, tan detalladamente como los datos lo han permitido, los medios que los religiosos utilizaron para educar a los indígenas, así como el resultado de cada uno de sus proyectos. A pesar de que la mayoría de ellos no fructificaron como originalmente se había pensado, los primeros años de la colonia hicieron posible que los religiosos tuvieran una influencia real en la organización interna de la comunidad indígena. Incluso aportando nuevos elementos (como los cantores, principales, etc.) y afectando al cuerpo de gobierno indígena: el cabildo.

Los frailes no lograron erradicar las antiguas creencias. Éstas se unieron a las de la nueva religión a través de un fenómeno de sincretismo que básicamente tenía lugar en las fiestas de los santos patronos de cada pueblo. Pero estas ceremonias no hubieran tenido el desarrollo que registraron desde los primeros años de la colonia, si los religiosos no hubieran implantado en los pueblos un instrumento de influencia social más amplio que las escuelas, o que la simple organización de ceremonias: la cofradía.

Las cofradías surgieron en el norte de Europa como un complemento del gremio. Eran asociaciones, frecuentemente obligatorias, de los obreros de un oficio, para honrar a un santo, socorrer a los compañeros menesterosos y estrechar los lazos internos de unión con fiestas y banquetes.[70] En ellas se concentraban las principales cualidades del gremio: orgullo del trabajo, unión y beneficencia. Con el tiempo, las cofradías europeas llegaron a tener una fuerza grande en las ciudades, al punto de intervenir en el gobierno de los municipios.

[70] Valle Arizpe, Artemio del, *Notas de Platería*, Herrero Hnos. Sucesores, México, 1961. Los datos sobre las cofradías en España están tomados de esta fuente, pp. 111 a 121, en donde se cita a:
Contreras, Juan de, Marqués de Lozoya, *Historia de las Corporaciones de Ministriles en Segovia*, Segovia, 1921.

Entre los siglos XIII y XVI, los gremios se establecieron en España. Ahí, como en Italia y en las ciudades del mediodía de Francia, la organización corporativa permitió mayor libertad de trabajo. Por lo tanto, las asociaciones menos rigurosas y ordenancistas tomaron preferentemente la forma de cofradía. Su objeto era más bien el culto, la unión y beneficencia.

Pero en el siglo XVI las cofradías perdieron su carácter original al adoptar "una organización genuinamente gremial y poderosa, que impedía el ejercicio del trabajo a los que no fuesen cofrades". También entorpecieron el funcionamiento del gobierno por el poder que habían adquirido. Los Reyes Católicos las sometieron a reglamentaciones y, para limitarlas aún más, les dieron importancia a los gremios. A partir de entonces, las cofradías fueron objeto de prohibiciones: en 1552, Carlos V ordenó deshacer las de oficiales; pero la continua repetición de estas órdenes hace patente que nunca se logró suprimirlas.

Estas organizaciones de origen europeo fueron introducidas a las colonias españolas por los frailes. En 1560 los franciscanos informaron:

Algunos religiosos instituyeron cofradías entre los indígenas con el fin de acrecentar la devoción a determinada imagen,[71] asegurar su provisión de cera o disponer de gente para recibir el Santísimo Sacramento, oir misa, asegurar la asistencia a las fiestas, etcétera.[72]

Las cofradías, instituidas entre los naturales con un fin religioso, y acostumbradas en España entre las gentes de posición desahogada, no tenían fines de previsión social.[73] Pero eran el medio más directo de forzar y controlar a los indios adultos, pues funcionaban a base de ordenanzas en las que se especificaban las obligaciones de sus miembros, y los castigos por incumplimiento. Para los indígenas, formar congregaciones no era una novedad. Que un grupo de personas, selectas o no, estuviera dedicada al culto de una deidad, festejándola o cantándole, era parte de su vida diaria antes de la conquista.

La primera que se organizó fue la del Santísimo Sacramento:

Que antes que hubiera Obispo con bula de su santidad a petición del V. P. Fray Pedro de Gante, se fundó[74] la Cofradía, en la Capilla de San José de los Naturales y de ahí se trasladó a la Iglesia Mayor para los españoles, quedando en esa Iglesia para los indios.

[71] García Pimentel, op. cit., p. 227.
[72] García Icazbalceta, Joaquín, "Código Franciscano", en Nuevos documentos para la Historia de México, vol. II, pp. 67 y 68.
[73] Carrera Stampa, Manuel, op. cit., p. 80 (cita a Rumeu de Armas).
[74] Vetancourt, Agustín de, Theatro mexicano, Porrúa, México, 1971, IV parte, p. 41.

Su fin era atraer a los naturales a la comunión y a alguna fiesta de la Virgen. Seguía funcionando en 1690, y en ella los cofrades cantaban el primer domingo de mes con toda pompa la misa "descubierto el Santísimo Sacramento" mientras su fiesta se celebraba por el mes de septiembre u octubre:

> Con octaba o sermones con toda ostentación solemne, empezando primero la república, gobernador y alcalde, después los cófrades y visitas.[75]

Otras cofradías se fundaron en la capital y en otros pueblos los primeros años de la Colonia: la de la Vera Cruz, para hacer la disciplina del jueves santo;[76] la de Nuestra Señora, que obligaba a oír misa cada sábado y acudir con cera a la iglesia. En los pueblos grandes hubo también las del Nombre de Jesús, de la Veracruz, de la Soledad, en la Semana Santa, y del Despedimiento de la Virgen y Nacareos.[77] La organización de las cofradías era independiente de los gremios, y por lo tanto su administración recaía en personas cercanas a la Iglesia. Muchas jóvenes que los frailes prepararon desde pequeñas, y "por su deseo perseveraron en perpetua continencia", se dedicaron a guiarlas. Estas mismas ayudaban a enseñar "doctrina cristiana y otras oraciones y devociones":

> Todas cofradías —afirma Torquemada—, en algunos pueblos se rigen tan principalmente y aún más, por medio de estas matronas que de los hombres.[78]

Algunas veces los guías de las cofradías eran los mayordomos de las iglesias,[79] como el de la Santa Veracruz de México en 1576. Las cofradías de indios se fueron extendiendo poco a poco, al grado que su número e independencia llegó a inquietar a los españoles. Para 1585, fecha del tercer concilio provincial mexicano, el número de cofradías en la ciudad de México se calculaba en trescientas. Los españoles les criticaban el que solamente echaban:

> derramas para el retablo o imagen de su cofradía, y todo lo quisieran para su embriagueces y comidas, [y aún el que] pidieran limosnas, estuvieran organizadas, y tuvieran mayordomos y diputados en cuyo poder estaba el dinero.[80]

[75] Zavala, Silvio, y Castelo, María, *op. cit.*, vol. I, p. 97.

[76] García Icazbalceta, Joaquín, "Códice Franciscano", en *Nueva colección de documentos para la Historia de México*, vol. II, p. 68.

[77] Torquemada, Juan de, *op. cit.*, vol. III, Salvador Chávez Hayhoe, p. 112.

[78] *Ibid.*, p. 112.

[79] Zavala, Silvio, y Castelo, María, *op. cit.*, vol. I, p. 97.

[80] Llaguno, José, *op. cit.*, p. 206. Advertencia ante el Santo Concilio Provincial Mexicano del Dr. Hernández Ortiz de Hinojosa. 30 de enero de 1585.

Efectivamente. Todo hace pensar, incluso así lo sugiere el informe de 1560 del cura de Churubusco,[81] que estas asociaciones se fueron independizando poco a poco de la autoridad del sacerdote doctrinero y empezaron a tener una vida propia, en la que la fiesta (el convite) ocupaba un lugar preponderante. Aun los curas y frailes se quejaban de que en las reuniones se revivían tradiciones paganas. Esta situación se presentó con mayor frecuencia en los pueblos en que los curas de indios no estaban de fijo, es decir, los pueblos de visita, que eran la mayoría. Así, los cantores aumentaron su poder en la comunidad, pues no hay que olvidar que la razón de ser de las cofradías era la religión y el culto, y que la forma de fomentarlo eran las fiestas en las que la música desempeñaba un papel indispensable.

Como no todos los ejecutantes formados a la sombra del monasterio podían tener acceso a la cantoría, muchos de ellos se dedicaron a dar lucimiento a las fiestas fuera de la iglesia. Por ejemplo, acompañando las procesiones de las cofradías o esperándolas en cada parada. Los ingresos de estos músicos provenían de los fondos que se reunían gracias a las aportaciones periódicas de los miembros de las cofradías:

> El Jueves Santo salió la procesión de la Veracruz con más de veinte mil indios y de tres mil penitentes, con doscientas diecinueve insignias de Cristos e insignias de la Pasión. El viernes salieron en la procesión de la Soledad con más de siete mil setecientos disciplinantes, por cuenta, con insignias de la Soledad. La mañana de la Resurrección salió la procesión de San José con doscientas treinta andas de imágenes de Nuestro Señor y Nuestra Señora y de otros santos, todas doradas y muy vistosas. Iban en ellas todos los cófrades de entrambas cofradías ya dichas, que es gran número con mucho orden y con velas de cera en sus manos [...]. Van ordenados por sus barrios, según la superioridad e inferioridad que unos u otros se reconocen según sus antiguas costumbres. Hacen otras muchas procesiones solemnes entre años, en especial dos, con el mismo aparato de todas las andas, la una el día de la Asunción de Nuestra Señora, a una iglesia que se llama Santa María la Redonda, barrio principal de los indios mexicanos [1595], y la otra el día de San Juan Bautista a la Iglesia de San Juan de la Penitencia, donde hay convento de monjas de Santa Clara, y éste también es barrio principal de los indios de México.[82]

Junto a estas cofradías "independientes", integradas exclusivamente por naturales, los indígenas artesanos que trabajaban en los

---

[81] Cf. García Pimentel, *op. cit.*, p. 226 *passim*.
[82] Mendieta, Gerónimo, *op. cit.*, vol. III, pp. 90 y 91. Cf. también Motolinía, Toribio, *Memoriales*, pp. 91 y 96; Torquemada, Juan de, *op. cit.*, vol. III, pp. 224 a 229, y Bernal Díaz del Castillo, *op. cit.*, p. 581. "Y vienen cantando las letanías y otras oraciones, y tañen sus flautas y trompetas; y otro tanto hacen en sus pueblos cuando es el día de tales fiestas solemnes."

gremios formaron parte de las llamadas cofradías gremiales. La iniciativa de estas organizaciones no había provenido de la Iglesia, sino de la "tradición corporativa" de la época, que prohibía "formar entre miembros de un oficio otras asociaciones que no fuesen las cofradías", ya que otras ligas podían afectar la acción colectiva del gremio.[83] Funcionaban como instituciones de carácter esencialmente religioso y de beneficencia pública.[84]

Para poder subsistir, estas cofradías gremiales tenían un régimen económico y administrativo: los propios veedores de los gremios eran los mayorales o mayordomos de la cofradía que administraban los bienes que ingresaban a través de las cuotas de los miembros. Éstas diferían si los cofrades eran fundadores, o de nuevo ingreso, o si provenían de las multas impuestas por las ordenanzas, que eran de dinero o en cera para las fiestas.

Todos los miembros de la cofradía o hermandad se comprometían por medio de una "parte", a manera de contrato, en la que se estipulaba ante notario el nombre de la cofradía, su sede, el nombre del cofrade, el del mayordomo, el del colector y el del cura o párroco; el número de oraciones, letanías, novenarios y misas que debía rezar el cofrade solo o con la cofradía entera. El número de misas y ceremonias que estaban obligados a asistir, gozando de diversas indulgencias plenarias y parciales y de otras gracias espirituales. Las cuotas y limosnas ordinarias y extraordinarias de las cotizaciones, cornados y cornadillos (cantidades que solicitaban por cualquier razón no estipulada con anterioridad) y derramas, con las que se formaba el fondo de beneficencia y la pensión conciliar. Por último, se estipulaba que la cofradía debía asignar una cantidad para mutuo auxilio.[85]

Esta patente o contrato, que permitía controlar y conocer a las organizaciones, fue el registro que no utilizaron las cofradías indígenas independientes, y por ello se dificulta su estudio. Sólo sabemos de ellas por los escritos de los españoles que denunciaban su carácter independiente o por los informes de los religiosos. Su independencia, y la de muchos gremios que se reunían espontáneamente haciendo sus propios festejos, convites y ventas, junto con el trato especial que el gobierno colonial dio a la república de indios, permitieron la conservación de formas particulares de expresión cultural. Parte de ellas ha llegado hasta nosotros.

Ahora bien, gracias a las cofradías gremiales registradas los indígenas participaron notoriamente en todas las festividades de la sociedad colonial. Ya en fiestas civiles, como las juras de los monarcas

---

[83] Carrera Stampa, Manuel, *op. cit.*, p. 57-58.
[84] *Ibid.*, p. 79.
[85] *Ibid.*, p. 83.

o los nacimientos de los príncipes, ya en solemnidades religiosas, como los días santos y los mayores.

Las cofradías establecidas en la ciudad de México, por ejemplo, concurrían a dos tipos de celebraciones: las que ellas independientemente organizaban, para lo cual tenían capilla propia en alguna iglesia o convento, y las que convocaba y realizaba el ayuntamiento. Así, cuando se acercaba la fecha de algún "sonado suceso", se convocaba en las casas consistoriales al veedor de cada gremio para que tomara órdenes de los señores justicias y capitulares, ya que

era costumbre establecida que cada uno concurriese con diez, veinte, treinta o más parejas de a pie o de a caballo, según que la asociación fuese más o menos crecida y rica. Los veedores recibían muy precisas indicaciones del plan del festejo y de los trajes especiales con que se habían de ataviar, así como del orden y atributos que tendrían que llevar los artesanos.[86]

La detallada organización, más el entusiasmo con que los agremiados cooperaban, hizo que estas fiestas (descritas por los cronistas de la época) dieran gran fama a la capital de la Nueva España. Estos festejos revivían en América la vida bullanguera de las ciudades españolas. Vida en donde se mezclaban todas las expresiones musicales de la península, a las que se agregaron las costumbres y usos indígenas. Así, mientras en las iglesias se escuchaba música polifónica religiosa del Renacimiento junto con canto a capella, en las calles había teatro, danza, procesiones, juegos, canciones, etc., expresiones en las que se mezclaban lo religioso con lo profano y pagano.

Esta riqueza sonora no disminuyó con el tiempo, sobre todo porque las cofradías se independizaron, al igual que algunos gremios y autoridades del cabildo indígena. Continuaron organizándose fuera de los límites de la iglesia colonial, que tuvo muchas crisis. Incluso durante el siglo XIX y después de las leyes de Reforma, las comunidades indígenas conservaron sus costumbres gracias a que cultural y políticamente eran independientes. Su cuerpo de gobierno siguió siendo el cabildo, y la rutina de trabajo y descanso de cada año se continuó estructurando con base en el calendario festivo católico. En los pueblos, varias veces al año, eran imprescindibles el cantar, las bandas de músicos, los danzantes, las cofradías, las procesiones y las grandes comilonas. Y ello a pesar de los cambios en el régimen de propiedad, a pesar de las guerras y a pesar del trabajo que desempeñaran los miembros de las comunidades. Sólo hasta la segunda mitad del siglo XX, los medios de comunicación masiva han ido contaminando las costumbres y la cultura de los indígenas de México.

---

[86] Valle Arizpe, Artemio del, *op. cit.*, pp. 209 y 210.

III. MÚSICA Y COLONIA

CLERO SECULAR Y REGULAR

DURANTE los primeros 40 años de dominio colonial, la educación de los indígenas estuvo básicamente en manos de las órdenes mendicantes. Pero a partir de la segunda mitad del siglo XVI, otra rama de la iglesia se interesó por trabajar con la nueva grey: el clero secular. La corona española apoyó a estos clérigos, porque naturalmente estaban sujetos a su poder central. El cambio en el programa evangelizador coincidió con el ascenso al trono de Felipe II, y el surgimiento de una nueva época en Europa: el absolutismo y la formación de los grandes Estados.

España controlaba en ese momento los reinos flamencos, parte del Mediterráneo, de Alemania, de Hungría y la mayoría de las colonias de América. Y estaba decidida a conservar su poder. Supeditó toda su administración a la política. La verdadera fuerza para enfrentarse a los demás gobiernos, pensaba la Corona, residía en la unión y el apoyo interno; por lo tanto, se sacrificaría cualquier cosa en aras de una verdadera cohesión. El protagonista de esta política, Felipe II, inició su reinado reorganizando el gobierno y estableciéndose en Castilla. Para acrecentar su fuerza permitió la supervivencia de las Cortes, señores y concejos que representaban los intereses del mosaico que todavía era la península; mas para intervenirlos con delegados que le eran fieles (muchas veces burgueses o nobles poco importantes) y que fueron apoderándose de todos los medios del gobierno. Al mismo tiempo creó el conciliario, formado por organismos encargados de manejar casi todos los asuntos administrativos y judiciales, subordinado directamente a él y a sus ministros.[1]

El monarca español llegó así a manejar totalmente el gobierno, la nobleza y el estado llano.[2] Y con los poderes que el Papa le había concedido a la corona española, también controló a la iglesia; podía proveer los beneficios eclesiásticos, es decir, el dinero y los puestos; podía aceptar o rechazar decretos y mandamientos papales, y también podía revisar sentencias de los tribunales eclesiásticos.[3] Estos

[1] Miranda, José, *España y Nueva España en la época de Felipe II,* UNAM, Instituto de Historia, México, 1962, pp. 6 a 25.

[2] *Ibid.,* p. 27.

[3] *Ibid.,* p. 52

poderes fueron apoyados ideológicamente por los teólogos, párrocos y religiosos españoles, reforzando la capacidad de manejo y manipulación del rey, quien evitó con una política férrea cualquier brote de herejía o independencia en el seno de la iglesia.

Y la decisión de mantener la unión interna por razones de fuerza internacional, afectó a la Iglesia novohispana, a través de una política que se hizo sentir a partir de 1550.

Como vimos en el capítulo dedicado a la música en España, las órdenes mendicantes habían surgido como una reacción a los excesos profanos del clero y la feligresía de finales del siglo XIV. En España, la purificación se había realizado gracias al cardenal Cisneros, apoyado por la reina Isabel la Católica. A raíz de esta reforma, se encargaron a miembros de algunas órdenes, como franciscanos, agustinos y dominicos, la tarea de convertir a los paganos del "Nuevo Mundo". Los miembros de estas órdenes no eran sacerdotes. Su labor se concretaba en Europa a proteger y ayudar al débil y predicar con el ejemplo y la pobreza; pero el Papa les concedió a los misioneros facultades extraordinarias en América. Como ya comentamos, estos privilegios extremos causaron problemas en la Nueva España desde los primeros años de la Colonia.

DEL AYUNTAMIENTO DE LA CIUDAD DE MÉXICO AL REY,[4]

6 DE MAYO DE 1533

[...] Lo que se vé de los frailes franciscanos que en estas partes residen, por lo que trabajan en mandar a ser señores, entrométense tanto en las cosas deste siglo que por mandar todo proponen: mandan a los indios e quieren ser señores y jueces dellos, entremétense en pleitos e causas civiles e criminales e si en esto no les obiera ido a la mano, vuestra real audiencia todo lo gobernaran e mandaran a su querer; tenían en cada monasterio cepo e prisiones donde prendían e azotaban e facían otros castigos, e por castigo trasquilaban a los indios que es la mayor ofensa que entre ellos se tiene, e so color de la conversión de los indios quieren los tener tan sujetos que procuran que ningún español que los tenga en encomienda no se sirva dellos, e así por su causa e inducimiento no sirven e andan a malas con los españoles: todo ésto es en la comarca de esta ciudad que es muy fértil, que apartado de aquí en los lugares de sierras e partes ásperas, no toman trabajo de ir ni haber respeto a la dicha conversión; verdad es que la doctrina que muestran de nuestra santa fe es muy santa e buena en la cual debían ocuparse e dejar las otras negociaciones.

Los religiosos también entorpecían en los pueblos la contratación de mano de obra y la circulación de bienes:

[4] Del Paso y Troncoso, Francisco, *Epistolario de Nueva España*, Porrúa, México, 1939, vol. III, pp. 84 y 85. Carta del Ayuntamiento al rey, 1533.

Los dichos frailes, por mejor hacerlo —continúa la carta—, que quieren dicen y desean que no haya en los pueblos de indios, españoles porque no les vean lo que hacen [como las grandes construcciones]; dicen algunos frailes que los españoles pueden vivir con estas partes como en Castilla viven e con poca ayuda de indios diciendo ser de esta tierra fértil [...] ya que esta tierra sea fértil para labrar e criar. ¿Qué se ha de hacer de ello, dónde lo han de gastar pues no hay salida para ninguna parte como España, donde el pan y ganados por muchas partes se distribuye? pero aquí, habiendo como haya poco número de españoles, lo que entre ellos se gasta es poco y lo demás se pierde porque los naturales de la tierra no gastan dello... su majestad debe favorecer el que ésta tierra se poble de gente noble.

Efectivamente, en el proyecto evangelizador de los frailes no se vislumbraba el mejoramiento económico de los españoles seglares, ni tampoco la convivencia pacífica entre ellos y los indígenas. Los religiosos deseaban crear una nueva iglesia cuyos miembros fueran un modelo de religiosidad y de perfección. Ya lo vimos con detalle. También estorbaban el trabajo de los clérigos:

Cuando los prelados queremos poner algún clérigo en algún lugar que [los frailes] tienen en vista aún que larga; hacen con el visorrey que no les dé salario y públicamente dicen ellos y el virrey que yo [arzobispo Alonso de Montúfar, en 1558] que lo pongo, les pague y así se quedan los miserables puestos sin doctrina.[5]

Los religiosos llegaron a escribir al rey solicitando su apoyo para obtener jurisdicción exclusiva sobre los indios. Porque, a pesar de todos los defectos que les señalaban (y que enumeraremos más adelante), era cierto que los naturales no querían tratar con el clero secular, ni con otras órdenes que no fueran básicamente los franciscanos.[6]

Sin embargo, los frailes estaban en una situación de desventaja frente a los curas para conservar su fuerza, ya que para aumentar su número dependían del apoyo que les brindaba el gobierno central, y en definitiva de los obispos.[7] En 1560, el arzobispo Montúfar se dio cuenta de que el mayor daño que podía hacer a las órdenes

---

[5] *Ibid.*, vol. III, p. 43. Carta del arzobispo al Consejo de Indias, 18 de septiembre de 1555.

Para este Santo Concilio fueron llamados los tres Provinciales [agustinos, dominicos y franciscanos] y no solamente no han mostrado contento de esta santa congregación de prelados, pero mucho descontento con haberles mostrado deste Santo Concilio tanta benevolencia y comedimiento, y así como avisados que escribieron a ese Real Concejo contra los prelados destas iglesias [...].

[6] *Ibid.*, vol. VIII, p. 181. Carta del Arzobispo al Rey. 31 de enero de 1558.

[7] Phelan, John, *op. cit.*, p. 76.

era dejando de ordenar nuevos frailes. Así, bajo el pretexto de que no estaban preparados los novicios, negóse a darles el sacramento. Las órdenes se quejaron con el rey, quien exigió al arzobispo "ordenar a los frailes que tuviesen necesidad de ser ordenados".[8] Pero el prelado se quejó entonces de la ignorancia de los nuevos novicios:

> Las ordenes pasadas de San Agustín, se vinieron a ordenar de misa y evangelio, 24 frailes, tan ignorantísimos, que sólo dos sabían gramática y los demás, muchos no sabían leer latín. Y de otras órdenes hubo desta cualidad, que no tuvimos poco escrúpulo ordenarlos, y dicen que por sus privilegios no los hemos de examinar lo cual placiendo a Dios de que [en] adelante los examinaremos.[9]

La situación llegó a ser tan delicada, que don Luis de Angues escribió a Felipe II:

> Acá se han ordenado más que han querido, y ningún impedimento se ponen a cuanto traen, aunque conste notoriamente de su inhabilidad, lo cual no se yo como puede hacer el arzobispo, y es muy gran lástima, porque como acá hay falta de ministros, es cosa ordinaria acabando de salir los novicios y que primero eran mercaderes u hombres totalmente idiotas y faltos de letras, los traen a ordenar y otro día los ponen a oír penitencia.[10]

Los frailes no sólo continuaron este exceso. En vista de que el arzobispo sólo quería ordenar novicios que tuvieran sangre española, le llevaban mestizos que a ellos eran fieles.[11]

La decisión de las órdenes de aumentar su número de cualquier forma, provocó su decadencia interna. Los nuevos miembros se interesaban más en aumentar su poder y riqueza que en atender a su grey. El mismo Mendieta vislumbró en 1562 este deterioro: los nuevos religiosos muchos sin vocación, luchaban por obtener altos cargos en la orden.

Los excesos eran tales, que incluso algunos frailes empezaron a explotar a los indígenas para obtener ventajas materiales. Fray Gerónimo de Mendieta trató de convencer a los nuevos y viejos religiosos de que la única manera de conservar sus privilegios era viviendo en la pobreza y obedeciendo a la Corona. Y tenía razón: el rey no podía aceptar las intenciones independentistas de las órdenes de la Nueva España, pues una de las quejas que más pesaban sobre él

[8] Del Paso y Troncoso, Francisco, *op. cit.*, vol. IX, p. 95. Carta del arzobispo al rey, 4 de febrero de 1561.

[9] Cuevas, Mariano, *Documentos inéditos del siglo XVI*, p. 265. 1561.

[10] Del Paso y Troncoso, Francisco, *op. cit.*, vol. IX, p. 99. Carta del arzobispo Montúfar al rey, 4 de febrero de 1561.

[11] Phelan, John, *op. cit.*, p. 86 *passim*.

era la relativa a la falta de unidad de los miembros de la nueva Iglesia. En 1558, el arzobispo le escribió al monarca lo siguiente:

> En la liga que las tres ordenes hicieron, hay un capítulo endiablado que dice que ninguna orden puede entrar un pueblo, ni en vista que otra orden visite, sin licencia de la dicha orden, que de los prelados ningún caso hacen como si no fuesen obispos [...] qué más endiablado capítulo que éste y aún no muy seguro de cristiandad, presupuesto que ninguna orden puede dar recado de doctrina y sacramento a la quinta, décima y veintena parte que tiene a su cargo; qué ley de cristiandad es que no pueda entrar otra orden ayudarle, ni obispo pueda darle quien le ayude, ni una orden dará licencia a que entre otra ayudarle sino que lo defienden como si fuesen propios vasallos; y a las veces los han defendido con escuadrones de indios de ambas partes [...]. Sin embargo, confieso a V.M. que hacen y han hecho grande fruto en estos naturales y por esta razón que sean favorecidos como yo y los prelados favorecemos a los buenos [...] el peligro está en que la conclusión y fin de las religiones es que no haya clérigos, sino que toda esta iglesia esté en poder dellos.[12]

Los religiosos se defendieron explicando que

> en un pueblo no se pueden poner ministros de otra orden, en él ni en su subjeto; y es la razón muy clara, porque como éstos naturales son tan bulliciosos y amigos de novedades y de sensaciones, toman de aquí ocasión para en lo espiritual hacer y deshacer casamientos y otros negocios, y en lo temporal, para desmembrar y dividir los pueblos y jurisdicciones.[13]

A esta lucha interna se sumó en 1564 un enfrentamiento que Felipe II provocó entre la Audiencia Real y el virrey Velasco.

Ya vimos que, por razones de su cargo, el virrey era jefe de todas las ramas del gobierno colonial: de lo militar con su nombramiento de capitán general; de la sección de gobierno a través de las instituciones administrativas; de lo judicial como presidente de la Audiencia; de lo religioso como vicepatrono de la iglesia; y de lo fiscal como superintendente de la real hacienda. Estas capacidades del virrey no convenían a la política absolutista del nuevo monarca, quien buscó la manera de minar el poder de su representante. Limitó su capacidad fiscal mediante la creación de la junta superior de hacienda y los oficiales reales. Al poder judicial lo minó dando mayor importancia a la Audiencia. En cuanto a la Iglesia, Felipe II dio su apoyo directo al obispo y al clero secular, y los enfrentó al virrey y a las órdenes religiosas.

---

[12] Del Paso y Troncoso, Francisco, *op. cit.*, vol. VIII, p. 188. 20 de junio de 1558.
[13] García Icazbalceta, Joaquín, "Carta de Religiosos" en *Nuevos documentos para la Historia de México*, vol. I, p. 28.

Así, el conflicto en la esfera eclesiástica vino a sumarse al enfrentamiento en lo político y administrativo, ya que el virrey Velasco estaba abiertamente a favor de los religiosos y en contra de los prelados:

> Vuestro virrey está tan sujeto a los frailes —escribió el arzobispo—, súfreles tantos desacatos y amenazas, que es apocamiento del cargo que vuestra majestad le tiene dado, por donde viene que la salvación espiritual y temporal por la mayor parte está en manos de los religiosos, lo de la Iglesia claro está; ellos juzgan y sueltan y definen las cosas eclesiásticas con voluntad de los prelados y sin ella, y para esto vuestro visorrey les dá todo el favor que quieren, con disfavores patentes de los prelados.[14]

Sabiéndolo el rey, la Audiencia se negó poco a poco a secundar la política religiosa del virrey, lo que provocó la paralización del gobierno. Velasco desesperado pidió al rey su deposición, pero el monarca lo mantuvo en su puesto y envió en 1563 al visitador Valderrama.

A estas alturas, Felipe II no sólo pensaba en controlar definitivamente a sus colonias, sino en aumentar las arcas de Castilla. La corona española venía arrastrando una enorme deuda, debida a los gastos militares empleados en la conservación de su territorio. Este problema, grave durante el reinado de Carlos V, se volvió crítico en el de su hijo, dispuesto a conservar su poder a como diera lugar. Así, el aumento y la revisión del tributo en las colonias, fue el medio utilizado para resolver las carencias del tesoro de la Corona.

La visita de Valderrama debía cumplir varias funciones: poner al rey al tanto de los manejos administrativos del gobierno de la ciudad de México;[15] también de los excesos de los frailes y del poder de los obispos, y, por último, tasar el tributo indígena. Dice José Miranda,[16] en relación a esto último, que el visitador cumplió su cometido cerrando hipócritamente los oídos a las razones de la exención o rebaja de la carga que le expusieron el virrey, las autoridades indígenas, los obispos y los religiosos.

A la nueva organización tributaria, que desde entonces se estableció y afectó profundamente la economía indígena, se aunó el descubrimiento de los nuevos yacimientos argentíferos, que hicieron de la Nueva España el principal productor colonial de plata.

---

[14] Del Paso y Troncoso, Francisco, *op. cit.*, vol. VIII, p. 187. Carta al rey del arzobispo Montúfar. 20 de junio de 1558.

[15] Valderrama, Jerónimo, *Cartas del Lic. Valderrama y otros documentos sobre su visita al gobierno de Nueva España. 1563-1565,* José Porrúa e Hijos, México, 1961.

[16] Miranda, José, *El tributo indígena en la Nueva España durante el siglo XVI,* pp. 72 y 73.

El auge minero permitió que las leyes que hasta ese momento habían protegido al trabajador indígena, se vieran sustituidas por otras, cuya única finalidad era facilitar el aumento de mano de obra en las minas. A partir de 1560, las relaciones de trabajo hasta entonces imperantes entre los españoles y los indígenas cambiaron.[17]

Los religiosos atacaron la nueva tasación del tributo y la explotación de los indígenas en las minas, situación que se unió al conflicto entre el clero secular, los obispos y el enviado del rey. Llegó un momento en que los franciscanos abandonaron la capital y los habitantes de la misma se amotinaron.[18] La corona decidió entonces desandar lo andado:

> Desde el descubrimiento [de las Indias] los religiosos que han estado y están en esta tierra han tenido muy especial cuidado y han hecho mucho fruto en la conversión y doctrina de los indios y al servicio de Dios N. S. y descargo de Nuestra Real conciencia. Conviene que tan santa obra no cese y a los ministros dellas sean favorecidos y animados. Mucho vos encargo y mando que a los dichos religiosos de las tres ordenes que residen en esta Nueva España, de que tenemos entera satisfacción que hacen los que deben y se ocupan en la dicha doctrina y conversión con todo cuidado de que Dios Nuestro Señor ha sido y es muy servido y los naturales muy aprovechados, les deis todo el favor para ello necesario y los honrreis y ameis mucho, para que como hasta aquí lo han hecho, de aquí en adelante lo hagan lo mismo.[19]

Estas recomendaciones llegaban demasiado tarde. Los problemas a que se habían enfrentado las órdenes, provocaron alrededor de 1570 su decadencia:

> V. E. sepa que puede haber diez años ha [1560], que ésta Nuestra Santa Providencia que llamanos del Santo Evangelio [que solía tener casi 60 monasterios, sin Michoacán ni Jalisco] se ha hallado muy trabajada y necesitada por falta de religiosos y la causa porque en aquella razón murieron de golpe muchos viejos antiguos [...] y también comenzaron a irse otros muchos a España, y se han ido después acá en todas las flotas movidos por los disfavores de los señores obispos o en parte de algunos oidores de Su Majestad. La cual falta de frailes ha sido causa de que en nuestro cabildo decidiéramos dejar algunos monasterios. En el capítulo de 1564, se decidió dejar algunos que no se hizo por orden del Virrey

---

[17] Miranda, José, *España y Nueva España en la época de Felipe II*, p. 76
[18] Encinas, Diego de, *op. cit.*, vol. II, p. 49. Cédula de 1566.
[19] García Icazbalceta, Joaquín, "Cartas de Religiosos del siglo XVI", en *Nueva colección de documentos para la Historia de México*, vol. I, pp. 54 a 58.
Relación de F. Miguel Navarro, Provincial de la Orden de San Francisco en esta Nueva España para el muy Excelentísimo Señor D. Martín Enríquez Virrey, Gobernador y Capitán de ella por SM sobre los monasterios que la dicha orden dejó el año pasado [1577] y la necesidad que para ello hubo.

Luis de Velasco. Sin embargo la situación sigue igual y a la fecha se han dejado once casas.[20]

Fray Gerónimo de Mendieta escribió con tristeza:

El fervor y ejercicio en la obra de la salvación de las ánimas, ya parece que del todo ha cesado. Ya murió el primitivo espíritu. Ya de los naturales recién conversos no hay el concurso que solía a la Iglesia de Dios para oir su palabra [...]. Lo que vemos y experimentamos es que en nuestro capítulo y congregaciones ya no hay otra cosa sino renunciación de guardianes. En las visitas a los conventos, apenas hallan los prelados frailes consolado ni contento, antes a los caminos les salen las cartas y nuevas del descontento y una y otra porfía sobre la licencia para volverse a España. Los prelados superiores de las órdenes andan tan acosados y afligidos [...] que no haya otro remedio que embarcarse para Castilla.[21]

Todo hace pensar que ni el clero secular ni el monarca quisieron destruir hasta ese grado a las órdenes monásticas. Simplemente deseaban participar en el trabajo de conversión de los naturales, en el proyecto catequizador y así compartir el poder que de ahí emanaba. Y a pesar de que en muchos escritos criticaron la forma de vida de los frailes y su manera de educar a los naturales, la verdad es que se hallaron incapacitados para proponer un método más efectivo de evangelización y ayuda al indígena.

En definitiva, lo que buscaban los clérigos y los obispos era que las órdenes religiosas se sujetaran a las decisiones del concilio de Trento, en donde se había establecido una distribución de funciones en la que las parroquias dependían de los curas, éstos de los obispos, y el papel asignado a los religiosos era de evangelización y ayuda a los pobres.

En 1565 el arzobispo confirmó al rey que se habían recibido las decisiones del concilio, y que se darían a conocer ese mismo año en presencia de la real audiencia y de la ciudad en la iglesia mayor.[22] Sin embargo, nunca fueron aplicadas formalmente porque fray Alonso de la Veracruz apeló a Pio V y obtuvo, el 24 de marzo de 1567, un "breve" a través del cual se respetaban los privilegios concedidos anteriormente a las órdenes.[23]

Pero los efectos de la política de Felipe II ya habían dañado irremediablemente el espíritu y la calidad de sus miembros.

[20] *Ibid.*, p. 3. Carta de fray Gerónimo de Mendieta al Comisario General fray Francisco de Bustamante. 1562.

[21] Del Paso y Troncoso, Francisco, *op. cit.*, vol. X, p. 70. Cf. también: Encinas, Diego de, *op. cit.*, vol. II, p. 45. 1571.

[22] García Icazbalceta, Joaquín, *Don Fray Juan de Zumárraga*, vol. I, p. 164.

[23] Cuevas, Mariano, *Documentos inéditos del siglo XVI*, p. 430. Carta de don Luis de Velasco a Felipe II. 1591.

No recibían ya el apoyo del virrey, ni de la Audiencia, ni ellos mismos tenían el mismo celo por educar. La crisis se resolvió en la Nueva España con la llegada, por 1570, de la Inquisición y de los jesuitas. Desde entonces, el obispo fue un sacerdote secular, y de él y de los demás curas empezó a depender la política evangelizadora que tomó forma alrededor del tercer concilio provincial mexicano de 1585:

> Señor: considerado he con particular atención que sería de mucha importancia para el bien y policía de los indios destas provincias, procurar que estos desde su niñez, a lo menos los hijos de los principales y caciques, se criasen con recogimiento y ensenándoles buenas costumbres y policía cristiana y gobierno prudente porque aunque se sabe por experiencia que hay, que sus sujetos son tan flacos, de creer es que la educación y principios con que se podrían enseñar avivaría y mejoraría el uso de la razón; y como estos principales siempre son los gobernadores, alcaldes, fiscales y justicias entre ellos, podrían resultar grandes efectos en la gente plebeya de que sus mayores fuesen hombres más prudentes y virtuosos y de quien se esperase que corregiría los vicios a que estos miserables son tan sujetos y rendidos por su flaqueza y para ésto acordándome que se vió en esta ciudad la juventud della y de todo el reino tan perdido y destruída que casi della no se esperaba remedio [...] y que más desto se ha reducido con notable fruto y buen ejemplo por lo que padres de la Compañía de Jesús [...] me ha parecido que se conseguiría algo desto en los indios en cuando al subjeto se admite, si estos padres hiciesen colegio distinto cerca de los barrios de los indios desta ciudad, donde residiesen y tuviesen y criasen como colegio o pupilaje de los niños y mozos hijos de principales.[24]

Así, al finalizar el siglo XVI, los prelados de la iglesia se enfrentaron, tal como lo hicieron los primeros religiosos en 1524, al problema que implicaba la verdadera conversión de los naturales. La lengua volvió a ser el primer obstáculo a vencer, porque los frailes celosos de su grey y del control que sobre ella ejercían, no les habían enseñado el castellano.

El problema no tenía una solución fácil, pues la Iglesia carecía de los medios para castellanizar a los naturales.[25]

Los nuevos curas de indios se enfrentaron también a las prácticas paganas de los naturales:

> La religiosidad de los indígenas es tan baja, que casi están libres de volverse algunos al vómito de sus idolatrías, no digo en las sierras y montes donde son muy comunes, pero aquí en México las hallamos.[26]

[24] *Ibid.*, p. 473.
[25] García Pimentel, *op. cit.*, p. 428. 1570.
[26] Llaguno, José, *op. cit.*, Advertencia del Dr. Hinojosa. 1585.

Después de muchas discusiones, el tercer concilio provincial decidió continuar por el camino que los primeros religiosos habían trazado; incluso se aconsejó introducir en el proceso de catequización el libro de himnos y cantos que había compuesto Sahagún en lengua mexicana.[27] Las escuelas anexas a los monasterios continuaron funcionando; en ellas se catequizaba a los niños y se les preparaba para ayudar al servicio de la iglesia y del monasterio.

Los resultados de la conversión de los indígenas de la Nueva España no se debieron pues a la falta de un método efectivo, ni tampoco, en los primeros años, a la falta de entusiasmo de los miembros de las órdenes. La barrera impuesta por la misma Iglesia, prohibiendo la ordenación de indígenas, encauzó la primera gran respuesta de los naturales hacia las formas externas del culto y hacia la formación de estratos que obtenían prestigio en su comunidad por el trabajo que desempeñaban cerca de los frailes.

Esta situación no iba a variar si los nuevos catequistas se concretaban a enseñar a leer, escribir, cantar y orar a los niños indígenas. Sobre todo porque la nueva generación de curas y religiosos no tenía fe en los naturales. En 1590, fray Pedro de Feria opinó sobre los curas de indios:

> Los curas de indios son gente que piensa que los indios saben ya bastante de cristianismo y que no hace por lo tanto falta enseñarles más, ni enviarles ministros especialmente preparados. Gente que piensa que no es necesario molestarse en ir a administrar estos sacramentos a los indígenas enfermos ya que los mismos indios traen a sus enfermos a los conventos e iglesias. Así, parte por falta de aprecio hacia el indígena, parte por no molestarse y finalmente parte por ver que si no van a los indios, los indios vienen a ellos. El caso es que los curas de indios poco a poco han descuidado esta obligación de su oficio.[28]

La independencia que la comunidad indígena había obtenido en sus fiestas, su gobierno, sus cofradías y su contacto con el monasterio, no cambió durante toda la Colonia. Ello se debió a que la Iglesia continuó con su labor educativa en pequeña escala y a que siguió dando un impulso definitivo a las formas externas de culto, especialmente la música y la danza. Es así como se entiende que persistieron estas artes en las comunidades indígenas, en las que por tradición se cantaba y bailaba para honrar a la divinidad, como vimos en el capítulo dedicado a los mexicas. Hasta la fecha, los grupos indígenas de México continúan con sus propias bandas, con sus músicos y sus danzantes, renovando el lenguaje sonoro de sus comunidades.

[27] *Ibid.*, p. 130
[28] Gage, Thomas, *op. cit.*, pp. 68-69.

RECAPITULACIÓN

PARA acercarse al fenómeno musical, no exclusivamente a la obra de arte musical, es necesario entender con claridad qué es la música. La dificultad y aun la falta de acuerdo para definirla nos demuestran que la música no es simplemente "el pensamiento expresado en sonidos", como dijo Varèse, o "el arte de combinar los sonidos", según la definición tradicional.

La música es un lenguaje social. Es el conjunto de sonidos que el ser humano emplea desde su primera infancia para comunicarse a través del oído e identificarse con el grupo genitor. La música está presente en cada individuo antes del habla, la cual se desarrolla íntimamente ligada al lenguaje sonoro. Por lo tanto, la música es una capacidad común a la especie y se incrementa de acuerdo con la cultura en la que el hombre nace.

Este lenguaje sonoro familiar que los miembros del núcleo social acostumbran, ligado a los rituales de la vida diaria, casi siempre se traduce en melodías que se cantan y se comparten con los grupos y estratos sociales a los que pertenece cada persona. La música se convierte así en un medio de identificación de los miembros del conglomerado social; en un conjunto de símbolos sonoros que se asocian a una forma de ver la vida, a una manera de entender el mundo.

Compartir la música también es un medio de diversión y de catarsis; por esto ayuda a establecer fronteras. Ofrece un terreno seguro para el individuo que tiene temporalmente contacto con sociedades distintas a la suya. Las melodías familiares le permiten expresar su origen y remitirse a él continuamente.

Ahora bien, dentro de este mundo sonoro que a todos nos engloba, se encuentran los profesionales que se han dedicado por siglos al estudio de la música, al florecimiento de las técnicas de ejecución, de composición, de interpretación, y a la fabricación de instrumentos. Para ellos (que provienen de cualquier estrato social, ya que hay música donde está el hombre) los sonidos son a un tiempo un lenguaje social y un campo de reflexión.

Los artistas buscan explicar al sonido como un fenómeno físico, como un conjunto de ondas con determinadas características. Han logrado ampliar la gama sonora que la voz humana produce sin estudio, han enriquecido la escritura musical y han perfeccionado la afinación de los instrumentos y las posibilidades de ejecución.

Es un hecho que los músicos profesionales hacen posible la retroalimentación sonora de una sociedad en donde convergen la música familiar, la popular acompañada por instrumentos autóctonos y, por último, las aportaciones de los profesionales, ya sean muy cultas o muy baratas, como las que difunden actualmente los medios de comunicación masiva.

El presente trabajo está basado en esta visión del fenómeno sonoro. No como obra de arte exclusiva de profesionales, sino como lenguaje social presente en todos los estratos de una sociedad. No como el privilegio de unos cuantos que conocen los secretos de la composición o la técnica musical, sino como un medio de expresión de cada miembro de la sociedad en su conjunto. Lógicamente, esta perspectiva posibilita análisis histórico-sociales del fenómeno musical. Ofrece la oportunidad de empalmar en una sola reflexión la estructura social y el lenguaje sonoro artístico.

Entendida la música como lenguaje social, el segundo paso es comprender a la sociedad en que se desenvuelve. Hay dos formas de acercarse a ella: el punto de vista diacrónico, que contempla el desarrollo de la sociedad en el tiempo; y el sincrónico, que detiene el reloj de la historia y analiza su estructura en un momento dado. Nosotros intentamos ambas.

Por un lado, situamos en el tiempo las condiciones políticas, sociales y culturales de la España de los Reyes Católicos y de la sociedad mexica de finales del siglo XV. Por otro, realizamos un corte de ambas culturas para examinar sus estratos y sus características culturales, básicamente relacionadas con la música. Este punto de vista proviene de Braudel: los estratos sociales se mueven a distinto ritmo. Mientras los estratos cercanos a la base social reciben información lentamente y por lo tanto dependen más de la tradición y de la costumbre, las élites económicas, políticas, intelectuales o artísticas, modifican sus hábitos con mayor velocidad e influyen de manera más directa sobre la producción artística. Porque el arte es refinamiento y su cultivo requiere de tiempo libre.

En España, a partir del siglo XIII, los ricoshombres trataron de emular a los nobles franceses que se habían cultivado desde el reinado de Carlomagno y habían llevado a la música y las artes a un gran momento en el siglo XIV, cuando el Papa vivía en Avignon. Los españoles se convirtieron en mecenas de músicos, pintores, escultores y escritores. Aunque ellos no eran ejecutantes (porque lo consideraban indigno de su rango), participaban en desfiles, torneos, bailes y sentencias, los cuales formaban parte de la vida bullanguera de sus ciudades. Fuera de ellas, la vida sonora en España dependía de las costumbres, los días de mercado y las fiestas del calendario católico. Los días del santo patrono llegaban al campo los nobles propietarios y sus invitados, con su capilla de músicos, y no faltaban los músicos ambulantes, mitad juglares y mitad mimos, que cantaban las últimas novedades y las gestas de los caballeros más famosos. También compañías de teatro ambulante formadas por estudiantes y profesionales que incluían en sus representaciones canciones y villancicos acompañadas de instrumentos. Por último, estaban en estas fiestas los grupos que bailaban y divertían. Todos reunidos cerca del atrio de la iglesia principal, contrastando con la música religiosa que se interpretaba en su interior.

Los españoles que conquistaron América provenían de diversos estratos sociales. Hombres de letras formados en las ciudades, aventureros que venían del campo, militares acostumbrados al sonido de las batallas, religiosos, etc. Cada uno escuchó de manera distinta la variada expresión sonora de los pueblos mesoamericanos. Algunos opinaron que la riqueza de la música y la perfección al bailarla eran sorprendentes. Otros la denunciaron como expresión pagana de los dioses. Pero cualquiera que haya sido el punto de vista de la Iglesia y del gobierno virreinal, es indudable que la música y la danza fueron los medios que hicieron posible la conversión de los indígenas. Gracias a ellas la política de "oprímelos y exprímelos, pero no los mates", tuvo resultados artísticos sorprendentes. Así lo explicó fray Pedro de Gante: mientras ellos vivieron en Texcoco, ya que Tenochtitlán estaba siendo remodelada para convertirse en la capital del virreinato, los indios recelaban y no accedían a comunicarse con los frailes. Incluso cuando trataban de convencerlos de aceptar la nueva religión, los indígenas se indignaban:

> [...] Vosotros dijísteis
> que nosotros no conocemos
> al Señor del cerca y del junto,
> a aquel de quien son los cielos y la tierra.
> Dijísteis que no eran verdaderos nuestros dioses.
> Nueva palabra es ésta,
> la que habláis,
> por ella estamos perturbados,
> por ella estamos molestos.
> Porque nuestros progenitores,
> los que han sido, los que han vivido sobre la tierra,
> no solían hablar así.
> Ellos nos dieron sus normas de vida,
> ellos tenían por verdaderos,
> daban culto,
> honraban a los dioses.
> Ellos nos estuvieron enseñando
> todas sus formas de culto,
> todos sus modos de honrar a los dioses.

Así, ante ellos acercamos la tierra a la boca,
por ellos nos sangramos,
cumplimos las promesas,
quemamos copal
y ofrecemos sacrificios.
Era doctrina de nuestros mayores
que son los dioses por quien se vive,
ellos nos merecieron [con su sacrificio nos dieron vida] [...]

El reverso de la Conquista, pp. 25-26.

Para los indígenas, el lenguaje sonoro y las ceremonias eran símbolos de que sus dioses estaban cerca de ellos. ¿Qué podían hacer los frailes si no aceptar ese ritual para honrar al único Dios? Así, en la navidad de 1528, fray Pedro de Gante decidió organizar una fiesta a la cual fueron invitados los principales de todo el valle de México. Ahí se les permitió, a ellos y a su gente, cantar, bailar y usar sus atavíos, tal como en los tiempos antiguos. Incluso los indígenas levantaron en el atrio del antiguo convento de San Francisco un gran tronco en forma de cruz que conmemoró la fecha.

Según las crónicas y cartas de los franciscanos, esta celebración marcó un punto definitivo en la evangelización. A partir de entonces los principales aceptaron que, como en la costumbre antigua, toda la población acudiera ordenadamente a cantar y oír misa en los atrios de los conventos, no en el interior del templo. Los jóvenes acudían acompañados de sus mayores a los monasterios para ser educados. Algunos vivieron internos y luego en sus casas, pero no dejaron de asistir diariamente a las escuelas anexas a los monasterios y aprendieron a leer y escribir la doctrina, "canto llano" y "canto de órgano". Pronto fueron los encargados de combatir la idolatría y de organizar el ritual de las misas y las fiestas del lugar. Se convirtieron en cantores y ministriles. También en sacristanes, porteros y servidores del monasterio. Además, fueron el contacto entre los pueblos de indios y los españoles, ya que sólo ellos hablaban castellano. De estos niños educados en las escuelas anexas a los monasterios salieron, al organizarse los cabildos, las autoridades de los mismos. Hay que recordar que dentro de este cuerpo de gobierno estaban siempre los cantores, que eran miembros honorarios ya que tenían gran peso en la vida educativa, festiva y musical de las comunidades.

Como la iglesia colonial prohibió que los naturales fueran ordenados sacerdotes o recibieran alguna orden menor, fue en las fiestas, en el desarrollo musical e instrumental en honor de la iglesia, en donde el gobierno novohispano quiso ver el resultado concreto de la evangelización. Apenas necesitamos señalar que estos bailes y cantos eran producto de un fenómeno sincrético, a fin de cuentas mestizo, en el que se expresaba una religiosidad nueva, distinta a la católica.

Ahora bien, los frailes no sólo influyeron en la comunidad indígena con los niños. Su deseo de evangelizar a toda la población los llevó a intentar una educación masiva. A través de representaciones escénicas que incluían piezas musicales, se enseñó historia sagrada, la vida de Jesús y la de los santos y, a través de cantos con melodías muy sencillas, las principales oraciones.

El uso de la música con finalidad de enseñanza y de ritual religioso se empalmó con las costumbres indígenas de aprender a través de fórmulas melódicas y de bailes en honor de los dioses. De ahí el sorprendente resultado de este esfuerzo que Ricard llamó "el esplendor del culto".

Es obvio que la práctica musical indígena fue alentada por las autoridades coloniales porque las expresiones externas del culto formaban parte de los valores de la sociedad renacentista española. A estas alturas la música religiosa, la música popular y la música cortesana se hallaban en la península en un estado de gran desarrollo, presentes en todas las celebraciones y todos los momentos de esparcimiento de la población.

Especialmente la música religiosa española iba dejando el canto gregoriano para ocasiones especiales de la liturgia y las horas canónicas, mientras empezaba a usar conjuntos de instrumentos y música polifónica dentro de sus recintos de oración. Esta costumbre de grandes músicas e instrumentos en las iglesias se conserva hasta la fecha en los pueblos indígenas.

Los frailes franciscanos venidos a la Nueva España no se contentaron con la influencia que habían obtenido en las comunidades a través de las escuelas, la música y el teatro, y alentaron entre los adultos la organización de cofradías. Éstas sirvieron para mantener la devoción de los naturales hacia una o varias imágenes, Jesús o la Virgen. Las cofradías obligaron a sus miembros a socorrerse mutuamente y a organizar en los días dedicados a su patrón o devoción grandes fiestas con procesiones, andas, ropas, comida, flores y adornos, danzas y músicas. Estas organizaciones tuvieron desde el principio un gran éxito entre los indígenas y llegó un momento en que su funcionamiento se independizó de los religiosos. Continuaron existiendo durante toda la Colonia al margen de los frailes o de los curas de indios.

Gracias a las cofradías, los naturales tuvieron acceso a la vida religiosa y festiva de la "República de Españoles", así como también a través de los gremios. Ambas organizaciones se usaron en España, y los conquistadores y sus familias las acostumbraron. Así fue como coincidieron en los mismos recintos las cofradías de indios y de españoles. Los gremios también hicieron posible este contacto. Organizados como en Europa, con veedores, maestros y aprendices, desde el principio tuvieron que recurrir al trabajo indígena para satisfacer la demanda de bienes. Es obvio que se limitó el número de naturales en los gremios más ricos; sin embargo, con el tiempo, la cantidad de trabajo indígena llegó a ser en todos importante. Cada gremio tenía un santo patrono al que conmemoraban con una gran fiesta al año. La celebración incluía procesión con trajes de gala, andas y arcos de flores, una misa en la que el gremio hacía una ofrenda. La fiesta terminaba con bailes y cantos en el atrio.

El contacto que los indígenas tuvieron con el lenguaje sonoro europeo modificó, especialmente en el valle de México, la comprensión que tenían de la música, sobre todo de la parte técnica, esto es, la armonía, la altura de las notas y el ritmo de la misma. En la medida en que adoptaron los instrumentos occidentales y comenzaron a expresarse a través de melodías basadas en las escalas europeas, se perdió la costumbre de fabricar y usar instrumentos autóctonos. Por ejemplo: los conjuntos de chirimías que nosotros consideramos privativos de los grupos indígenas, son de origen español. Los naturales aprendieron a escribir y a leer música y perdieron su propia memoria musical.

Esta adopción del lenguaje musical occidental fue paulatina y dependió de la importancia de la comunidad indígena y su cercanía a las principales ciudades del virreinato. En poblaciones numerosas como Tlaxcala, la Iglesia colonial intervino en la organización de los cantores y permitió hasta 30 músicos dentro de las iglesias. En otras permitió tan sólo dos o tres y el contacto con instrumentos occidentales fue menos definitivo. Pero, independientemente de la adopción de la música occidental, lo importante es señalar que el proceso de evangelización terminó en la Nueva España muy pronto. La llegada de los jesuitas marcó el fin del gran sueño misionero de los franciscanos, que dejaban de ser cuerpos independientes para convertirse en partes de una Iglesia centralizada y controlada por los obispos y el rey. Así, la Iglesia de Felipe II volvió a plantear en 1585 el problema de cómo acercarse a los naturales y cómo entenderse con ellos después de que los dos grandes proyectos educativos de los franciscanos, San José de los Naturales y Santiago Tlatelolco, estaban acabados. Se optó por continuar con el método establecido por los frailes, es decir, escuelas anexas a los monasterios en donde algunos niños aprendían canto llano y de órgano, a leer y escribir y a hablar en español. De estos jóvenes continuaron seleccionándose las autoridades del cabildo y los escribanos que tenían comunicación con la autoridad virreinal. Los cabildos siguieron con la costumbre de organizar la fiesta del santo patrono del lugar. Para ello, señalaban encargados de la cera, los adornos, las flores, la comida y la bebida. También personas que debían vigilar el buen desempeño de la procesión, las danzas y las músicas en cada parada.

Poco a poco los encargados de las danzas, por un lado, y los músicos, por el otro, se separaron del monasterio y continuaron una vida independiente, tal como las cofradías y algunos gremios de indios. Generalmente eran oficios que pasaban de padres a hijos. Así se explica que hasta ahora haya en las comunidades de indios grupos de danzantes y de músicos, casi siempre ejecutantes de alientos.

Esto quiere decir que el resultado más notable de la evangelización fue la conservación del lenguaje sonoro indígena. Gracias al método educativo de los frailes, la conquista musical no implicó la destrucción de las estructuras sociales que hacían posible la práctica de la música en las comunidades indígenas.

Los frailes estaban convencidos de que Dios era Dios mientras su obra actuara y por lo tanto buscaron obtener resultados masivos de su labor. El ritual indígena, tan complejo y variado, fue el medio perfecto para mostrar los resultados de su obra. Y como la música es un lenguaje poético que transforma la realidad y la recrea, los indígenas bien podían dar gloria al Dios cristiano, si sus cantos y danzas dejaban de tener en realidad o en apariencia contenido pagano.

Fue así como la Iglesia colonial sentó dentro de las comunidades las bases sociales para que se conservara la ceremonia indígena. Después de todo, este tipo de fiestas en las que se mezclaba lo profano y lo religioso se acostumbraban en los pueblos españoles desde la Edad Media.

Por otro lado, la Iglesia colonial de Felipe II, de finales del siglo XVI, no pudo formular un nuevo método de conversión para los indígenas. Aunque las autoridades eclesiásticas se daban cuenta de que la fiesta indígena encubría las creencias paganas de los naturales (que incluso buscaban construir iglesias en donde antes tenían sus santuarios y movían de día las celebraciones católicas para hacerlas coincidir con su calendario antiguo), no pudieron modificar la estructura educativa de los primeros frailes. Por lo tanto, acabaron aceptando las costumbres indígenas de realizar procesiones, construir andas, cantar y bailar en los atrios, acompañarse de conjuntos de músicos, etc. Y como estas expresiones de culto se repetían día con día y mes con mes, acabaron formando parte de la vida colonial.

Ni la Independencia, ni el gobierno de Porfirio Díaz, ni la Revolución Mexicana o los gobiernos del México de mediados del siglo XX afectaron la vida sonora indígena, como el entronizamiento de los medios de comunicación. Actualmente el 100% de la población de México tiene servicios eléctricos: todos pueden escuchar radio y ver televisión. Desgraciadamente estos medios de comunicación han ido igualando las expresiones sonoras de la población joven y por lo tanto minan y seguirán minando lentamente el lenguaje sonoro de México, que se conservó variado y rico desde 1521 hasta nuestros días.

BIBLIOGRAFÍA

Alegre, Francisco Javier, *Historia de la Compañía de Jesús en Nueva España*, J. Tijón y Caamaño, 1940.

Aguirre Beltrán, Gonzalo, *Regiones de refugio*, INI, México, 1973.

Anaya Solórzano, Soledad, *Literatura Española*, Porrúa, México, 1963.

Anglés, Higinio, *La música en la corte de los Reyes Católicos*. I. *Polifonía religiosa*, Consejo Superior de Investigaciones Científicas, Instituto Diego Velázquez, Madrid, 1941.

———, *La música en la corte de Carlos V*, Instituto Español de Musicología, Barcelona, 1944.

Altolaguirre y Duvalí, Jaime, "Gobierno español y temporal de los indios", en *Colección de documentos inédito de ultramar*, vols. XXI y XXII. Reeditado por Kraus reprinted. Lt., 1967.

Bayle, Constantino, *Los cabildos seculares en la América española*, Sapientia, Madrid, 1952.

Benítez, Fernando, *Los primeros mexicanos*, ERA, México, 1962.

———, *La ruta de Hernán Cortés*, FCE, México, 1950.

Boletín del Archivo General de la Nación.

Campos, Rubén M., *El folklore y la música mexicana*, SEP, México, 1928.

———, *El folklore musical de las ciudades*, SEP, México, 1930.

Carrera Stampa, Manuel, *Los gremios mexicanos*, Ediapsa, México, 1954.

Casariego, J. E, *El municipio y las Cortes en el Imperio Español de los Indios*, Madrid, 1946.

Castellanos, Pablo, *Curso de historia de la música en México*, mimeógrafo, Conservatorio Nacional de Música. Sin fecha.

Caso, Alfonso, *Los calendarios prehispánicos*, UNAM, 1967.

Cervantes de Salazar, *México en 1554. Túmulo Imperial de la Gran Ciudad de México*, Porrúa, México, 1978.

Chávez Orozco, Luis, *Índice del Ramo de Indios*, vols. I y II, AGN, México, 1951-1953,

———, *Las instituciones democráticas de los indígenas mexicanos en la época colonial*, Instituto Indigenista Interamericano, México, 1943.

Clavijero, Francisco Javier, *Historia Antigua de México*, Porrúa, México, 1976.

Códice Mendieta, Documentos franciscanos de los siglos XVI y XVII, México, 1892.

Concilios Provinciales I y II Celebrados en la Muy Noble y Muy Leal Ciudad de México, Ed. Francisco Antonio Lorenzana, 1565.

Cortés, Hernán, *Cartas de relación*, Porrúa, México, 1978.

Cuevas, Mariano, *Documentos inéditos del siglo XVI*, Porrúa, México, 1975.

Cuevas, Mariano, *Historia de la Iglesia en México*, Ed. Revista Católica, El Paso, Texas, 1928.

Del Paso y Troncoso, Francisco, *Epistolario de Nueva España*, vols. I al XVI Porrúa, México, 1939.

Díaz del Castillo, Bernal, *Historia Verdadera de la Conquista de la Nueva España*, Porrúa, México, 1979.

Documentos fraciscanos de los siglos XVI y XVII. Códice Mendieta, Edmundo Aviña, editor, Guadalajara, Jal., 1971.

Durán, Diego, *Historia de los Indios de Nueva España e Islas de Tierra Firme*, vol. II, Porrúa, México.

Encinas, Diego del, *Cedulario Indiano*, vols. I al IV, Madrid, Cultura Hispánica, 1945.

Estrada Jesús, *Música y músicos de la época virreinal*, Sep-Setentas, no. 95, México, 1973.

Estrada, Genaro, *Ordenanzas de gremios de la Nueva España*. Compendio de los 3 tomos de la *Compilación Nueva de las Ordenanzas de la Muy Noble y Muy Leal e Imperial Ciudad de México*, hecha por Francisco del Barrio Lorenzot, Secretaría de Industria, Comercio y Trabajo, México, 1921.

Estrada, Julio, *La música de México*, vol. I, UNAM, 1984.

Gage, Thomas, *Nueva relación que contiene los viajes de Thomas Gage a la Nueva España*, Xóchitl, México, 1947.

García Icazbalceta, Joaquín, *Don Fray Juan de Zumárraga*, vols. I al IV, Porrúa, México, 1947.

———, *Bibliografías del siglo XVI*, Librería de Andrade y Morales, Sucesores, México, 1886.

———, *Colección de documentos para la Historia de México*, vols. I y II, Porrúa, México, 1971.

———, *Nueva colección de documentos para la Historia de México*, vol. I: Cartas de religiosos del siglo XVI; vol. II: Códice Franciscano; vol. III: Breve y sumaria relación de los señores de la Nueva España, Ed. Salvador Chávez Hayhoe, México, 1941.

García Pimentel, *Descripción del Arzobispado de México hecha en 1560*, José Joaquín Terrazas e Hijos Impresores, México, 1897.

Garibay, Ángel María, *Historia de la literatura náhuatl*, vols. I y II, Porrúa, México, 1953-1954.

Gemelli Carrero, Francisco, *Giro del mundo. Viaje a Nueva España*, Sociedad de Bibliófilos Mexicanos, 1928.

Gibson, Charles, *Los aztecas bajo el dominio español*, Siglo XXI, México, 1978.

González Casanova y Miranda, Pablo, *Sátira anónima del Siglo XVIII*, FCE, México, 1963.

Grout, Donald Jay, *A History of Western Music.*, Norton, N. Y., 1973.

Gruzinski, Serge, *La Colonisation de l'imaginaire*, Gallimard, París, 1988.

Gutiérrez Casillas, José, *Historia de la Iglesia en México*, Porrúa, México, 1974.

Jiménez Rueda, Julio, *Historia de la cultura en México*, vol. II, Cultura, México, 1960.

———, *Herejías y supersticiones en la Nueva España*, Imprenta Universitaria, México, 1946.

Kobayashi, *La educación como conquista*, El Colegio de México, 1975.

Las Casas, Bartolomé de las, *Apologética Historia Sumaria*, Instituto de Investigaciones Históricas, UNAM, vols. I y II, México, 1967.

Legislación del trabajo en los siglos XVI, XVII y XVIII, México, Departamento del Trabajo, 1938.

León Portilla, Miguel, *Los antiguos mexicanos a través de sus crónicas y cantares*, FCE, México, 1976.

———, *La filosofía náhuatl*, Instituto de Investigaciones Históricas, UNAM, México, 1974.

Leonard, Irving A, "Romances of Chivladry in The Spanish Indies", en *University of California Publications in Modern Philology*, vol. 16, núm. 33, pp. 217-372, California, 1933.

———, *Los libros del conquistador*, FCE, México, 1949.

Lira, Andrés, "La extinción del Juzgado en Indios", en *Revista de la Facultad de Derecho en México*, tomo XXVI, enero-junio 1976, núm. 101-102, México, 1976.

Llaguno, José. *La personalidad jurídica del indio y el Tercer Concilio Provincial Mexicano (1585)*, Porrúa, México, 1963.

López Austin, Alfredo, *La constitución real de México-Tenochtitlán*, UNAM, Instituto de Historia, Seminario de Cultura Náhuatl, 1961.

Mac Lean y Estenos, Roberto, *Status socio-cultural de los indios de México*, México, Instituto de Investigaciones Sociales, UNAM, 1960.

Martí, Samuel, *Música de las Américas*, INAH, México, 1950.

———, "Música colonial profana", en *Cuadernos Americanos*, enero-febrero, México, 1970.

———, *Instrumentos musicales precortesianos*, INAH, México, 1968.

Mendieta, Gerónimo, *Relación de la Descripción de la Provincia del Santo Evangelio de México*, Anales de la Provincia del Santo Evangelio de México, año 4, núm. 2, abril-junio, 1947.

———, *Historia Eclesiástica Indiana*, Ed. Salvador Chávez Hayhoe, México, 1945.

Mendoza, Vicente T. *Panorama de la música tradicional en México*, Imprenta Universitaria, México, 1956 .

Miranda, José, *España y Nueva España en la época de Felipe II*, UNAM, Instituto de Historia, México, 1962.

———, *El tributo indígena en la Nueva España durante el siglo XVI*, El Colegio de México, 1952.

———, "Instituciones indígenas en la Colonia", en *La Política indigenista en México*, INI y SEP, núm. 20, tomo I, México, 1973.

Moreno, Salvador, "Huelga de Trompetas", en *Diálogos*, núm. 48, pp. 9 y 70, El Colegio de México, México, 1972.

Motolinía, Toribio, *Memoriales o Libro de las Cosas de la Nueva España y de los Naturales de Ella*, UNAM, 1971.

——— (atribuido a Motolinía), *Historia de los Indios de la Nueva España*, Ed. Salvador Chávez Hayhoe, México, 1941.

———, *Cartas al emperador*, Jus, México, 1949.

Ocaranza, Fernando, *El Imperial Colegio de Indios de la Santa Cruz de Santiago Tlatelolco*, e/a, México, 1934.

Orta Velázquez, Guillermo, *Breve historia de la música en México*, Manuel Porrúa, México, 1970.

Phelan, John, *El reino milenario de los franciscanos en el Nuevo Mundo*, UNAM, México, 1972.

Ponce, Manuel, *Nuevos escritos musicales*, Stylo, México, 1948.

Reese, Gustave, *Music in the Middle Agess*, Norton, N. Y., 1956.

Rey, Agapito, *Cultura y costumbres del siglo XVI en la península Ibérica y Nueva España*, Mensaje, 1944.

Ricard, Robert, *La conquista espiritual de México*, Ensayo sobre el apostolado y los métodos misioneros de las órdenes mendicantes de la Nueva España. 1523 y 1572, Jus, México, 1947.

————, *The Spiritual Conquest of México*, Berkeley, Calif., University of California Press, 1966.

Sahagún, Bernardino de, *Ritos, Sacerdotes y Atavíos de los Dioses*. Introducción, paleografía, versión y notas de Miguel León-Portilla, Instituto de Historia, Seminario de Cultura Náhuatl, UNAM, 1958.

————, *Historia General de las cosas de la Nueva España*, Porrúa, México 1969.

Sainz, Fernando, *Historia de la cultura española*, Nova, Buenos Aires, 1955.

Salazar, Adolfo, *La música en la sociedad europea*, vol. I, El Colegio de México, México, 1942.

————, *Conceptos fundamentales en la historia de la música*, Manuales de la Revista de Occidente, Madrid, 1954.

Saldívar, Gabriel, *Historia de la música en México*, SEP., México, 1935.

Silbermann, Alphons, *Estructura social de la música*, Taurus, México, 1962.

Silonimsky, Nicolás, *La música en América Latina*, Ateneo, Buenos Aires, 1947.

Soustelle, Jacques, *La vida cotidiana de los aztecas*, FCE, México, 1977.

Stevenson, Robert, *Music in Aztec and Inca Territory*, Berkeley, Calif., University of California Press, 1976.

————, *Music in Mexico*, Thomas and Crowell Co., N. Y., 1952.

————, *Spanish Cathedral Music in the Golden Age*, Berkeley, Calif., University of California Press, 1961.

The Catholic Enciclopedia. Ro. Appleton & Co., N. Y., vols. I-XVI.

Torquemada, Juan de, *Monarquía Indiana*, UNAM, Instituto de Investigaciones Históricas, México, 1975, vols. I, II y III, Ed. Salvador Chávez Hayhoe, vols. II y III, México, 1943.

Torres, J. *et al.*, *Música y sociedad*, Real Musical, Madrid, 1978.

Tuchmann, Barbara, *A Distant Mirror*, Penguin Books, 1978.

Valbuena Prat, *Historia de la literatura española*, Gustavo Gili, 1963.

Valderrama, Jerónimo, *Cartas del Lic. Valderrama y otros documentos sobre su visita al gobierno de Nueva España. 1563-1565*, José Porrúa e Hijos, México, 1961.

Valle Arizpe, Artemio del, *Notas de Platería*, Herrero Hnos. Sucesores, México, 1961. En todo lo referente a corporaciones cita a don Juan de Contreras, Marqués de Lozoya, *Historia de las corporaciones de ministrales de Segovia*, España, 1921.

Vetancourt, Agustín de, *Theatro Mexicano*, Porrúa, México, 1971.

Vicens Vives, Jaime, *Historia social y económica de España y América*, Ed. Teide, Barcelona, 1957.

Weber Max, *Economía y sociedad*, vol. II, FCE, México, 1969.

Yurchenco, Henriette, "La música indígena en Chiapas", en *América indígena*, vol. III, núm. 4, Instituto Indigenista Interamericano, México, 1943.

Zavala, Silvio y Castelo, María, *Fuentes para la historia del trabajo en Nueva España*, vols. I al IX, FCE, México, 1939.

Zorita, Alonso de, *Historia de la Nueva España*, Librería General de Victoriano Suárez, 48, Madrid, 1909.

——, "Breve y sumaria relación de los señores de la Nueva España", en *Nueva colección de documentos para la Historia de México*, Ed. Salvador Chávez Hayhoe, México, 1941.

GLOSARIO DE TÉRMINOS MUSICALES

Acorde.- Sonoridad que resulta de la emisión simultánea de varios sonidos.

Alto.- Dícese de la fiesta movible o de la cuaresma cuando cae más tarde que otros años. // Se refiere al sonido que comparado con otro tiene mayor número de vibraciones por segundo. // Viola. // Se utiliza como abreviatura de contralto.

Añafiles.- Trompetas rectas de origen árabe, de unos 80 centímetros de longitud que se usaron en Castilla.

Antifonia (antífona).- Breve pasaje tomado por lo común de la Sagrada Escritura que se canta o reza antes y después de los salmos y de los cánticos en las horas canónicas (cf.) y guarda relación con el oficio propio de cada día.

Areito.- Canto de los antiguos indios de las Antillas y América Central. También designa la danza que se bailaba con este canto. Motolinía lo utiliza para designar cualquier danza indígena acompañada por canto.

Armonía.- Desde un punto de vista general este vocablo significa la relación orgánica entre los elementos de un todo. Musicalmente se refiere al conjunto de normas que ordenan y regulan las relaciones entre las partes de una composición y las articulan entre sí en función de leyes basadas en principios acústicos.

Calenda.- Lección del martirologio romano, con los nombres y hechos de los santos y las fiestas pertenecientes a cada día. // En el antiguo cómputo romano y en el eclesiástico, el primer día de cada mes.

Canción.- Composición de carácter melódico a una o varias voces, que puede ir acompañada de instrumentos, escrita sobre un texto poético.

Canción cortesana.- Canción que se entonaba en las cortes de los reyes.

Canción polifónica.- La composición escrita para varias voces.

Cancionero.- Colección de canciones y poesías, por lo común de diversos cantares.

Cantigas.- Canción propia de la lírica galaico-portuguesa.

Canto de órgano.- Nombre usado en los siglos XV y XVI para designar el canto eclesiástico que se componía de trozos musicales que se podían acomodar a distintos ritmos y compases.

Canto llano.- Canto litúrgico de la Iglesia católica romana entonado al unísono. Se le conoce también como canto gregoriano y floreció desde el año 600 hasta los siglos XIII y XIV en que lo desplazó la música polifónica. Sin embargo se sigue usando aún hasta hoy para entonar muchas partes de la liturgia.

Canto responsorial.- Canto de los salmos de origen hebreo que era entonado alternando las estrofas entre el solista y la congregación. La liturgia cristiana lo adoptó con el nombre de salmodia responsorial (o canto responsorial), en donde una voz cantaba la primera línea del salmo y la congregación respondía entonando la segunda.

Cantor (es).- En términos generales el que canta por oficio. Pero esta palabra también designaba antiguamente al compositor de cánticos y salmos.

Cantor contrabassus, o contra o bassus.- Artista dedicado al canto que posee la voz más grave.

Cantor tenor.- Del latín *tenere*, "tener" o "sostener". El término de tenor empezó a utilizarse en la música religiosa, hacia el año 1000, para denotar la voz que tenía el tema del canto llano cuando se añadía una línea melódica más grave. La voz de tenor es la más aguda de las masculinas adultas.

Canzonetas.- Término utilizado en los siglos XVI y XVII para designar pequeñas piezas vocales ligeras, con carácter similar al de una danza.

Capilla.- Cuerpo de músicos asalariados adscritos a una iglesia, una casa real o algún noble.

Capiscol.- Término que proviene del latín y que significa cabeza de escuela. Se usa como sinónimo de chantre. (cf.).

Cascarade.- Danza antigua muy rápida de metro triple.

Casas consistoriales.- Construcción a donde concurren los capitulares de un ayuntamiento a celebrar sus juntas.

Chantre.- Nombre con que todavía se designa en algunas provincias de España al que rige el coro, gobernando el canto llano. // Oficio: cantar, enseñar y corregir en ella y ordenar por sí y no por otro lo que al canto llano conviene.

Chirimía.- Instrumento de viento, hecho de madera. Tiene 17 centímetros de largo, con 10 agujeros y lengüeta de caña.

Cítara o cíthara.- Instrumento antiguo similar a la lira, pero con caja de resonancia. El número de sus cuerdas varía, pero siempre se tocan con púa.

Clarín.- Instrumento músico de viento, .de metal, semejante a la trompeta pero más pequeño y de sonidos más agudos.

Clavicínvano o clavicímbano.- Uno de los nombres con que se designaba al antiguo clavicémbalo. Instrumento de teclado que se caracteriza por el modo en que se puntean sus cuerdas con picos de pluma que hacen el oficio de plectros.

Claviorgano.- Instrumento de teclado de sonido muy bello que tiene cuerdas como clave y flautas o cañones similares a las de los órganos.

Códice musical.- Libro manuscrito, generalmente anterior a la invención de la imprenta, que contiene material de música.

Cómico solitario o trashumante.- (Trashumar: pasar el ganado con sus conductores de las dehesas de invierno a las de verano.) Cómico ambulante.

Compás.- Pulsación generalmente en dos (binario) o en tres (ternario) partes, que regula el tiempo en la ejecución musical, sometiéndolo a base de .estas divisiones preestablecidas a un orden periódico.

Contra.- Cf. cantor contrabassus.

Contralto.- La más grave de las voces femeninas. // Parte del contralto. La línea musical que en una composición polifónica está escrita para esta voz. Generalmente la segunda.

Contrapunto.- Arte de concordar armónicamente voces contrapuestas.

Copla o metro.- Composición poética que consta sólo de una cuarteta de romance, de una seguidilla, de una redondella o de otras combinaciones breves. Por lo común sirve de letra en las canciones populares.

Cosantes.- Nombre de una danza similar al *courante* que estuvo muy de moda en el siglo XVI y que se convirtió, a mediados del siglo XVII, en una de las partes más importantes de la suite. La *courante* era una pieza de tiempo doble que se bailaba con base en saltos y una gran variedad de figuras que dependían de la habilidad de quien la interpretaba.

Danzas de los momos.- Danzas enmascaradas que tenían un argumento bastante rudimentario.

Diapente.- Proviene del griego *dia* (a través) y *pente* (cinco). Intervalo (cf.) musical de quinta.

Diatónica.- Modernamente este término califica a la escala llamada natural, compuesta por cinco tonos y dos semitonos; por ejemplo, la escala de do mayor.

Dinámica.- Conjunto de signos y conjuntos que regulan la intensidad sonora, los cambios de ritmo y todas las variedades que permiten contratar los temas y frases de una composición musical.

Discantus.- Segunda forma de composición polifónica originada en el siglo XII en Francia. La primera, conocida como *organum*, presentaba movimiento sólo en la voz superior mientras que la inferior, inspirada en el canto llano, se alargaba hasta convertir a cada nota en un pedal. El discantus liberó a la voz inferior permitiéndole moverse de la misma forma que la superior.

Dominante.- Es el quinto de una escala diatónica.

Drama.- Composición literaria de asunto conmovedor y en el cual puede el autor excitar efectos suaves o el terror, como en la tragedia, o poner junto lo triste con lo cómico y emplear todos los tonos, desde el más humilde hasta lo más elevado, así como dar a la fábula desenlace venturoso o desdichado.- // Drama litúrgico: forma de dramatización muy común en la Edad Media y el Renacimiento, en donde la trama giraba alrededor de pasajes bíblicos o vidas de santos.

Dulzaina.- Instrumento de viento parecido a la chirimía, inventado en el siglo XIV con la finalidad de obtener tonos más suaves y altos que el de los instrumentos con boquilla de caña.

Égloga.- Composición poética del género bucólico, que tiene serenidad y dulzura; en ella se introducen pastores que dialogan.

Escala.- Sucesión correlativa y por orden de frecuencias de sonidos de diversa altura, comprendidos entre un primero y un último fundamentales. En la música tradicional este sonido es el mismo.

Escuela de Notre-Dame.- Nombre con que se conoce una escuela francesa de composición polifónica del siglo XII, que influyó en la producción musical de los principales centros artísticos de entonces. Dos de sus principales compositores fueron Léonin y Perotin. Su producción se conoce gracias a un conjunto de manuscritos conocidos como el *Magnus Liber Organi*, que actualmente se puede consultar en la biblioteca de las universidades de Yale y de Nueva York.

Estafermo.- Figura giratoria de un hombre armado con un escudo en la mano izquierda y en la derecha una correa con bolas o saquitos de arena.

Los jugadores se colocaban en carrera y le herían el escudo. Quien no lo hacía bien recibía golpes de la figura.

Fagot.- Instrumento musical de viento formado por un tubo de madera de unos siete centímetros de grueso y más de un metro de largo, con agujeros y llaves, que se toca con una boquilla de bambú puesta en un tudel insertado en la parte superior del aparato.

Farsa.- Nombre que antiguamente se daba a las comedias. También designaba a las piezas cómicas, breves por lo común, cuyo objeto era hacer reír.

Gayta o Gaita.- Es uno de los instrumentos más antiguos y difundidos en el mundo; tiene dos elementos: la bolsa, que al actuar como depósito de aire evita la interrupción de la música mientras el intérprete respira; y la boquilla o tubo con su penetrante sonido. La melodía se toca generalmente en uno de los tubos, mientras el resto proporciona el acompañamiento.

Gama.- Con este término se designa una escala o sucesión de sonidos. // Gama pentafonal. Escala musical de cinco sonidos.

Géneros menores.- Con este nombre se suele designar a las composiciones musicales de carácter más ligero como la opereta, la comedia musical, las danzas o el *music hall.*

Glosas.- Sinónimo de trozos musicales improvisados.

Goliardos.- Término con que en la Edad Media se designaba a los clérigos o estudiantes vagabundos que llevaban una vida irregular.

Histrión.- Nombre con que se conocía en la comedia o tragedia antigua al que representaba disfrazado.

Horas canónicas.- Las partes del oficio divino que la Iglesia acostumbra rezar y cantar en las distintas horas del día, tales como los maitines, laudes, vísperas, prima, etcétera.

Infantes de coro.- Actualmente designa a niños menores de siete años que vestidos de manto y roquete sirven en el coro y en los distintos ministerios de la Iglesia. Antiguamente se refería a los niños que estaban siendo educados por los maestros de capilla de las iglesias catedrales para ser músicos completos.

Intervalo.- La distancia que según la armonía tradicional hay entre dos sonidos.

Intervalo de quinta justa.- Distancia de tres tonos y medio entre dos notas.

Jabela, ajabeba o jabiga.- Flauta de origen árabe hecha de caña.

Juglar.- El que por dinero cantaba ante el pueblo, bailaba o hacía juego y truhanerías. // El que por estipendio o dádivas recitaba o cantaba poesías de los trovadores, para recreo de reyes o nobles.

Laúd.- Instrumento de cuerdas, similar a la guitarra, que se tocaba puntuando las notas con los dedos o un plectro. Su origen es árabe y fue muy popular en los siglos XV y XVI para acompañar canciones.

Maestro de capilla.- Título que se da al artista que compone y dirige la música que se canta en los templos con motivo de cualquier celebración. Antiguamente designaba no sólo al compositor y director de cantos, sino al artista que tenía a su cargo un determinado número de niños para ser educados.

Magníficat.- Cántico que, según el Evangelio de San Lucas, dirigió la Virgen María en la visitación a su prima Isabel y que se reza o canta al final de las vísperas.

Maitines.- Primera de las horas canónicas que antiguamente se rezaba, y en muchas iglesias se reza todavía, antes del amanecer.

Matices.- Conjunto de signos musicales que señalan una modificación en la intensidad de uno o varios sonidos para otorgar el carácter requerido a una frase musical.

Milagros.- Pequeñas obras dramáticas, propias de la Edad Media y el Renacimiento, en que se representaban sucesos de tema religioso raro o maravilloso que se explicaban como acto de poder divino.

Ministriles.- Los que por oficio tañían instrumentos de cuerda y de viento.

Mimo.- Antiguamente designaba al farsante del género cómico más bajo o bufón, hábil en gesticular y en imitar a otras personas en la escena o fuera de ella.

Misa en seco.- La que se celebra sin consagrar.

Misterios litúrgicos.- Pequeñas representaciones de la Edad Media y el Renacimiento que se referían a la vida, pasión y muerte de Cristo. También había misterios del Rosario en donde se hacían pasos de éste, o de la Sagrada Escritura, acompañados por imágenes.

Modal.- Con este término se califica una composición construida sobre algunas de las escalas medievales conocidas como modos, de ahí la palabra *modal*. La diferencia entre esos modos y las escalas tradicionales radica en el lugar en que aparecen los tonos y semitonos.

Modulación.- En la actualidad significa cambio de tonalidad, pero realmente indica un cambio de modo dentro de una misma composición.

Momos.- Gestos, figuras o mofas que se ejecutan para divertir en juegos, festejos y danzas.

Monocordio.- Instrumento formado por una caja de resonancia y una sola cuerda interceptada por una muesca. Proviene de Asiria y de Egipto, y fue importado a Grecia por Pitágoras, quien junto con otros sabios lo utilizó para realizar experimentos acústicos.

Monódicas.- Canto en el que interviene una sola voz con acompañamiento musical.

Moralidades.- Pequeñas obras dramáticas acostumbradas en la Edad Media, cuya finalidad era dar una moraleja o exaltar ciertas virtudes humanas.

Motete.- Forma de composición polifónica más compleja a que llegó la Escuela de Notre-Dame (cf.).- Todas sus partes musicales tienen movimiento rítmico, y a cada una de ellas se le agregó un texto, *mot*, que significa "palabra" en francés. De ahí su nombre.

Mozos de capilla.- Actualmente se da este nombre a hombres célibes que sirven en las iglesias en oficios humildes como ordenar libros, limpiar, etc. Antiguamente designaba a los adolescentes que atendían al servicio del altar, de las misas y oficios y el canto al atril de versículos en canto llano o a los ejecutantes de la música para voces de una capilla real.

Música sacra.- La escrita para las celebraciones eclesiásticas.

Niños cantores.- Los niños que en los siglos XVI y XVII vivían y se educaban con el maestro de capilla de una catedral. Aprendían música profundamente y se convertían en compositores, cantores y buenos ejecutantes, sobre todo de instrumentos de teclado.

Notación mensural.- Escritura musical que se interesa en especificar la duración de los sonidos.

Octava justa.- Intervalo de seis tonos, generalmente de una nota a la misma, solamente que más aguda o más grave.

Órgano.- Instrumento musical de teclado, compuesto de un fuelle que impulsa el aire por los tubos en donde se produce el sonido, y varios registros ordenados para modificar el timbre de las voces.

Organus, organum.- Forma primitiva de polifonía medieval. En su manifestación más elemental consiste en doblar un canto dado a su cuarta o quinta.

Orlo.- Oboe rústico de casi dos metros de largo, boca ancha y encorvada y sonido intenso y monótono.

Palomelle.- Se conocen hasta la fecha más de 200 danzas, con sus coreografías, de los siglos XV y XVI. Este es el caso del palomelle, que al igual que la pavana intentaba imitar el movimiento de ciertas aves.

Pautar.- Escribir música sobre las líneas del pentagrama.

Pedal.- Término usado en música para designar al sonido que se mantiene sonando bastante tiempo, y a una misma altura, mientras las demás partes o voces cambian en altura y ritmo.

Pífanos.- Flautas de tono muy agudo, usadas generalmente en las bandas militares.

Politextual.- Composición polifónica, generalmente motetes o misas en las que cada voz va acompañada de un texto distinto.

Polifonía.- Conjunto de sonidos simultáneos en que cada uno expresa su idea musical, pero formando con los demás un tono armónico. Polifonía renacentista: la técnica de unir varios sonidos y melodías que fue desarrollada básicamente por los músicos flamencos y llevada a toda Europa.

Prebenda.- Renta aneja a un canonicato u otro oficio eclesiástico.

Primicerio.- Se usa como sinónimo de chantre, persona que en las iglesias catedrales o colegiales dirigía el coro.

Racionero.- Sinónimo de prebendo, el que recibe una renta propia de una canonjía u otro oficio eclesiástico. También se llama así al que distribuye las raciones de una comunidad.

Responsorial.- Cf. *Canto responsorial.*

Responsorio.- Forma similar a la antifonía, frase o verbo repetido con melodía propia que antecede un rezo o una pequeña frase de las Escrituras, y que entonada por un solista y repetida por un coro se presenta antes y después de la lectura.

Romance.- Combinación métrica de origen español que consiste en repetir al final de todos los versos pares una misma asonancia y en no dar a los impares rima de ninguna especie.

Rondela.- Composición poética corta en que se repite al final el primer verso o las primeras palabras.

Sacabuche.- Nombre con que antiguamente se designó al trombón que tenía varas.

Salterio.- Libro de coro que contiene todos los salmos. // Instrumento que consiste en una caja de madera en forma de prisma, más estrecha en la parte superior, en donde está abierta, y en la cual se extienden hileras de cuerdas metálicas que se tocan con macillo, con un plectro, con uña de marfil o con las manos.

Sochantre.- Cf. *Chantre*.

Soprano.- La voz de mujer más aguda. // Parte de soprano: se refiere a la primera línea melódica de una composición polifónica.

Tamborin o tamboril.- Tambor pequeño que colgado del brazo izquierdo se toca con un palillo o baqueta acompañado por una pequeña flauta de pocos orificios. Se usa en las danzas populares.

Tampon.- Trombón.

Tañedor.- Persona que tañe un instrumento musical.

Te Deum laudamus.- Himno de acción de gracias atribuido a san Ambrosio. Se canta en el último responsorio de los maitines o como parte de cualquier celebración importante.

Tenor.- Cf. *Cantor, tenor*.

Timbal.- Especie de tambor de un solo parche, con caja metálica en forma de media esfera. Generalmente se tocan dos a la vez, templados en distinto tono.

Timbre.- Cualidad del sonido que depende del número de armónicos (cf.) o parciales que lo acompañan.

Tiple.- Voz muy aguda de soprano. // Variante de oboe soprano.

Tónica.- Sonido fundamental de una escala que en la armonía tradicional define una tonalidad.

Tronpeta o trompeta.- Instrumento musical de viento que consiste en un tubo largo de metal que va ensanchándose de la boquilla al pabellón y que produce los distintos sonidos gracias a la fuerza con que el ejecutante impele el aire por la boquilla. Hasta el siglo XIX careció de llaves y agujeros y por lo tanto no pudo hasta entonces emitir todos los sonidos de la escala tradicional. Su origen es muy antiguo y por su penetrante sonido se usó básicamente en los ejercicios militares. Los diversos nombres con que antiguamente se calificó dependieron del uso que se le daba y de su tamaño, timbre y lugar de origen. Por ejemplo, se llamó trompeta bastarda a la de sonido muy fuerte que se usaba en la guerra.

Trompón o trombón.- Instrumento musical de metal, especie de trompeta grande, de hermoso timbre y cuyos sonidos responden según su clase a las voces de tenor, contralto y bajo. Antiguamente se llamó sacabuche al trombón con varas.

Tropos.- Trozos que se agregaron al canto llano original para imprimir a la línea melódica mayor belleza y movimiento. // Misa con base en tropos: composición escrita sobre las partes fijas de la misa que construían sus voces agregando al canto llano original pequeños trozos improvisados.

Trovadores.- Poetas músicos nobles que en la Edad Media florecieron en Francia, Italia y Alemania. Su arte nació en Provenza sobre el modelo de la poesía popular. Solían componer los acompañamientos musicales de sus poemas, pero dejaban que los interpretasen los cantores y músicos a su servicio.

Trovadoresca.- La poesía y música escrita por los trovadores.

Truhán.- Dícese de quien con bufonadas, gestos, cuentos o patrañas, procura divertirse y hacer reír.

Versículo.- Cada una de las breves partes en que se dividen los capítulos de las Sagradas Escrituras. // Parte del responsorio que se dice en las horas canónicas, regularmente antes de la oración.

Vihuela.- Instrumento de cuerda de los siglos XVI y XVII que por su forma recuerda al laúd y a la guitarra, de la que es precursora.

Vihuela de arco.- Instrumento de cuerda, antecedente de la guitarra, equivalente a la viola de gamba.

Vihuelista.- Persona que ejerce o profesa el arte de tocar la vihuela.

Villancico.- Composición poética con estribillo, de melodía vernácula y sencilla, a propósito para ser cantada por cualquier persona en las festividades religiosas, especialmente las navideñas. En su origen los villancicos eran danzas paganas cantadas; algunas han sobrevivido en las canciones de vendimia. Otra fuente de villancicos fueron los misterios y las ceremonias litúrgicas.

Volumen.- Término que designa la intensidad con que un ejecutante emite un sonido.

BIBLIOGRAFÍA DEL GLOSARIO

Apel Willi, *Harvard Dictionary of Music,* The Belknap Press of Harvard University Press, Cambridge, Massachusetts, 1972.

Baines, Anthony, *Musical Instruments Trough the Ages,* Penguin Books, G. B., 1978.

Diccionario de la lengua española. - Ed. por la Real Academia Española, 19 ed., Madrid, 1970.

Grout, Donald Jay, *A History of Western Music,* W. W. Norton & Company Inc., N. Y., 1973.

Sandved, K. B., *El mundo de la música,* Ed. Espasa-Calpe, Madrid, 1962.

Valls Gorina, Manuel, *Diccionario de la música,* Alianza Editorial, Madrid, 1981.

ÍNDICE

Participación de los sacerdotes en las fiestas del calendario, 94; 15) Los ancianos, 102; 16) Parcipación de las doncellas, 102; 17) Participación de las mujeres en las celebraciones, 18) Las fiestas en el hogar, 19) Participación de todo el pueblo, 103; 20) 21) 22) Canto, danza e instrumental simbólico que se acostumbraba en cada celebración, 107

Segunda Parte
Música, Evangelización y Conquista

Este libro se terminó de imprimir y encuadernar en el mes de mayo de 1996 en Impresora y Encuadernadora Progreso, S. A. de C. V. (IEPSA), Calz. de San Lorenzo, 244; 09830 México, D. F. Se tiraron 3 000 ejemplares.

Fernández del Castillo, Francisco. *Libros y libreros en el siglo xvi.*

Flory, Thomas. *El juez de paz y el jurado en el Brasil imperial, 1808-1871.*

Friedlaender, Ludwig. *La sociedad romana. Historia de las costumbres en Roma, desde Augusto hasta los Antoninos.*

Gaos, José. *Historia de nuestra idea del mundo.*

García Cantú, Gastón. *Utopías mexicanas.*

Gerbi, Antonello. *La disputa del Nuevo Mundo.*

Gerbi, Antonello. *La naturaleza de las Indias Nuevas.*

Gómez Ciriza, Roberto. *México ante la diplomacia vaticana.*

Gooch, George Peabody. *Historia e historiadores en el siglo xix.*

Greenleaf, Richard E. *La inquisición en Nueva España, siglo xvi.*

Gregorovius, Ferdinand. *Roma y Atenas en la Edad Media y otros ensayos.*

Groethuysen, Bernhard. *La formación de la conciencia burguesa en Francia durante el siglo xviii.*

Hadley, Phillip. *Minería y sociedad en el centro minero de Santa Eulalia, Chihuahua (1709-1750).*

Hall, Linda B. *Álvaro Obregón. Poder y revolución en México, 1911-1920.*

Hamnett, Brian R. *La política española en una época revolucionaria 1790-1820.*

Hamnett, Brian R. *Revolución y contrarrevolución en México y el Perú.*

Handlin, Óscar. *La verdad en la historia.*

Hanke, Lewis. *La humanidad es una.*

Hanke, Lewis. *Cuerpo de documentos del siglo xvi.*

Hanna, Alfred Jackson y Kathryn Abbey Hanna. *Napoleón III y México.*

Hemming, John. *La conquista de los incas.*

Hollingsworth, T. H. *Demografía histórica. Cómo utilizar fuentes de la historia para construirla.*

Huizinga, Johan. *El concepto de la historia.*

Iglesia, Ramón. *El nombre Colón y otros ensayos.*

Israel, Jonathan I. *Razas, clases sociales y vida política en el México colonial, 1610-1670.*

Jaldún, Ibn. *Introducción a la historia universal.*

Johansen, R. y R. Maestas. *Wasi'chu. El genocidio de los primeros norteamericanos.*

Kahler, Erich. *Historia universal del hombre.*

Keen, Benjamin. *La imagen azteca en el pensamiento occidental.*

Kicza, John E. *Empresarios coloniales. Familias y negocios en la Cd. de México durante los borbones.*

Knolton, Robert J. *Los bienes del clero y la Reforma mexicana. 1856-1910.*

Ladd, Doris M. *La nobleza mexicana al sobrevenir la Independencia.*

Lafaye, Jacques. *Quetzalcóatl y Guadalupe. La formación de la conciencia nacional en México.*

Lafaye, Jacques. *Mesías, cruzadas, utopías. El judeocristianismo en las sociedades ibéricas.*

Lasky, Melvin, *Utopía y revolución.*

Lewis, Hanke. *La humanidad es una.*

Liss, P. K. *Orígenes de la nacionalidad mexicana, 1521-1556. La formación de una nueva sociedad.*

Lockhardt, James. *El mundo hispanoperuano, 1532-1560.*

Luppol, I. K. *Diderot.*

Lyon, George Francis. *Residencia en México, 1826. Diario de una gira con residencia en la República de México.*

Macune, Jr., Charles W. *El estado de México y la federación mexicana, 1823-1835.*

Malagón, Javier y José María Ots Capdequí. *Solórzano y la Política indiana.*

Maltby, Williams. *La Leyenda Negra en Inglaterra. Desarrollo del sentimiento antihispánico, 1558-1560.*

Martínez, Óscar Jáques. *Ciudad Juárez. El auge en una ciudad fronteriza a partir de 1848.*

Meinecke, Friedrich. *El historicismo y su génesis.*

Meyer, Eduard. *El historiador y la Historia antigua.*

Millares Carlo, Agustín. *Cuatro estudios biobibliográficos mexicanos.*

Mommsen, Theodor. *El mundo de los césares.*

Morison, Samuel Eliot. Henry Steele Commager y W. Leuchtenburg. *Breve historia de los Estados Unidos.*

Nassar, Nassif. *El pensamiento realista de Ibn Jaldún.*

Nieto, José C. *Juan de Valdés y los orígenes de la reforma en España e Italia.*

Norris Cochrane, Charles. *Cristianismo y cultura clásica.*

Oliveira Marques, A. H. de *Historia de Portugal. Desde los tiempos más antiguos hasta el gobierno de Pinheiro de Azevedo.* (2 vols.)

Ots Capdequí, José María. *El Estado español en las Indias.*

Peña, José F. de la. *Oligarquía y propiedad en Nueva España (1550-1624).*

Pierre-Charles, Gérard. *El pensamiento sociopolítico moderno en el Caribe.*

Pierson, Peter. *Felipe II de España.*

Pirenne, Henri. *Historia de Europa. Desde las invasiones hasta el siglo XVI.*

Powell, Philip W. *Capitán mestizo: Miguel Caldera y la frontera norteña. La pacificación de los chichimecas (1548-1597).*

Powel, Philip W. *La guerra chichimeca.*

Preston, Paul. *España en crisis. Evolución y decadencia del régimen de Franco.*

Rama, Carlos M. *La crisis española en el siglo XX.*

Rama, Carlos M. *Historia de las relaciones culturales entre España y la América Latina. Siglo XIX.*

Randall, Robert W. *Real del Monte: una empresa minera británica en México.*

Ranke, Leopold von. *Historia de los papas en la época moderna.*

Ranke, Leopold von. *Pueblos y estados en la historia moderna.*

Ricard, Robert. *La conquista espiritual de México*

Rodríguez O., Jaime E. *El nacimiento de Hispanoamérica. Vicente Rocafuerte y el hispanoamericanismo, 1808-1832.*

Rodríguez, Mario. *El experimento de Cádiz en Centroamérica. 1808-1826.*

Roeder, Ralph Leclerc. *Hacia el México moderno: Porfirio Díaz. (2 vols.)*

Roeder, Ralph Leclerc. *Juárez y su México.*

Rohde, Erwin. *Psique. La idea del alma y la inmortalidad entre los griegos.*

Rubio Mañé, J. I. *El Virreinato. (4 vols.)*

Ruiz Cervantes, Francisco José. *La revolución en Oaxaca.*

Salado Álvarez, Victoriano. *Episodios nacionales mexicanos. (7 vols.)*

Salas, Alberto M. *Tres cronistas de Indias.*

Sarrailh, Jean. *La españa ilustrada de la segunda mitad del siglo XVIII.*

Sauer, Carl Otwin. *Descubrimiento y dominación española del Caribe.*

Schávelzon, Daniel. *La polémica del arte nacional de México, 1850-1910.*

Scholes, Walter Vinton. *Política mexicana durante el régimen de Juárez, 1885-1872.*

Schrecker, Paul. *La estructura de la civilización.*

Sepúlveda, Juan Gínes de. *Tratado sobre las justas causas de la guerra contra los indios.*

Shotwell, James Thomson, *Historia de la historia en el mundo antiguo.*

Silva Dias, J. S. Da. *Influencia de los descubrimientos en la vida cultural del siglo xvi.*

Simpson, Lesley Byrd. *Muchos Méxicos.*

Sims, Harold D. *Descolonización en México. El conflicto entre mexicanos y españoles (1821-1831).*

Sims, Harold D. *La expulsión de los españoles de México (1821-1828).*

Sims, Harold D. *La reconquista de México. La historia de los atentados españoles, 1821-1830.*

Solana, F., R. Cardiel Reyes, R. Bolaños Martínez.*Historia de la educación pública en México.*

Stone, Lawrence. *El pasado y el presente.*

Super, John C. *La vida en Querétaro durante la Colonia, 1531-1810.*

Symonds, John Addington. *El renacimiento en Italia. (2 vols.)*

Tarn, William y G. T. Griffith. *La civilización helenística.*

Tenebaum, Barbara A. *México en la época de los agiotistas. 1821-1857.*

Tibón, Gutierre. *Historia del hombre y de la fundación de México.*

Timmons, Wilbert H. *Morelos: sacerdote, soldado, estadista.*

Toro, Alfonso. *Los judíos en la Nueva España. Documentos del siglo xvi correspondientes al ramo de Inquisición.*

Torre Villar, Ernesto de la. *La expansión hispanoamericana en Asia. Siglos xvi y xvii.*

Torre Villar, Ernesto de la y Ramiro Navarro de Anda. *Testimonios históricos guadalupanos.*

Tovar de Teresa, Guillermo. *Bibliografía novohispana de arte. (3 vols.)*

Trabulse, Elías. *Historia de la ciencia en México I. Siglo xvi.*

Trabulse, Elías. *Historia de la ciencia en México. II. Siglo xvii.*

Trabulse, Elías. *Historia de la ciencia en México. III. Siglo xviii.*

Trabulse, Elías. *Historia de la ciencia en México. IV. Siglo xix.*

Trevelyan, George Macaulay. *Historia política de Inglaterra.*

Trevelyan, George Macaulay. *Historia social de Inglaterra.*

Turner, Ralph Edmund. *Las grandes culturas de la humanidad. (2 vols.)*

Vanderwood, Paul J. *Los rurales mexicanos.*

Vázquez Mantecón, Carmen. *Santa Anna y la encrucijada del Estado. La dictadura (1853-1855).*

Voltaire, François Marie Arouet de. *El siglo de Luis xiv.*

Williams, George Huntston. *La Reforma radical.*